昭和テンペスト

上海リル正伝

吹き荒れた戦争と陰謀の嵐

猪俣良樹著

現代企画室

昭和テンペスト　上海リル正伝

——吹き荒れた戦争と陰謀の嵐

目次

第二部　戦中の闇に潜る　169

本文組版――水野慶子／制作室クラーロ
装丁――本永惠子デザイン室

第一部　戦前の闇に潜る

第一章　昭和の闇に潜る

始まりのアポック・シアター

「桜の園保育園」は、桜並木の続く農大通りに面しています。世田谷区は都内で一番、待機児童が多い区だそうですが、我が家は幸い（？）収入が低い上に、母親も働いているということで、運良く娘の菫子《すみれこ》はここに入園することができました。緑の多い環境ですが、原発事故のちょうど一年前に生を享けた子だから、葉っぱが放射能を吸収している危険性を心配し、余り葉の茂った樹々や枯葉の溜まっている場所には幼児を近づけない方がいいと注意する大人もいたりして、悩ましい毎日です。

「3・11」の時は、近所で買い物ちゅうグラッと来ました。棚から商品がバラバラ落ちる音を背景に、大揺れの中を必死に自ら経営している劇場まで駆け戻り、お手伝いの人から娘を抱きとると、客と一緒に表へ逃げました。いつの間にか、娘を抱えた私を囲むように肩を寄せ合った輪が出来、そのまま、揺れが収まるまでじっとしていましたが、娘はケロッとした表情で、パニクっている大人たちを不思議そうに見ていました。
そんな記憶を刻み込んだまま、今は毎朝、娘を保育園に送り届け、ママーママーと縋りつく子ときぬぎぬの別れを惜しんでから、勤め先の劇場へ向かいます。数年前から、小田急線の千歳船橋駅近くで、「APOC（アポック）シアター」という小さな小さな劇場を、画家で役者の夫と経営するようになりました。一階はカフェ、二階は貸しステージ。客が六〇人も入れば満杯という超ミニシアターですが、このやりくりが結構しんどい。

写真右：保育園前の農大通り桜並木
写真左：APOCシアター（雑誌『世田谷ライフ』から）

赤字続きの経営が最大の問題ですが、日常業務もゴマンとあります。トイレ掃除を皮切りに開場開店の準備、劇団との打ち合わせ、飲食物の用意、公演の合間を見ての食材の仕込みから、新たな顧客の問い合わせへの応対、関係誌へのPRに上演カレンダーの制作と息継ぐヒマもありません。夜、娘を保育園から引き取り、我が家へたどり着くころは、全身ぐったりの日々です。

でも本来は、音大在学中から、役者と音楽の両立を夢見てトレイニングを重ねてきた身。いつかはこのAPOCで、社会ときっちり向き合った、小粒ながらピリリと辛い本格的な舞台を創りたいという夢がこのところ急速に膨らんできました。

テーマは何にしようか。どうせなら、目いっぱい背伸びした、問題提起型社会劇をやってみたい。そう思うと必ず水面に浮かんでくる一つのストーリーがあります。独立直前の昭和二六年（一九五一）に起きた、中国帰りの作家、鹿地亘の誘拐事件。それまでのさまざまな事件のように、当然闇から闇へ葬られるはずだったこの事件を明るみに出し、アメリカの諜報機関の仕業であることを明らかにしたのは、祖父・猪俣浩三の、国会を舞台にした追及でした。

鹿地事件とは？

鹿地事件は私の生まれる二〇年以上も前の出来事ですが、最近父が「鵠沼の歴史を語る会」で、この事件を語った原稿が残っているので、その発端を左記に引用します。

『白公館の闇』

『縁あって、後年、私が住むことになった鵠沼の地で奇怪な事件が起きたのは、日本が未だアメリカの占領下にあった昭和二六年（一九五一）一一月二五日のこと。結核療養中だった作家鹿地亘が、夕食後、恒例の散歩に出かけたまま突然連絡を絶った。病院から派遣されていた付添いの看護婦は、夜更けになっても鹿地が戻らないため、東京の自宅に居た夫人池田幸子に急報した。事故に遭ったのか、それとも急病で斃れたのか。だが夫人は、あえて警察へは捜索願を出さなかった。というのも、占領下の日本で、奇怪な事件が頻発していたからだ。

例えば昭和二三年（一九四八）の帝銀事件がある。

一月二六日、東京豊島区の帝国銀行――後の三井銀行――椎名町支店に、厚生省技官を名乗る男が訪れ、GHQの指令による集団赤痢の予防薬と称して青酸カリを飲ませ、一二人を死亡させた事件だ。犯人として逮捕された画家平沢貞通は死刑判決を受け、三九年に渉る獄中生活ののち病死したが、百パーセント冤罪だったと言われる。（当時、非難の的となっていた平沢被告を弁護した父は、感謝した画伯からテンペラ画を贈呈されたが、何処へ保管したのか、残念ながら、いくら探しても見つからなかった。）

さらに昭和二四年（一九四九）の下山事件（七月五日朝、初代国鉄総裁下山定則が突然行方不明になり、翌六日早朝、北千住―綾瀬駅間で轢死体として発見される。自殺か他殺か不明なまま迷宮入り）。

その直後に起きた三鷹事件（七月一五日夜、国鉄三鷹駅構内で起きた無人列車暴走事件。付近住民六名即死するも迷宮入り）。

ひと月後に発生した松川事件（八月一七日早朝、福島県松川町―現福島市―を走行中の上り列車が突如脱線転覆、乗務員三人が死亡。国鉄労働組合員らが逮捕されるも、最高裁で無罪判決。事件は迷宮入り。下山、三鷹事件と並び、共産党との関わりが政府当局により示唆された）などなど、不可解な事件が相次いで起きた。

昭和二五年（一九五〇）六月二五日、朝鮮戦争勃発。国内外が騒然とした世相の中で、予てから公安当局に目を付けられていた鹿地亘もまた、占領下ゆえの黒い霧事件に巻き込まれたのではあるまいか。そう危惧した幸子夫人は、知人の手助けのもと、密かに八方手を尽くして夫の行方を捜したが、手がかりは一切得られなかった。

近づく新しい年を不安と焦燥の中で迎えようとしていた二六年（一九五一）一二月下旬、留守宅に、突然、行方不明だった夫から葉書が届いた。紛れもない夫の筆跡に、葉書を持つ妻の手が震えた。しかし文面は「散歩中、外国人の車にはねられ、怪我をしたが、相手の家で親切に手当てを受けているから、安心してほしい」というきわめて素っ気ない内容だった。

おかしい？　これほどまで連絡の遅れた理由が一切記されていない文面を読み進めながら、夫人がそう感じたのも当然のこと。とりわけ夫の文面の最後の一行を目にしたとき、夫人の疑いは深刻さを増した。そこには、あるべき連絡先の代わりに、ただ一言、「白公館にて」とだけ記されていたからだ。

「白公館」！　中国から帰国以来久々に目にした単語は、夫人を直撃し、仕舞い込んでいた過去の冥暗、追われ人だった黒い季節の苦みを生々しく引きずり出した。

「葉書は誰かに検閲されている。だから夫は、私にしか判らない「白公館」という符牒を使って、自分が何者かに拉致監禁されていることを伝えたのだ。」

夫人が葉書の文面から何故そう疑ったかを知るためには、そもそも白公館とは何であり、その言葉が何故夫妻にしか判らない符牒なのかを明らかにする、気の長い歴史の旅へ出かけなければならない。

以上が父の講演原稿の発端です。白公館！　面白そうなテーマですが、とりあえず事件のその後の経緯を父の要綱に従って簡単にまとめれば、次の通り。
＊翌昭和二七年（一九五二）二月、GHQの下部組織、キャノン機関が川崎に設けていた拘置施設、TCハウスでコックをしていた山田善二郎が、幽閉されていた鹿地亘の手紙を神田内山書店の内山完造に届け、内山は社会党の代議士だった猪俣浩三に救援を依頼。
＊同年五月の日本独立で警察権、裁判権が日本に戻ったのを機に、一二月、猪俣議員らの記者会見で事件が公表され、アメリカの関与が明るみになる。
＊その翌日、一週間前に沖縄に連行された鹿地は神宮外苑でこっそり釈放され、国会で証言をしたため、大問題になるが、二重スパイ問題に焦点をすり替えられ、検察は（スパイ罪がないため）鹿地を電波法違反で起訴、昭和四四年（一九六九）無罪判決が出るまでの一七年間、被告の立場に置かれた。
＊こうして、被害者を加害者に仕立て上げるという、権力の犯罪の常套手段によって、誘拐事件の本質はいつの間にかうやむやにされてしまった。
＊鹿地の証言で、誘拐の詳細が明らかになった。その日の暮れかた、江ノ電鵠沼駅に近い柳小路の踏切手前で、車から降りたった複数の男によって車内に引きずり込まれたのが、戦後史の空間に鋭い裂け目を入れた作家鹿地亘誘拐事件の発端だった。

右から山田善二郎、内山完造、鹿地亘、猪俣浩三

＊もっとも、鹿地本人のストーリーはそれ以前から波瀾に満ちている。
＊帝大の学生時代から、治安維持法違反の嫌疑で一八回も拘留され、もう日本に留まることは無理との感触を得た氏は、昭和一〇年（一九三五）一一月、市ヶ谷刑務所を保釈で出所するなり、浅草の遠山満劇団に潜り込み、翌一一年一月、劇団の雑用係として、上海へ向かった。
＊さらに魯迅との親交により、魯迅全集の翻訳編集に携わったのも束の間、昭和一二年（一九三七）の日中戦争勃発以来、日本軍による指名手配の下で、中国各地を転々としながら、アジア太平洋戦争終結まで反戦運動に情熱を傾けた。

戦前・戦中・戦後、そして中国・日本・アメリカ、三つの時代、三つの舞台を股にかけたこの話は、余りにスケールが大きすぎて、たやすく手の出せるストーリーではありませんが、父が助けてくれれば、ものにできるかもしれない。父は今、絶滅危惧塾と揶揄されるフランス語教室を自宅で開設しているほか、売れそうもないノン・フィクションを細々と書き続けることが唯一の生きがいのようですが、かつては放送局の番組屋だったし、芝居の台本も何本か書いていました。恩に着せられることを覚悟で、父にヘルプを頼もう。そう思い付いて、公演もカフェもお休みのある日、二歳になったばかりの娘を夫に託し、鹿地の誘拐された現場から数百メートルしか離れていない父の家を久しぶりに訪ねました。

神近市子女史のことなど

小田急線の快速急行を藤沢で鈍行に乗り換え、鵠沼海岸駅に降りたつと、微かな湿り気を帯びた海の匂いがします。桜の季節ですが、海岸に面したこの地域は松ばかりで、桜は余り多くない。それでも家に着くまでに、潮風に乗った花弁が一片二ひら、髪に纏わりつきました。通りの電信柱に「海から0・4km、海抜2・7m」という標識が貼られています。この辺りは平地だから、大津波が来たらイチコロだということです。

俗に大曲りと呼ばれている四つ角へきました。西方向は小田急の踏切を越えて真っ直ぐ海岸へ抜けていますが、古老によると、かつては砂丘が行く手を遮ったため、ここで道を曲げたところから、大曲りという名称が付いたそうです。角の塀際に丸顔の中年男が薄ら笑いを浮かべてこちらを見ています。市議か県議か国議の立候補予定者なのでしょう。このゾンビのような笑顔に呪われないよう、ポスターから急いで目を逸らし、左へ曲がります。

――あらK子ちゃん、お久しぶり。

お向かいから出てきたピアノの先生に声をかけられました。音大に入るまで、この先生に習っていたのです。私はいつも勢いよく歩くから、家の中に居ても、足音だけですぐ私だと判ったそうです。確かに、学生時代ラグビーのウイングだった父譲りで、足は速いほうでしょう。

久しぶりに実家の居間へ入り、ひょいと壁を見て驚きました。見慣れていたスゴンザックの『裸婦』も、母方の大叔父高田誠画伯の大好きな『信州風景』も取り外され、代わりに、童女の写真が壁一面に隙間なく貼りつめられています。いささか不気味な感じがしないでもありません。

——あの人よ、もちろん。夢中なの。いくらみっともないって言っても、聞かないの、と母が肩を竦めます。寝室から「あの人」が不均衡な足音を立てて出てきました。狭い芝生をしきりに突ついていた雀の群れが、驚いて一斉に飛び立ちます。

どっこいしょ。父は痩せた小さな体をいかにも重たげな風情で椅子に落とし、イテッと顔を顰めました。「座骨神経痛がかなりひどくなってるみたいなの」ポットにお湯を注いでいた母が、いささかの同情も感じていない口調で註釈し、「だから津波が来たら、一人で逃げるからねって、そう言ってあるの」と明るく笑いました。そこには、幾たびか母を裏切ったらしい父への仕返しの気分が混じっているのかもしれません。

父は以前、「人類小型化プロジェクト」を立ち上げたいと大真面目に語ったことがあります。体が大きいと、それだけ余計に食べなくてはいけない。したがって来るべき食糧難、地球資源の枯渇化を防ぐためには、人類全体が小型化する必要があるというのです。自分がチビであるというコンプレックスから生まれた発想のようですが、誰もまともに聞いてくれないので、せめて自分の食事ぐらいは減らそうなどと言っていましたが、それもいつの間にか元の木阿弥になり、前よりガツガツ貪るようになったとは、うんざりした母の報告です。

——俺の痛みは俺にしか判らない。怖いね。

怖い？　何が？

——あいつは向かいの林に棲みついてるんだ。

——え？

——鶯だよ。

いまいましげな言い方です。そう言えば、技巧を凝らした鳴き声が聞こえてきます。

——誰かに聴いてもらいたくて、一日中必死に鳴いてるんだからな。あいつを哀しませないためには、俺が何とか生きていなくちゃならない。

この人は時々判らないことを言う癖があります。

——それにしても、がっかりだ。

——え？　何が？

——春の夜の夢さ。

——何か夢を見たの？

——……甲斐なく立たむ名こそ惜しけれ。

——？？？

——シェスちゃん不安て奴よ。

——シェスちゃんファン？　シェスちゃんて、昔のタレントの名前？

——あのね、理論は現実に敵わないって言ったシェストフってオッサンが居たのよ、キエフ出身の哲学者でさ。「理論は現実にかなわない」「二二が四は本当に正しいのか」って。ね？　そう言ったのよ、シェスちゃんは。原発事故一つ取っても、オッサンは正しいって判るでしょ。それでいて現実がちっとも見えないから、みんな何となく不安になるじゃない。だからシェストフ不安が増大するわけよ。彼と同時代の漱石も、少し後の魯迅も、似たような不安を抱えていた。魯迅は漱石を愛読していたようだし、二人とも三八歳で最初の作品を書いたんだから、いわば似た者どうしってわけだ。つまりシェストフ不安は、漱石不安・魯迅不安と言い換えてもいいんだな。シェストフ自身は七〇過ぎまで生きたけど、後の二人は、不安が大きすぎて長生きできなかったってわけ。

——お父上は長生きするでしょうね。

——ありがとう。

父は素直にそう応じました。どんな深刻なことでも、この人が話すと、どうでもいいようなアホ話にしか聞こえないから、こちらはがっくり……と思ったら突然、「からたち　からたち　からたちの　は　あああなー」と唄い出しました。ついに春先で頭にきたのだろうか。ナントカ不安より、こっちのほうがよっぽど不安です。以前母に、将来父をどうするつもりかと尋ねたら、母は、自分が老人ホームに入るお金だけは死守しているが、この人の分はないから、野垂れ死にしていただくしかないでしょうねと答えました。ま、それも仕方ないか、と二人で顔を見合わせて笑ったことがあります。

そんな訳で、仕方なく、唄い終るのを待って、要件を話しました。えーとですねえ、鹿地事件を芝居にしてみたいと思ってるんだけど。

子どものときカバと綽名された大きな鼻の孔が一瞬さらに膨らみました。危険信号です。バカモン！　そんな難しい芝居、お前に出来ると思うか！　そう一喝されるものと覚悟しながら顔を上げたら、意外にも鼻の孔は元のサイズに戻っていました。洟が垂れています。

――やってみればいい。

父がボソッと呟きました。実は俺が本にするつもりで書き始めたんだが、最近それだけの体力も気力も失せたので、やるなら、これまで集めた資料と原稿をすべて提供するよ。父はそう言いながら、一年中被っている灰色の毛糸帽を脱いで洟水を拭きました。おお汚い。母が顔を顰めます。祖父譲りの禿頭が薄春の微光に映えています。

この男も随分くたびれたな。こうショボくれられては、こちらも反発のしがいがなくなります。

かつて、父が一番生き生きとするのは、一九六八年に起きたパリの五月革命の話をするときでした。当時、彼はＮＨＫヨーロッパ総局のお抱え運転手をしていて、この騒ぎにぶつかったのです。どうして父が運転手になれたかといえば、六〇年代前半、アルバイトでＮＨＫロサンジェルス特派員の運転手に雇われたことで、運転手のコネがロス支局からパリ総局へとつながったようです。ソルボンヌの聴講生にもなり、仕事の合間を見て通ったとのことですが、お目当ては授業ではなく、安く食べられる学生食堂だったとか。

父から五月革命の話を聴いたのは、私が学生だったとき。たまたま彼が、ヴェトナム戦争のあおりで故郷を離れた芸人たちを取材するため、パリへ行くことになったので、かねてからヨーロッパの演劇を見まくりたいと願っていた私は、いいチャンスとばかりに同行したことがあります。カルティエ・ラタンの安ホテルに着くやいなや父は、さあ行こう、と飛び出して、ブールヴァール・サン・ミッシェルへ直行しました。

「どうだ。この大通り一杯に学生たちが手をつないで、インターナショナルを唄いながら行進したんだ。リュクサンブール公園の前では、トラックの荷台に乗った赤毛のダニーの大演説。今EUの代表になっている男の若き日の姿さ。それに応える学生たちの大喚声。壮観だったなあ。そう、あの角で機動隊との大衝突があった。警官が学生を支援するためストライキに参加しちゃったんで、機動隊が前面に出たんだ。そうすると、「CRS・SS！　セーエルエス・エスエス！」の大合唱だ。CRSは機動隊、SSはナチの親衛隊のことだから、機動隊はナチの親衛隊と同類だって意味さ。催涙ガスに逃げ惑いながら、彼らも勇敢に石を投げたり、ぶつかったりした。ほら、右手の建物と建物の間に狭い路地があるだろ？　あそこに、舗道の敷石を全部剥がして三階まで届くような高いバリケードが築かれた。私も仕事の合間によじ登って、盛んに石を投げた。警棒に下腹をつつかれて、ゲロを吐いて悶絶したこともあった。その時の舗道の敷石を――ほら、そこに置いてある石さ――そいつを密かに下宿へ持ち帰ったんだが、おれの友達みたいに、もし検問で見つかっていたら、ブタバコにぶち込まれて拷問されてただろうな。ロスではヴェトナム反戦運動と黒人デモに遭遇し、パリでは革命騒ぎ。まったく凄い日々だった」

子供に若き日の思い出を話す親の気分はかくも高揚するものか。父によると、一九六五、六六年にロサンジェルスで黒人暴動や反戦運動が多発したそうですが、その騒ぎにかかわった疑いをかけられ、国外退去命令を受けたため、やむなくフランスへ渡ったとのこと。生来の嘘つきだから本当かどうかは判りませんが、本人はブール・ミッシュの木陰を行き交う人々の不審顔もお構いなく、身振り手振り、私の顔にまで唾を吐き散らしながら、独り勝手に舞い上がっていました。今となっては武勇伝の聞き手もなく、ひたすらしょんぼりしていますが、そのうち孫を捉まえて、ノスタルジアを再開させるかもしれません。

――ただ、芝居にするなら、このままじゃあ色気が足りん。もう一工夫しろ。おまえのお爺ちゃんなら、そう言うところだろうな。

――そうかなあ？

父方の祖父浩三に面識のある人はみんな、面と向かうと、おっかなくてピリピリしたと言いますが、私の知っている祖父はひたすら優しい好々爺でした。父によると、祖父は極度の貧乏とキリスト教的倫理観、それに女性に対する自信のなさが加わり、生来の色好みを発揮する機会もないまま最晩年を迎えたんだ、ということになります。

じゃ、色好みのＤＮＡは手つかずで息子に譲り渡されたのね。そう出かかった言葉を呑み込みました。今は喧嘩しているときではありません。

祖父が何かというと海岸へ行きたがったのは事実です。

――海岸で若い女のピチピチした水着姿を見るのが一番の楽しみなんでな。

結婚前までは、暑い時期に実家へ帰ると必ず、祖父を車椅子に乗せ、近くの海岸へ連れてゆくのが、私の役目でした。その代り、ピーピング・トムの欲望が満たされると、帰りがけに海岸のマクドナルドでケーキとアイスクリームをご馳走してくれました。祖父は九九歳で天寿を全うするまで祖母に惚れ抜いていたはずですが、父が言うように、実は内心押さえつけていた欲望があったのかもしれません。

聖公会の信者だった祖父と祖母は共に、かつて四谷にあった聖バルナバ教会に属していましたが、両者の出自には天と地の開きがあります。

祖母のご先祖さまは島根県浜田城の若手家老で隠れキリシタン。城が一八六六年長州藩軍に攻められ焼失した際、顔に泥を塗ってお百姓に化け、乳飲み子を抱えた奥方と苦労に苦労を重ねて江戸まで落ちのびました。一方城主の松平武聡は、裏門から逃げ出し、かねてから沖合に泊めておいたフランス船に難を逃れたそうです。かつて父が取材の途次、浜田城址を訪れてみようとタクシーに行き先を告げたら、タクシーの運転手が、あの城主はけしからん、全員を置き去りにして、自分だけちゃっかりフランス船に逃げこんだ、許さん、とまるで昨日のことのように怒っていたといいます。

そのとき島根の浜田城から江戸まで長旅を強いられた乳飲み子が、なぜか無事に成長、イエズス会の奨学生としてケンブリッジ大に留学します。第一回公費留学生だった夏目漱石より十年も早いということですから、留学生の草分けと言えるでしょう。さらに名門ボート部で鍛えられ、オックスフォードとの対抗レガッタで優勝したらしく、優勝カップが残っています。彼がケンブリッジの卒業式用に誂えたシルクハットが実家に置いてありますが、内側に「1896　ロンドン」、と誂えた年が記されています。

彼は帰国して学習院大学の教授になり、すぐさまボート部を創設しました。後に同じ大学の教授になった私の伯父が古い学習院報を調べたら、ボート部初の進水式の様子が掲載されていて、吉田部長（曽祖父のこと）の号令のもと、ボートが隅田川に浮かぶと、乃木希典院長が万歳を三唱した、などと記されていたそうです。

一方、祖父のルーツは侘しい。祖先は朝鮮から渡来した騎馬民族たちが飛鳥時代に結成した武蔵七党の一つ、猪俣党でした。彼らは鎌倉幕府に仕えたあと、散りじりになり、先祖は新潟に棲みつきました。何とか平穏に暮らしていましたが、何代か前のバカ息子が石油に手を出して、スッテンテンになり、祖父が生まれたときは、明日のお米にも事欠くほどの貧乏ぐらしだったとのこと。一時結核を患いながらも歯を食いしばって頑張った祖父は、高田師範を卒業して新潟の山奥の奥、松之山小学校に赴任。「バカと夕立は松之山から降りてくる」と言われたほどのド田舎だ、とは父がよく聞かされた祖父の冗句だったとか。その地域のあまりの辺鄙さをお笑いのネタにした『松山鏡』という有名な落語もあるそうです。そこからいきなり東京のド真ん中、麹町小学校に転任したのですから、生徒たちは蔭で山猿教師と小馬鹿にしていたようです。

祖父の語った貧乏話によると、電車賃を節約するため、芝の下宿から麹町まで毎日徒歩で往復していたため、とうとう靴に大きな穴が開いてしまったとのこと。ところが靴を買い替える余裕がなかったので、そのまま我慢して、はいていましたが、ある雨の日、学校の廊下に泥まみれの足跡が残ってしまった。学校に泥棒が入ったと大騒ぎになったので、やむなく、なけなしのお金をはたいて靴を買ったそうです。これではビンボー山猿とバカにされるのも無理はありません。しかしケンブリッジOBの曽祖父はバカにしませんでした。逆に、小学校の先生をしながら日大の夜学に通い、猛勉して弁護士になった祖父の根性を評価、娘の婿にしたいと教会の牧師に申し入れるほどでした。

一方祖母の方はそうすんなりとは受けられません。千駄ヶ谷の祖母邸を初めて訪問したとき、祖父は紅茶の飲み方も知らず、カップに突っ込んだままのスプーンを鼻先で押しやりながら、ずるずると紅茶を啜ったそうです。さらに、軽いタッチでショパンのポロネーズか何かを弾いた祖母に、あなたも何かお弾きになって、と勧められ、がちがちに固まったままピアノの前に座ると、突然キーを叩き、「ゆっきのおやまでりゃーんとりゃん……」と大声でがなり始めました。祖母は何処か遠い異国の唄でも奏でられたかのように、呆然と聴いていましたが、後で、これはアラビヤ民謡ではなく、日本におけるスキー発祥の地、新潟の高田で流行っていた『スキー小唄』だと説明されたとのことです。

祖父からたびたびこの唄を聴かされた父のうろ覚えの歌詞はこうです。

「雪のお山でリャーントリャン
リャンコでテレマク　リャーントリャン
クリスチャニーヤでリャーントリャンリャン
滑って転んでコーロコロ」

ショパンとスキー小唄の絶妙な取合せは、後に父のヴォードヴィル熱に結実した可能性がありますが、祖母としては、余りの趣味の違いにほとんど絶望したようです。結婚式当日に撮った祖母の写真を見てびっくりした小学生の私が、赤頭巾ちゃんのような質問をしました。

——どうしておばあちゃまの眼はこんなに腫れているの？

——それはね、祖母はからかうように私を見ました、悲しくて悲しくて、式の前の晩に泣き明かしたからなのよ。

――えっ！？　ポカンとしている私を見て、祖母はコロコロと満足そうに笑いました。

――そういう時代だったの。

――ふーん。

ただ父によると、祖父はただ異性の好意に鈍感だっただけで、それほどモテなかった訳ではなかったとのこと。

――その証拠に、最後のガールフレンド、神近市子女史もオヤジのことはかなり好きだったはずだよ。

――カミチカ・イチコ？　何だか聞いたような名前ね。

――そりゃそうだろ。大杉栄の愛人だった人だもの。

大杉栄の名前は知っていました。といっても、愛人の野枝と共に、甘粕憲兵大尉に殺された無政府主義者だということぐらいです。殺されたのが関東大震災の丁度半月後、すなわち大正一二年（一九二三）九月一六日であり、大杉の妹あやめの長男橘宗一も犠牲者だったというのは、後で知りました。

――ああそうか。あの方ね。

そういえば神近さんというのは、時々祖父が口にしていた名前でした。後で調べたところでは、神近市子は長崎の出身で、たまたま私の母や祖母の母校に当たる津田塾在学中に、平塚雷鳥の青鞜社運動に参加、後に東京日日新聞の記者として知り合った自由恋愛の旗手、大杉栄の愛人になりま

写真右：中村彝「エロシェンコ氏の像」(『エロシェンコ全集』2, みすず書房、1959年)
写真左：神近市子

した。

　大杉にはすでに妻がいましたが、さらにもう一人愛人が加わります。平塚雷鳥から青鞜社を引き継いだあと、辻潤のもとを去った伊藤野枝です。大杉と野枝は葉山の料亭日陰茶屋で暮らすようになりました。当然神近は嫉妬します。事件が起きたのは大正五年（一九一六）一一月九日払暁。前夜その料亭に押しかけてきた神近との同寝を避けるため、野枝は近所に避難していたので、二人きりになった神近が寝ていた大杉の首を刺し、重傷を負わせたというのが有名な事件のあらましです。

　野枝は博多湾に面した福岡の小さな港町今宿の出身ですから、長崎生まれの神近といい、野枝といい、九州生まれの女性が本来持っている気性の激しさを物語る逸話とも言えるでしょう。

——つい最近読んだ本で知ったんだが、神近さんには、あの事件のほかに、もう一つ興味深いエピソードがあったんだ。お前、エロシェンコという人物の名前は聞いたことがあるだろう？

　こういう時は要注意、ガードを固めなければ。

——うん。例の盲目の詩人でしょ、中村彝が描いた？

——ああ。彼は神近さんが二年の刑期を終えて出獄した時、出迎えに行ってるんだ。

——えっ！　何で？

――そのくらい仲が良かったってことさ。もともとエロシェンコは彼女の紹介で中村屋の相馬愛蔵・黒光夫妻と知合った。で、そこの二階に住み込むことになったんだからな。ところが滞在二年後の二一年五月に、危険人物として国外追放が決まった。

――国外追放！　父上と同じじゃん。

――どうして？

――父上も強制追放されたんでしょ、アメリカから？

――程度が違うよ。実は同じ中村屋関係のボースも国外追放命令が出されたんだ。

――へー、あのカレーライスの人も？　じゃボースも追放されちゃったんだ。

――いや、こちらは頭山満のとりなしで何とか助かったが、エロシェンコはダメだった。もともと彼のようなエスペランティストは危険な存在として公安から目を付けられていたんでね。中村屋の二階に大勢の警官が踏み込んで、抵抗する彼を殴る蹴るして連行したそうだ。

――ひどい！

――黒光さんが淀橋警察へ面会に行ったら、神近さんあての手紙を彼から渡されたが、中に、著作権のことはあなた（神近）に一任しますと書いてあったそうだ。

――愛してたのかなあ。

――そういう説もある。お互い情熱的な人だったようだからね。そもそもエロシェンコが滞日中に発表した『夜明け前の歌』などは彼女が口述筆記したものだ。その後日本を追放された彼は北京へ渡り、暫く魯迅の家に居候してたんだが、その時にも神近さんとは文通が続いていたようだ。ついでに言うと、中村屋はボースのカレーライスばかり有名だが、あそこのボルシチはエロシェンコ直伝だぞ。

——食べたい！　お腹すいた。

ところで、神近さんは昭和二八年（一九五三）の衆院選挙に社会党から出て当選しました。祖父とは、昭和三二年（一九五七）に実施された売春防止法の共同提案者として成立に尽力して以来仲良くなったようです。父が直接神近さんから聞いた話では、当初女性議員ばかりだった提案者に男性議員も入れようということになりましたが、「与野党を問わず、この法案に賛成しそうな男性議員の顔が一つも浮かばなかったの。そうしたら、誰かが『そうだ、猪俣さんがいる！』と叫んだとたん、全員が『そうだ！』と応じて、すぐ決まったのよ」だったとか。そのくらい堅物と思われていたということでしょう。

神近市子と祖母（右端）

「もっとも——父はニヤリと付け加えた——最晩年になってからのことだがね、自分の人生を振り返ってどう思うかってオヤジに聞いたことがあるんだ。オヤジは、やりたいように生きて来たから何の悔いもないと言い切ってから、そうそう、一つだけ心残りがあると言ったんだ」「ふーん、何だったの、それ？」父の話によると、祖父の唯一の心残りとは、「母しか女を知らなかったことだ」ったそうです。

ゾルゲと野枝とほら吹きと

私の携帯が鳴ったので、いったん父との話を打ち切り、電話に出ました。APOCシアターでダンスの公演したいのだが、というダンス・カンパニー主宰者からの問い合わせでした。改めてこちらから連絡をすると答え、ふと父を見たら、ティーカップをひょいと持ち上げたところでしたが、手許が狂い、飲みかけのダージリンを一張羅のカーディガンの胸元にざぶっと零しました。

「ダメな男」台所から布巾を持ってきて、濡れた個所をごしごし擦ります。よくまあ母はこんな縄文人に我慢していたものだ。娘に呆れられていることなどまったくお構いなしに、父はもう一つエピソードを思い出したと言いました。

——ある日、山下さんが一人の女性を伴って我が家へ現れたんだ。

——山下さんて、あの？

——ああ、オヤジの自伝（『聞書き　猪俣浩三自伝——一無産党弁護士の昭和史』山下恒夫編著、思想の科学社、一九八二）を編集してくれた人さ。働き盛りで亡くなったけど、物凄く優秀なジャーナリストだった。その山下さんが連れてきたのは、白髪を束ねた品のいい人だったな。彼女は、くずみ・ふさこの娘、一燈子《ひとこ》ですと名乗りを上げた。

——くず…みさん？

——久津見房子！　オヤジにとっては忘れられない存在だ。久津見女史は、ゾルゲ事件の被告の一人で、ゾルゲに情報を提供したとして裁かれたんだが、そのとき弁護に立ったのが父だったんだ。

あなたが久津見さんのお嬢さんですか。はい、さようでございますってなもんだ。お前は知らんだろうが、昭和一七年（一九四二）五月、正にアジア太平洋戦争の最中に公表され、世間を震撼させたゾルゲ事件というのがあった。ドイツ人リヒャルト・ゾルゲを代表とするソ連のスパイ組織が日本で謀略活動を働いたというんだな。二年後、ゾルゲと共に絞首刑になった著名なジャーナリスト尾崎秀実を始め大量の関係者が逮捕された。あのベアテ・シロタ・ゴードンさんだって容疑者として調べられたんだぞ。ほら、日本国憲法の起草者の一人、ベアテさんだよ。

久津見房子

久津見房子はその関係者として逮捕され、八年の刑を喰らったんだが、それまでも社会主義者として女性解放運動などに一身を捧げた人だ。女性初の治安維持法違反者として逮捕投獄された輝かしい経験もある。そういう立派な人だが、当時はゾルゲ事件と聞いただけで、みなブルッてしまい、彼女の弁護を引き受ける人間がなかなか現れなかったんで、とうとう自由法曹団のメンバーであるオヤジのところへお鉢が回ってきた。オヤジとしては後に引けず、けっこうビクビクもので引き受けたそうだが、「その時、勇気をもって母の弁護を引き受けてくれた先生に、大変遅ればせながら、母に代わって一言お礼を申し上げたく参上いたしました」。そう言って久津見さんのお嬢さんが深々と頭を下げたんだなあ。

自分の手柄話でも話すかのように、父の鼻の孔が大きく膨らみました。

――そのあと、近所に住む有名な彫刻家菅沼五郎宅へ回りたいとお嬢さんがおっしゃった。オヤジは菅沼氏とは顔見知りの間柄だったので、菅沼宅訪問の趣旨を尋ねたところ、菅沼氏の夫人幸子さんは大杉栄・野枝夫妻の次女で、生後半年で大杉の妹の養子になる前、エマと名付けられた人だというんだ。折角近くへ来たので、似た立場の娘同士、一度ゆっくり話を伺ってみたかったので、と言われ、オヤジは大ビックリ。なんせ菅沼夫人の出自については初耳だったんでね。神近さんといい、エマさんといい、大杉栄の周辺とは不思議な縁で繋がっていた訳だ。

後になって、松下竜一のノン・フィクション『ルイズ』（講談社文芸文庫、二〇一二）を読んだら、エマという名前は、ロシア系ユダヤ人のアナーキスト、エマ・ゴールドマンに因んで大杉が命名したと鎌田慧が解説していた。なお四女のルイズはパリ・コミューンの立役者ルイーズ・ミッシェルから来ているとのことだが、ルイーズについては、お前も知っての通り、たまたま私がニュー・カレドニアを取材したとき、彼女が流刑者としてこの島の監獄に居り、地元民とも親しく交わっていたことを知ったので、その顚末を私の本（『植民地を謳う』、現代企画室、二〇一一）で紹介しておいたわけだ。

とにかく、一燈子さんの親もエマさんの親も卓越した人物だった。昭和史の嵐に翻弄されたこの人たちの息女二人が、オヤジをきっかけとして再会し、夜を徹して語り合ったんだ。親のこと、時代のこと、耐えに耐えた自分たちのこと、テレビ番組が何本も作れるほどの話題が二人の間で溢れ出たのさ。

そう言って父は遠くを見つめるような目付きをしたが、実はその話は、父が直接体験したことではありません。そのころ父は、ＮＨＫ報道局のディレクターでしたが、上司と大喧嘩をして、愛宕山の座敷牢（NHK発祥の地に作られた放送博物館と放送文化研究所は、問題を起こしたディレクターが送り込まれる場なので、同僚から座敷牢と呼ばれていたそうです）に閉じ込められ、一日中、新聞記事の切り抜きをファイルする仕事をさせられていたので、鬱屈のあまり創りだしたホラ話かもしれません。

父がいつも、あまりに調子のいい話ばかり吹きまくるので、以前、祖母を病院に見舞ったとき、父の言葉はどこまで信用できるのかと尋ねたことがあります。祖母はため息をついて、「何しろあの子は四月一日生まれだからねえ」とちょっと困ったような顔をしました。

――とにかく小さい時から嘘のうまい子だったの。誰に似たのか、しれーっとした顔で嘘をつくのよ。だからあまり本気にしちゃダメ。

なるほど。これまで散々聞かされてきた父の想い出話に、どこか胡散臭さを感じていたのは、そのせいだったのか。私が真面目一方の夫と一緒になったのは、多分その反動でしょう。

＊　＊　＊

ここで祖父のことはひとまず擱《お》き、次章は鹿地亘についての父の記述を紹介することにしましょう。

第二章　モダニズムとコミュニズムの昭和

始まりのレーニン

誘拐前に出版された鹿地亘の手記『中国の十年』（時事通信社、一九四八）、また後日の出版『自伝的な文学史』（三一新書、一九五九）などによると、鹿地は明治三六年（一九〇三）五月一日、九州大分の裕福な地主の長男に生まれた。明治三六年といえば、日露戦争の一年前であり、後に鹿地が親しく付き合うことになる魯迅が、日本留学中にバッサリ辮髪を切り落とした年でもある。

鹿地は「まったく世間の不幸をしらぬ坊ちゃん育ち」の幼時を過ごしたが、父が中等学校の教員だったので、父の任地に従って、関西、九州の小都市を転々とし、大正一三年（一九二四）、鹿児島第七高等学校から東大文学部国文科へ入学した。

では大正一三年とは如何なる年だったのか。言うまでもなく前の年の九月には、首都を壊滅させた関東大震災が起き、社会不安をあおる流言に惑わされた日本人が推定六〇〇〇人にも及ぶ在日朝鮮人を虐殺してしまい、続けて大杉栄と野枝が甘粕憲兵大尉に虐殺されている。もう少し遡れば、大正八年（一九一九）五月四日、北京天安門広場に端を発した有名な抗日大衆運動「五・四運動」が、全中国的な広がりを見せ、さらに一三年の一月には、中国の東三省や山東半島への日本の進出に抗議するため、第一次国共合作が行われている。日本では二年前に非合法的組織として結成された共産党が弾圧に次ぐ弾圧により、この年解散。翌一四年(一九二五)の四月には、平成二四年(二〇一二)暮れに成立した特定秘密保護法の原型と言われる治安維持法が、普通選挙法とほぼ抱き合わせで成立している。要するに、そうした流れの源流にあたるような年だった。

だが、そんなことにはお構いなし、単なる遊び好きのぼんぼんにすぎなかった彼は、社会に昏いとの友人の批評に奮起し、今度は手当たり次第に社会関係の本を読み漁ってみたが、どれも物足りなかった。

二年が終わった大正一五年(一九二六)の春休み、鹿地は帰省の車中で読むための本を買いに神田へ出かけ、たまたま入った巌松堂で、運命を決定づける一冊の洋書に出会った。英語とドイツ語で書かれた赤い表紙の本の題名は『国家と革命』、著者はレーニンだった。

車中で読み始めた彼は「第一頁から、すっかり魅了され、魂をひとつかみにされ、総身がぞくぞくするような戦慄にしばしばおそわれた」。

レーニンの『国家と革命』は一九一七年の十月革命前夜に執筆され、革命後に発表された。鹿地が英独対訳本を手にしたのは大正一五年らしいから、彼はこの著作を「レーニンはわれらの同時代人」という新鮮な感覚で読んだに違いない。私も付け焼刃で、宇高基輔訳の岩波文庫版にざっと目を通してみた。それによるとレーニンは『国家と革命』の冒頭から、「被抑圧階級を搾取するブルジョア国家機構を力づくで粉砕したのち、プロレタリア独裁国家を過度的に樹立し、最終的には国家そのものを揚棄する」といった趣旨の言説を繰り返し述べている。後の鹿地の言動から、彼がこの辺りのテーゼに強く惹かれたことが推定できる。

これこそが求めていた本だ！　彼は『資本主義の最高の段階としての帝国主義』（『帝国主義論』）や『唯物論と経験批判論』など未だ邦訳の出ていなかったレーニン本の洋書を貪るように読み耽った。例えば前書で、帝国主義が完成に至る道程として定義されている、（1）独占を生み出した生産と資本の合体、（2）寡頭性金融資本の出現、（3）資本輸出の重要化、（4）グローバル資本による世界市場の寡占化、（5）資本主義列強の地球領土分割完了状況、などという分析は、彼にとってすべて納得のゆく解釈であり、帝国主義こそ打倒すべき対象だと結論づける内容だった。

彼はさらに遡ってマルクスからエンゲルスへと次々に手を伸ばしていった。

因みに、三年後の昭和四年（一九二九）に爆発的に流行った『東京行進曲』は、「昔恋しい銀座の柳」で始まるが、四番の出だしは「シネマ観ましょか　お茶飲みましょか　いっそ小田急で逃げましょか」となっている。当初、こんな歌詞は困ると小田急がイチャモンを付けたが、後になって、宣伝して下さってと感謝したというのは、よく知られたエピソードだが、もう一つの逸話も有名だ。すなわち、治安維持法の成立にビビッたレコード会社が西條八十に頼んで改作してもらう前は、「長い髪してマルクスボーイ、今日も抱える『赤い恋』」だった。『赤い恋』とは、当時もてはやされたソヴィエト共産党幹部の作家、マダム・アレクサンドラ・コロンタイの小説のことだが、この唄に関して言えば、訂正前の歌詞のほうが時代を見事に取り込んでいたといえるだろう。

（コロンタイついでに言うと、金子光晴の『どくろ杯』には、昭和の初めごろ、すなわち森三千代との上海逃避行の直前、知人の女性と浅草の瓢箪池の岩山に腰かけて、水面に映る灯を眺めながら氷水瓜を食べる記述があるが、その時、女の掌を「しびれ鱏《えい》のようにふるえ」るほど強く握りしめながら彼が力説したのは、コロンタイ女史が『赤い恋』で開陳した「性の共産主義」についてだったそうだ。)

春休みを終え、三年生になった彼は直ちに、中野重治、佐野碩、久板栄二郎など錚々たる人物が会員として居並ぶ社会文藝研究会に入会。さらにマルクス主義芸術研究会(マル芸)を通して、千田是也などもメンバーだった日本プロレタリア芸術連盟(プロ芸)にも参加した。その後彼が辿ることになる波瀾万丈の人生を考えると、正にマルクスの言葉通り、鹿地は自分の目の前に差し出された時代という環境の糸で、自分自身の歴史を紡いでいったのだ。

田中義一の功績

鹿地が最終学年を迎えたばかりの昭和二年(一九二七)四月二〇日、田中義一内閣が登場、日本の針路に決定的な影響を与えることになった。

田中は「私が」の代りに「オラが」を連発したので、「オラが宰相」として親しまれた。このネーミングに目を付けた寿屋(現サントリー)が、新しくビール商戦に参戦するため、昭和五年、新発売のビールを「オラガビール」と名付け、売上をのばした。

こう見ると、一見愛されたように思える田中首相だが、その実体は、日本をファシズム国家へ導く、とんでもない反動政治家だった、と大内力は彼を厳しく断罪している。(『日本の歴史24　ファシズムへの道』中央公論社、一九七四)。大内教授の文章は大変判りやすい。彼らを駆り立てた衝動の核を理解するためには、まことにぴったりな背景説明だと思うので、同氏の分析を左に抄録する。

先ず田中内閣の内政面だが、昭和三年(一九二八)三月一五日に実施された一六〇〇名に及ぶ社会主義者の大弾圧がある。これは直前の二月二〇日に行われた第一回普選の際、徹底的な選挙干渉をしたにもかかわらず、無産諸党から八人もの当選者が出たことに危機感を感じたためだが、大正一四年(一九二五)に成立した治安維持法の初めての本格的な適用だった。続いて行われた河上肇ら進歩派教授の学園追放。さらに六月、緊急勅令で治安維持法の最高刑を死刑に引き上げたこと。翌四年(一九二九)、本改正の議会での事後承認にただひとり反対した山本宣治議員が三月五日テロに斃れた直後の四月一六日、再度八百余名の社会主義者大検挙を強引に実行するなど、「シュギシャ」弾圧に辣腕をふるった。

しかし、もっと大きな問題は外交面にあった。ジンゴイスト(好戦的愛国主義者)田中首相の売りは「積極的平和主義」ならぬ「積極外交」。前任者の若槻内閣が対中「軟弱外交」と批判されたことを頭に入れてのコピーである。ではどう「積極的」だったのか。昭和二年(一九二七)五月二八日、南京政府の北伐に備え、「自国民保護」の名目で旅順から二〇〇〇の兵を青島に出兵させた第一次山東出兵。(因みに「自国民保護」は戦争を始めたいときの常套句)。続く「東方会議」で決定した「対支政策綱領」で、満蒙を中国から切り離し日本の支配下に置くとの方針決定。翌三年四月一九日、同じく北伐に備える第二次山東出兵。さらに同年五月九日、済南での蒋介石軍との衝突を契機に、一個師団にのぼる出兵を強行、一斉攻撃を市民に加えて、中国側に三六〇〇名の死者を齎した第三次山東出兵。さらに六月の「満州某重大事件」すなわち張作霖爆殺事件へと続く。

こうした田中内閣の「無鉄砲な侵略主義外交」は、次の三点で日本の将来に大きな禍根を残すことになった、と大内力は分析している。

第一に、中国の対日敵意を高め、排日、抗日ムードを決定的にしたこと。結果、満州事変、日華事変へとエスカレートする出発点になった。

第二に、日本の国際的地位を悪化させたこと。米英先進諸国の対日不信感を増幅させ、「極東の孤児」へ頽落する結果を招いた。

第三に、軍部の勢力を強め、とくに陸軍の独走をゆるしたこと。これは立憲政治の危機を招く結果を齎した。

(因みに、一九二〇年代後半の三次に渉る山東出兵に反対した石橋湛山は、「好戦論者、とくに田中首相は一兵卒になって戦場に出ろ、彼がいなくても首相の代りは幾らでもいる」と、戦争好き首相の急所を鋭く突いたが、無視されたという。(竹内好/橋川文三編『近代日本と中国 下』朝日新聞社、一九七四)

一方、当時の中国人が田中義一内閣をどう見ていたかを垣間見させる記述が村松梢風の『新支那訪問記』(騒人社、一九二九)にある。上海のダンス・ホールで、お相手の日本人ダンサーがこうぼやいたという。妙なことに支那人客は私たち日本人ダンサーと踊ろうとしないの。それを聞いた梢風が同行の中国人に、あなたも日本人とは踊らないのかと尋ねたら、知人は、私もやっぱり踊らないだろうと答えた。さらに、なぜ?と問うと、「それは僕の責任じゃない、田中内閣に向って質問して下さい、アツアツハツハ」と快笑したそうだ。

（なお昭和四年（一九二九）六月、前年に張作霖を爆殺した責任を巡って昭和天皇から叱責を受けた田中首相は辞職、間もなく死亡した）

大正一五年（一九二五）の治安維持法成立に始まり、中国における反日気運の高まり、国際社会での孤立……大内が丹念に跡付けた、日本をファシズム国家へ導くロードマップは、さらに教科書の愛国主義的改訂（これは旧満州国でも盛んに行われた）、独占資本の抱き込み、治安維持法の厳格適用、立憲主義の逸脱、と続き、最後に軍部の独走でゴールに到達する。「ある日気づいたらナチス憲法に変わっていた、あの手口を学んだらどうか」と発言したＡＳＯ閣下は、ひょっとしたら大内のファシズム・レシピーをじっくり研究していたのかもしれない。

このレシピーに、ＡＢＥ閣下の「女性の活用を！」との叫びを加えてもいいだろう。藤井忠俊によれば、日中戦争の銃後における最大の特徴は、女性の組織化にあったのだそうだから。（『国防婦人会』岩波新書、一九八五）。

因みに、手許の資料から、銃後の女性の意気込みを謳った二つのレコード曲を見つけた。『女性進軍』と『女性進軍歌』。前者は西條八十の作詞で、昭和一八年（一九四三）の発売。

『女性進軍』

（一）赤い夕焼け見る度に

あゝあの下で今日もまた

兵隊さんは戦ふと
想へば千筋の黒髪に
大和乙女の血は躍る

(三) けふも楽しく襷掛け
誉れの家のお手伝ひ
忘れ形見の嬢ちゃんが
「姉ちゃん明日も亦来て」と
可愛い手を振るいじらしさ。

文字通りいじらしい唄だが、もう一つのほうは、かなり勇ましい。アジアの女たちの会」など編『教科書に書かれなかった戦争』(梨の木舎、二〇〇五)で紹介されている昭和一九年(一九四四)六月発売の小笠原喜代治作詞『女性進軍歌』。こちらは太平洋戦争もいよいよ末期、女も積極的に戦争に参加すべきだという、祈りにも似た願いがこめられているようだ。

『女性進軍歌』
(一) 晴れのお召に　つはものの
勇む門出に　はなむけた

「働きます」の　一言葉
凛々しく生きて　作業服
妻の瞳の　清らかさ
(四)心すませば　わが耳へ
今だぞ　弾丸《たま》を　飛行機を
送れと叫ぶ　声がする
ああ国挙げて　工場に
いざや　女性の総進軍

この歌詞の原典と思われる記述を、たまたま前述の『国防婦人会』で見つけた。戦時中結成された「大日本《ダイニッポン》婦人会」が目的とする理念だ。

「大日本婦人会」のスローガンは三つに分かれている。

一、誓って飛行機と船に立派な戦士を捧げましょう。
二、一人残らず決戦生産の完遂に参加協力いたしましょう。
三、長袖を断ち決戦生活の実践に蹶起いたしましょう。

このスローガンが発表されたのは昭和一八年（一九四三）一〇月だから、その後に作られた『女性進軍歌』の歌詞が影響を受けている可能性は充分に考えられる。

因みに、長年廃娼運動に取り組んできた婦人矯風会もまた、国家の呼びかけに即応し、昭和一五年（一九四〇）、「女子の精神、体力の旺盛に、然かも強力なる事は、国力の根底を培ふものである。我等は精神力に於て無限の源泉を捕へ、この際我が邦国に奉仕せねばならぬ」と女性の国防協力を高らかに宣言している。（小森陽一ほか編『近代日本の文化史8』岩波書店、二〇〇二）

ところで、柄谷行人に言わせると、日本は一九八〇年代半ばぐらいから、とっくに「戦前」だそうだから、その伝でいけば、今頃「戦後レジームからの脱却」などというのは、遅すぎるということになるかもしれない。

長々と横道に逸れたが、大内論文で話を締め括ろう。最後に彼は、ファシズム行きロードマップを策定した田中義一首相について、ハンナ・アーレントのアイヒマン裁判傍聴記を想起させる次のような結論を導き出している。

「凡俗な人物が重大な責任ある地位につくことは、しばしば大悪党が権力を握るより悪い結果を生むものである。」

（なお、田中内閣に代わった浜口内閣で再び外相になった幣原は、腹心の佐分利貞雄を中国公使に任命し、日中友好を再構築しようとする姿勢を示したが、肝心の佐分利公使は僅か三ヵ月後、帰国中に滞在していた箱根富士屋ホテルで謎のピストル自殺を遂げた。死因に不審な点が多く、日中友好阻止に暗躍していた一派の陰謀ではないかとの噂が飛び交ったという。）

木崎村の農民学校

嵐を予兆する海鳴りの中で学生時代の後半を迎えた鹿地はどのような軌跡を辿ったのか。彼はプロ芸に入ると早速、機関誌に短編を投稿している。例えば昭和二年（一九二七）一一月号に掲載された『喜三太』では、その年の九月二八日に行われた普選法に基づく第一回県会議員選挙を取り上げ、顔見知りの有力村会議員に頼まれ、候補者の地主に一票を投じた老主人公が、組合活動に邁進している息子に痛罵され、自死にいたるまでの深い悩みを追求するなど、社会の在り方に鋭いまなざしを向けた作品が多い。

同時に彼は、東大有志による社会主義団体「新人会」から、二年の七月、新潟県北蒲原郡木崎村の農民闘争の応援に派遣された。戦前新潟県で頻発した農民闘争の中でも、この木崎村の闘いは、戦後のマッカーサーによる農地改革にも影響を与えたほど有名な争議だった。先に触れた『猪俣浩三自伝』でもその経緯が紹介されているが、地主と対立した小作人たちが自分たちの子弟のため、自力で新たに無産農民学校を立ち上げたのだ。学校の上棟式の後は、三〇〇〇人の農民と四〇〇人の警官が衝突し、三〇人の組合幹部が騒擾罪で検挙されたという。この試みを応援するため集まった講師陣には、大山郁夫、大宅壮一、賀川豊彦、木村毅などの著名人が名を連ねていたが、鹿地もその末席に加わった。

そのときのルポルタージュ「木崎村の農民学校」が、全日本無産者芸術連盟（ナップ）の機関誌『戦旗』の一九二九年四月号に掲載されているが、それによると、農民学校に到着した彼は早くも子どもたちから大歓迎を受けている。

数日後、生徒たちの自主上演による芝居を観る機会が訪れた。第一部は地主と小作が激しく対立する場面が続き、小作人が警官に引っ立てられてゆくところで幕になる。


「第二部は演説会の場だ。

観客全体が演説会の聴衆である。

臨監がついて居る。臨監は先生のダブダブの洋服を着て、物差しを腰にぶち込んで居る。墨でこしらえた髭をひねりながら、エヘンと咳をする。

やがて弁士があらわれる。

――横暴な地主XXは警察の犬をたのんで我々小作人の代表を検束しました。

――弁士中止！

――横暴！　横暴！　やらせろ！　やらせろ！

それから又代った弁士が演説を始める。

――我々小作人は団結して警察と地主とに向って戦わなければなりません！

中止が又繰り返される。

会場が騒然と湧き立って来る。

臨監は立ち上る。

――この集会は不穏と認め、解散を命ず！

横暴！　官憲横暴！
——やっつけろ！　やっつけろ！
いきりたった聴衆は演壇に殺到した。臨監はふくろだたきにされる。（以下略）」

治安維持法と普通選挙

以上は鹿地が教えにいった農民学校の生徒たちの芝居だが、私は父浩三から似たような実話をよく聞かされた。時代は緊迫していた。前述のごとく、昭和三年（一九二八）二月、買収と露骨な選挙干渉の下で行われた第一回普通選挙の数ヵ月後には、満州の奉天へ向かっていた張作霖が爆殺され、日中戦争の火種を蒔いている。国内はマルクス主義旋風が吹き荒れ、昭和三年もその翌年も、日本共産党の一斉検挙があった。昭和三年六月、治安維持法の最高刑は突如一〇年から死刑に引き上げられ、四年三月五日には、共産党から分派した合法政党労農党の代議士山本宣治が右翼に刺殺されている。

同年一〇月二四日、アメリカの株式大暴落から世界恐慌が始まり、日本にも不景気の波が押し寄せ始めた。半藤一利が『昭和史探索・2』（ちくま文庫、二〇〇七）で、昭和五年九月三日の朝日新聞の記事を紹介しているが、それによると、私の現在の住まいに近い藤沢の遊行寺には、一椀の麦飯を求めて日に五〇人もの生活困窮者が押し寄せていたという。

そんな不況のさ中の昭和五年（一九三〇）五月に、第二回普通選挙が実施された。二年前の第一回

第二回普選（1930年）演説会場での猪俣浩三、後ろは臨監

普選の時はもっぱら無産党の応援弁士を務めた父だが、この時は、立候補予定者が、相次ぐ左翼弾圧の風潮にビビッたのか、保守党と裏取引したのかは不明だが、突如辞退してしまった。ために、農民の膝詰め談判により、三六歳だった弁護士の父が、急遽身代りに日本民衆党という地方無産政党の候補として新潟三区から出馬することになった。祖父から「国賊引っ込め」という電報が本人のもとへ届いたのは、このときだ。母はありったけの着物を質入れして選挙資金を作り、乳飲み子をお手伝いに預けて、生まれて初めての応援演説をぶったという。

演説会は立ち見で窓ガラスが割れるほどの超満員続きだった。檀上の脇に臨監（臨席警官）の席が設けられ、弁士が政府のやり方に批判めいたことを言うと、すぐ飛んできて、「弁士中止！」と演説を制止し、弁士を交替させる。この辺りは芝居そっくりだが、聴衆が演壇に殺到して、臨監が袋叩きにされる、などということは、祖父の場合はなかったらしい。だが選挙結果は言わずと知れていた。普選初期に流行った冗句「押すな押すなの十三票」通り、圧倒的最下位で惨敗。票の行方はほとんど事前に買収で決まっていて、予想と二、三票しか違わなかったそうだ。

その頃浩三は新潟県長岡市に民衆法律相談所を開設し、農民運動や労働運動の犠牲者を弁護していた。その傍ら、無産運動にも関わっていたが、同志たちが続々検挙されるなかで、紙一重の差で逮捕を免れていたため、もっぱら彼らの弁護に回れたので、同志からはかえって感謝されたという。

一方鹿地は、昭和三年（一九二八）三月一五日の共産党大弾圧を契機として再結成された全日本無産者芸術連盟（ナップ）に、大学卒業と同時に参加、機関誌『戦旗』の編集に携わっている。

なお、この共産党大弾圧の少し前の三年二月末、後に中華人民共和国の副総理になる文人政治家の郭沫若が蔣介石の追及を逃れるため、日本人妻と四人の子どもを連れて日本へ亡命している。彼は昭和一二年（一九三七）七月の「日支事変」勃発直後、故国の危機を救うため帰国するが、その間ほぼ一〇年、日本に滞在し著作に励んでいる。この期間に鹿地が彼と知り合うことはなかったようだが、後にこの両者は中国でしばしば接触することになるので、あらかじめ簡単に触れておこう。

郭沫若は日本亡命の半年前まで、蔣介石の北伐に参加していたのだが、その途上で、蔣介石が共産党関係者や農民などを虐殺している事実を知って、弾劾の烽火を上げたため、国民党のテロに追われる身となった。しかし、亡命直後に三・一五大弾圧事件が起きていることからも判るように、日本もまた、安住の地からはほど遠い場だった。知人の手引きで居を定めた千葉市川の自宅は、中国留学生たちの溜まり場になったものの、主人が危険人物と見做されていたため、たえず公安警察と憲兵の監視下に置かれることになった。彼自身、逮捕拘禁も経験している。

『抗日戦回想録―郭沫若自伝6』（平凡社、東洋文庫、一九七三）に、ヘイト・スピーチの原点のような、当時の公安と中国人との緊張関係を如実に表した一節があるので、紹介する。ある憲兵は監視に訪れるとき、一言の挨拶もなしに、裏口から表口へジロジロ観察しながら通り抜けていくのが常だった。日曜の午前中、彼が廊下で新聞を読んでいるとき、例のごとく憲兵がやってきた。彼が文句を言うと、憲兵は通路の低い柵を乗り越え、母屋へ入り込んで怒鳴った。

「――何だと？　――彼は吼えた。おれは命令で貴様を監視してるんだぞ！

――バカなことをいうな！　俺のことを監視できるものか――私も吼えた。君は君らの国法を犯してるんだぞ！

――フン、貴様は支那人じゃないか、俺たちの国法は「チャンコロ」のためにできてるんじゃないんだ。貴様に度胸があるなら、支那に帰れ、俺なんか貴様たちの支那の領土だって平気で歩き回ってやらあ。俺をどうにかできるか？」

この時は、「これからは、どうぞご遠慮なく、表口からお入りなさいませ」という夫人のとりなしで、何とか納まったが、以後彼は、憲兵が常用していた乗馬ズボンと乗馬靴を日本帝国主義の象徴として見るようになったと記している。

さて、昭和四年（一九二九）二月、ナップの再組織によって日本プロレタリア文化連盟（コップ）が誕生。その中心を担う日本プロレタリア作家同盟（ナルプ）が創立され、鹿地は常任中央委員に就任、小樽在住の作家、小林多喜二も同時に中央委員に選ばれ、両者の接点が生まれた。

＊　＊　＊

この数年後に多喜二を襲った大事件までの両者の交流の経緯や、昭和逃亡者《フュージティヴ》としての鹿地の上海行について、さらに父の記述は続いていますが、その前に、思いがけない偶然から生じたリルとのいきさつを記すことにしましょう。

第三章　風の噂のリルを尋ねて

飛行機に乗ったのは久しぶりです。初めて乗ったのは私が三歳になりたての時でした。人権団体アムネスティ・インターナショナルの世界大会がデンマークのアスコフという町で開かれ、日本支部理事長だった祖父が会場で講演することになったため、家族全員でくっついていきました。私は到着までほとんど寝てばかりだったそうだから、もちろん何も覚えていません。

最後に乗ったのは何時だったか。昔の劇団仲間から、彼女のフランス人の夫が経営するパリのアパートを無料で使っていい、と言われて、結婚したての亭主と遊びに行ったのが最後ですから、今回は五年ぶりかな？　その時はパリからロンドンへと芝居を見まくった結果、あちらの小劇場にはカフェを併設している処が多いことに気づきました。さらにロンドンの地下鉄駅の階段を上がった目の前のパン屋の名前が「ア・ピース・オブ・ケイク」（一切れのケーキ）でした。この言葉は「小さな三角の場所」という本来の意味のほかに、「どうでもいい」とか「ちっぽけな」「取るに足らない」という意味でも使われるようです。

これが決定的でした。私たちが千歳船橋に造ろうとしているミニ・シアターの予定地は、ちっぽけな三角形をしています。だから劇場の名前は「A　PIECE　OF　CAKE」の頭文字を取ってAPOC（アポック）とし、一階にカフェを併設しよう。そんな訳でAPOCシアターが誕生し、あっという間に三年が経ちました。

いま飛行機は福岡へ向かっています。そこからJR篠栗《ささぐり》線に乗り換え、博多湾に近い八木山峠が目的地。そこには、お目当てがひっそりと私の到着を待っているはずです。

始まりのハカタ

すべては偶然から始まりました。

ダンス・パフォーマンス希望のR女史とAPOCで打ち合わせをしたときのこと。何気なく彼女の経歴を見ていたら、驚いたことに、平成六年（一九九四）、新宿シアター・ゼロでのスーパー・ヴォードヴィル『OFF・LIMITS』に出演と書いてありました。父が台本を書き、プロデュースした、財津一郎主演の唄入り芝居です。

時代は未だアメリカに占領されていた昭和二五年（一九五〇）ごろ。場所は駐留軍専用（OFF・LIMITS）、すなわち、日本人は入れない米軍基地内のクラブ。江利チエミや雪村いづみが巣立った場所です。たまたま父は、NHKの仕事で財津に関わった際、無名時代の彼もそこで活躍していたことを知り、米軍クラブでのドタバタを、ヴォードヴィル風の芝居に仕立てました。今回私が打ち合わせたRさんは、何とその舞台でクラブのダンサーに扮していたのでした。音大の学生だった私は友人とその舞台を観に行き、財津のジャズソングの旨さやヴォードヴィリアンとしての素晴らしい資質に感心した覚えがあります。ダンスも素晴らしく、舞台の面白さを実感したのもその時でした。

その影響か、私は音楽の道を捨て、ある劇団に入りました。主宰者はモスクワやパリで活躍した日本人演出家W氏。彼がヨーロッパから招いた一流演出家の指導が受けられるという贅沢な劇団でした。そこで判ったのは、すでにヨーロッパでは廃れたヴォードヴィルという舞台形式が、モスクワでは未だ生き残っており、大学演劇科の研究過程で必ずヴォードヴィルの舞台を経験させているということでした。理由は、頭で考える前に先ず動くという修練を積むためだそうです。

その方面の演出に長けていると評判なのが、ロシア人民芸術家の称号を持つモスクワ国立劇場の代表的演出家エレーナ・ドルギナさん。その彼女が来日し、日本では誰も知らないロシアン・ヴォードヴィルの演出をしてくれました。お蔭で私たちは、チェーホフが自ら『ヴォードヴィル』という小品を書くほどこの手の舞台に夢中だったことを知り、彼女の演出でチェーホフの作品『熊』を何十年ぶりかで公演することができたばかりか、九〇年代後半、モスクワ近郊で開かれたチェーホフ演劇祭に、世界各国の劇団に混じって、この作品で参加する栄誉にも浴しました。モスクワ国立劇場の役者用食堂で食べたピロシキとボルシチのおいしかったこと！

『熊』は借金取りたてに来た、熊のように非情な大男が、対象である未亡人のお色気にメロメロになり、最後は借金そっちのけで愛を告白するという唄入り喜劇です。モスクワでの当日は、開演時間になっても三、四人しか入場者が居らず、どうなるのかハラハラしましたが、開場を三〇分遅らせれば大丈夫というエレーナさんの自信たっぷりな予言通り、三〇分後には超満員となり、日本語であるにもかかわらず、客席は爆笑に継ぐ爆笑という嬉しい結果でした。

そんな訳で、私をヴォードヴィルの世界に引きずり込むきっかけを作ったのが、父の手がけたスーパー・ヴォードヴィル『ＯＦＦ　ＬＩＭＩＴＳ』でしたが、その公演から二〇年近い時が流れ、私はミニ・シアターの経営者であると同時に、仲間と作った「ヴォードヴィルの会」の役者となり、ダンサーのＲさんはダンス・カンパニー主宰者になっての出会いでした。話が弾んだとき、彼女の亡くなった母親もまたダンサーだったことを知りました。しかも福岡出身の母親がダンスを始めたきっかけが、祖母の知り合いから強い影響を受けたからだとのこと。その人は筑豊のお医者さんのお嬢さんでしたが、一九三〇年代に上海へ渡り、かなり人気を博した踊り手だったといいます。その人、あちらでは上海リルと呼ばれていたそうよ。

上海リル！　確か古いジャズソングのタイトルとして、名前を聞いた覚えがある。自称レトロ音楽通の芝居仲間に尋ねたら、ディック・ミネの持ち唄だろ。有名な女性だぜ、と鼻をうごめかしました。

——「あちらも　またこちらも　探すは上海リル」って謳われるぐらいでね、一九三〇年代の上海じゃ随分追いかけられた噂の女さ。そういえば『上海帰りのリル』って唄もあったな。「海をみつめていた　ハマのキャバレーに居た」って文句があるぐらいだから、引き揚げてからは、かなり苦労したのかもしれないな。もしその人が本当にリル本人だったら大発見だよ、と言います。

そういえば鹿地が上海に滞在していたのは一九三〇年代だということだから、ちょうど同じころリルも上海に居たことになる。これは放っておくわけにはいきません。

何時ごろお亡くなりになったのかとＲさんに尋ねたら、もう百に手が届こうというお年ながら、故郷福岡の八木山で陶芸にいそしんでおられるはずとのこと。「色気だ！　色気だ！」父の声が脳内になり響きます。このほうがよっぽど芝居に向いている！　鹿地さんの方は父の聞き書きに徹し、改めてリルを主人公にした舞台を作ろう！　飛びつく思いでインタヴューを頼みました。

Rさんの答えは、じゃ早速、リルさんに自宅の離れを提供している知人に聞いてみる、誰にも会わないらしいから、どうかしらということでしたが、数日後、Rさんから連絡が入りました。気落ちした声の調子だったので、やはり断られたのかと思いましたが、そうではなく、リル本人の逝去の知らせでした。ひと月ほど前のこと、知人が掃除のため部屋へ入ったところ、文机に突っ伏して亡くなっている彼女を発見したとか。お元気そうだったので、夢にも思わなかったそうです。

覚悟をしていたのか、エンディング・ノートのようなものに、死後の処理について、いろいろ記されていたそうで、故人の遺志に従い、誰にも知らせず、茶毘に付したとのこと。こちらは気負っていただけに、いささか気落ちしましたが、Rさんからの続けての連絡によると、戸棚から古い備忘録らしいものが出てきたから、興味があれば整理しないで取っておく、との願ってもない申し出でした。ぜひ見にいきたい旨を伝え、劇場公演のない日を選んで福岡行きの便を予約しました。もちろん、父には内緒です。ケチを付けられたくはありませんから。

川筋女リルの故里

旅の最終目的地は福岡の飯塚市。福岡空港からＪＲの博多へ出て、直方行きワンマン快速に乗り換えました。この路線は桂川《けいせん》までは篠栗線、そこから筑豊本線に合流します。一列に向かい合う座席でした。新緑の季節。沿線の山々に緑がしたたる様子はニューカマーを感激させるには充分ですが、地元の人に言わせると、戦後の国策による杉の植林で、落葉樹の森の多様性が失われたのは許せない、ということになります。もっとも父によれば、杉の植林は戦時中からすでに行われていたはずとのこと。「その証拠に」と父は、かつて番組で取材した『お山の杉の子』という童謡を教えてくれました。杉をどんどん植えましょう、そうすれば杉はすぐ大木になり、兵隊さんを運ぶ船になったり、怪我をした軍人の療養する家になる、君も杉の木のような逞しい兵隊さんになって、神国日本を護りましょう、といった歌詞だったが、戦後は軍国調の部分を替えて唄い継がれたそうです。

樹の種類が何であろうと、唄の文句がどう変わろうと、いい眺めに変わりはありません。みどりの絶景に見とれていたら、突然くしゃみが出ました。以来、旅のあいだ中、くしゃみに悩まされることになりました。やはり落葉樹のほうがいいのかなあ。

吉塚から長者原（この駅名を沖縄風にチョウジャバルと読むのは、九州と沖縄の文化的近縁性を物語っているのかもしれない）を経て篠栗へ。この辺りから、列車は山腹に突き刺さるように入り込み、樹々の葉が車窓を掠めます。トンネルに次ぐトンネルが八木山峠の山肌を抉って貫通し、山の女神が身をよじって悶えているようです。

ネットで調べたところでは、篠栗線（吉塚―篠栗間）の開通は明治三七年（一九〇四）だから、ハンパではありません。もちろん用途は黒いダイヤの運搬。平成一三年（二〇〇一）に全線が電化されたといいますから、それまでは「汽車汽車シュッポシュッポ」と黒い煙を吐きながら山間を走り抜けていたのでしょう。

巨大な寝釈迦の横たわる城戸南蔵院前駅を抜けて、山中、田んぼと走り続け、四十五分後に新飯塚駅へ到着。改札を出たところに、Rさんの紹介してくれた陶芸家のNさんが待っていてくださいました。Nさんは八木山の一つ、かつては黒田藩の狩場だった竜王山の広大な懐に窯場を築き、陶芸にいそしんでおられる方です。Nさんの話では、リルさんは暫く東京や福岡でダンスを教えていたが、故郷の飯塚に引っ込んでからは、身寄りとひっそり暮らしていたそうです。ある集まりでリルさんを偶然知ったNさんは、小耳に挟んだ彼女の経歴に非常な興味を惹かれたが、その後、リルさんが身寄りを失い独りになったことを知って、自分の邸内の離れに彼女を引き取り、陶芸を教え込んだとのこと。

すぐ彼女のノートを拝見したいとお願いしましたが、Nさんはその前に先ず、リルさんの生まれ育った飯塚の街の地理を知っておいたほうが、ノートの内容を理解しやすいだろうとおっしゃるので、それもそうだと思い直しました。

初めての土地です。右も左も判りません。Nさんに付いて駅前のやや広めの道路を渡ると、すぐ右手に、地元ASO閣下のニンマリした笑顔のポスターが貼ってありました。なぜ政治家は笑顔の

写真右：山本作兵衛画を模した坑夫立像
写真左：汽車を睨みつける川船船頭
いずれも山本作兵衛画（NPO 法人 遠賀川流域住民の会編『遠賀川　もっと知りたい遠賀川』、2006年より）

写真を飾りたがるのか、不思議な習性です。私は前方をキッと見据えた顔のほうが好きだけどなあ。

ニンマリポスターの向かいに、レストラン太陽という小さな食堂がありました。ここ、おいしいから、とおっしゃる。彼女のマネをして、名物のASO丼を注文したら、親子丼が運ばれてきました。炭鉱創立者および現在政界君臨中の二世をイメージしたのでしょうか。チキンも卵もたっぷりで、おいしく頂きました。それから市内を車で回りました。

初めに連れて行かれた歴史資料館ではちょうど、ユネスコの世界記憶遺産に登録された炭鉱画家山本作兵衛の展覧会が開催中で、彼の絵を模した坑夫の立像も展示されていました。

幼い頃リルがよく遊びに行った、という炭鉱王伊藤伝右衛門の広大な旧宅にも連れて行ってくださいました。「花子とアン」が放映される前でしたが、すでに観光客が引きも切りません。妻で歌人の柳原白蓮が新聞記者宮崎龍介と駆け落ちしたことで、この邸も一躍有名になったという話でした。

街の中心を遠賀川《おんががわ》がゆったりと流れています。歴史資料館で手に入れた『遠賀川』という冊子によると、かつてこの川は石炭運送の中心で、大勢の船頭が船底の浅い川船で大量の石炭を運んでいたそうです。最盛期には石炭を洗った水が大量に流れ込み、「黒い川」と呼ばれたとも書いてありました。石炭の運搬が汽車での輸送に切り替わった結果、川船船頭は全員失業する。そう言えば先ほど見た山本作兵衛の作品に黒煙を吐きながら鉄橋の上を走る汽車を、棹を立てて睨み付けている船頭の絵がありましたが、N夫人によると、これは汽車の出現によって商売を失い怒っている船頭の姿を描いたのだということでした。

堤を上った先にアーケードの商店街がありました。

――ここがリルさんの実家の産婦人科があったところです。（Nさんがその並びにある建物を指さしました。）今はビルに建て替わって、別の医院が開業していますけどね。

写真右：嘉穂劇場
写真左：巻上機台座（前掲『遠賀川　もっと知りたい遠賀川』より）

商店街を抜けて暫く行くと、リルの通った飯塚小学校の立派な校舎が見えます。リルの頃はもちろん木造だったそうですが。

大正一〇年（一九二一）に建てられた嘉穂劇場という歌舞伎小屋も駆け足で覗きました。リルの母親が歌舞伎好きだったため、幼いリルもしょっちゅう連れられて通ったと話していたそうです。入口に全国座長大会の派手派手な看板が掛かっていました。旅回り劇団の座長たちが集まっての大芝居で、めちゃめちゃ楽しいそうです。一階には、当時そのままに薄縁を敷き詰めた桟敷席が並んでいて、とても美しい劇場でした。芝居小屋と色町は炭鉱街の娯楽として欠かせないのよ、とはNさんの説明。昭和期には遠賀川沿いだけで四八も芝居小屋があったそうです。

「劇場を出て、川を少し遡ると、大理石?で出来たピカピカの橋に出会いました。一九世紀ヨーロッパの大都会を思わせるシャレたガス灯?が立ち並び、凡そ周囲にそぐわない豪橋ぶり。驚いて聞けば、ASO大尽がお金を出してお造りになったとのこと。橋のずーっと彼方に大尽のお邸が見えるからだということでした。前方に見えるのは鬱蒼とした森だけですが、と尋ねたら、外から邸が見えるようなケチな土地ではないの、と一蹴されました。中に県道が走っているほどの広さだそうです。」

遠賀川沿いの橋からそう遠くない国道沿いの崖上に、赤錆びた牢獄のような建造物が建っています。二百を超す炭鉱がひしめいていた筑豊の最盛期には、坑内からトロッコを引っ張り出すためフル回転していた石炭巻上機の痕だそうです。金ピカ橋に相応しい唄が『メリイ・ウイドウ・ワルツ』だとすれば、ヨレヨレの巻上機から聞こえてくるのは『ヨイトマケの唄』でしょうか。その後ろに見える緑の山はかつて石炭ガラを積み上げたボタ山の今の姿とのこと。青空を三角定規のように区切った旧ボタ山の緑の稜線が、閉山後すでに数十年を経た炭鉱街の変遷を静かに物語っています。

Nさんの話では、この辺りは飯塚宿と呼ばれた宿場町で、鎖国時代に長崎から流れてきて住み着いたオランダ人がたくさん居たため、未だに青みがかった瞳のバタ臭い容貌をした住民が多く、リルもルーツはそちらではないかとのこと。リルの実家の前の道は旧長崎街道で、長崎から江戸へ向かうものは、人でも物資でも、すべてこの街道を通った。バタビヤから象が来たときも、この街道を通って江戸まで道中を続けたとか。もう一つのルーツは秀吉の「朝鮮征伐」から炭鉱時代へと続く朝鮮人の系譜で、博多弁にはアクセントを含め朝鮮語の影響がかなりあるということでした。侵略戦争や植民地支配に翻弄されて、故国を離れざるを得なかった庶民の生の痕跡が、時代を超えて積み重ねられてきているのだと実感します。

遠賀川沿いの人たちには川筋気質というのがあると五木寛之の『青春の門』に出ていましたが、とNさんに尋ねたら、その通りと苦笑されました。すっかり打ち解けた口調です。

――私も川筋女の端くれだけど、豚のモツで育ったせいか、男女共に血の気が多くて、すぐ喧嘩になるね。他所の人間の喋りは、まだるっこしくていらいらするって、みんなそう言ってる。リルさんも昔は相当気が荒かったと聞いたな。晩年は本当に静かな人でしたけど。お酒の飲みっぷりは良かった。それにナンチャナイという口癖だけは変わらなかったみたい。

――ナンチャナイ、ですか？

――そう。どうってことない、また明日があるさっていう意味。川筋女独特の言い方ね。開き直ってるのよ、人生に。

岡田嘉子

それで思い出したけど、とNさんは話題を変えました。

――岡田嘉子という昔の大スターを知ってる？　とNさんに聞かれました。

――いいえ。

――ほら、愛人と二人、極寒の樺太越えをして、ソヴィエト時代のロシアへ密入国した女優。

——はあ？

——知らなくても無理ないな。昭和一三年の話だもの。

Nさんによると、その大スター岡田嘉子が大変気の強い、血の気の多い性格だったのは、飯塚育ちの母親から譲り受けた川筋女気質があるからだ、そう父親から聞かされていたとのこと。さらに彼女が一八歳で妊娠したとき、売り出し中だったため、スキャンダルを恐れて、こっそり飯塚で出産し、親戚に育ててもらったといいます。

——いつだったか、たまたま主人の乗ったタクシーの運転手が岡田嘉子そっくりだったため、もしやと思って聞いたみたら、彼女の息子だと名乗ったんですって。

この話が本当かどうか。帰京して図書館から彼女の自伝や評伝を数冊借り出し、目を通してみましたが、もちろん、そんなことは書いてありません。ただ彼女の福岡生まれの母親が少女期を飯塚に嫁いだ姉のもとで過ごしたこと、嘉子の一九歳での出産を隠すため、父親が彼女の弟として役所に届けたこと、その息子も行方不明になったこと、一度だけ会ったことのある母方の祖父が外人のような顔立ちだったので、オランダ人の血が入っているのではないかと彼女が感じたことなどが書かれてありました。写真で見る限り、確かに岡田嘉子はハーフを思わせる顔立ちをしており、その点でもリルさんとの共通点があるようです。

八木山に抱かれて

車は箱根路に似た八木山峠の山道をくねくねと登ってゆきます。幾重にも重なった山ひだが迫り、辺りは緑また緑です。頂上の展望台で一休み。飯塚の街並みが一望に見渡せます。あの細く伸びているのが遠賀川でしょうか。そこからだらだら下って稲田を抜けたら、小高い森にぶつかりました。原生林のように鬱蒼と木々が生い茂り、先がまったく見通せません。この奥に窯場を備えたNさんのお邸が鎮座している様子ですが、ついこの間までリルさんがそこで暮らしていたのかと思うと、ドキドキします。

車を降りた私たちを密生する孟宗竹が遮ります。カーンと鼓を叩くような鋭い音にびっくりしたら、あれは竹が鳴ったんですとのこと。朝方冷えていたのに、午後になって急に気温が上がると、鳴るの。今のは大鼓だけど、小鼓のようにポーンと鳴るときもあるわね。

竹林を掻き分けて進むと、犬の鳴き声がして、不意に前が開けました。小さな祠の安置された石段を何段か登ると、N邸のどっしりした和風の玄関が現れ、白い犬が尻尾を振っています。といって歓迎されている訳でもなさそう。うさんくさそうな目つきで新参者を見ながら低い唸り声を上げています。

ステラ！　Nさんの叱責するような呼びかけに、たちまちシュンとしてしゃがみこんだ犬の後ろから、顎鬚を生やしたご主人がにこやかに現れました。

「お待ちしておりました。さ、どうぞ。」

樹木医のご主人に案内され、客間へ入ると、そこにリルさんがおいででした。色白の肌、黒のジャケットに黒いパンタロン。百歳近いお年だというのに、すっとお立ちになった脚は真っ直ぐ伸びていました。白髪を無造作に後ろで束ね、ピン留めしています。

——私がリルと呼ばれていたことをよくご存じでしたねえ。

コチコチになっていた私に椅子を勧めながら、彼女が笑いかけます。穏やかな顔ですが、眼が強い光をたたえています。誰かに似ている。その時は判りませんでしたが、後で、写真で見た神近さんだと気づきました。情熱的な九州の女性の特徴でしょうか。

もちろん、それは白昼夢、ここへたどり着く道中で次第に形作られていった彼女の幻影でした。質素な祭壇に飾られた写真の前に、小さなイアリングとブローチが置いてありました。彼女がいつも付けていたそうです。私は博多で買い求めた白菊の花を、その傍らにそっと供えました。

ご主人が後ろの山で摘んだというお茶を運んできながら、「ミツコさんはオランダ人の血が混じっていると言われてます。福岡の辺りはそういう感じの顔立ちが多いんですよ。」とN夫人のコメントを裏打ちしました。

——彼女は家へ来る前にテイラー・ロビンという洋服屋さんで働いていたんですけどね。アダな感じの人でした。色が抜けるように白くてチャイナドレスが似合ったんで、上海幽霊なんて渾名を付けられたほどでしたね。

喉がカラカラだったので、一気にお茶を飲み干したところで、リルの微かに笑みを含んだ眼差しにぶつかり、思わず噎せました。

——リ、リルさんというのはご本名だったんですか？

ご主人はゆっくり首を振ります。

——いいえ、本名はミツコです。この辺ではみんなミツコさんと呼んでました。でも浅草のレヴューガール時代、彼女の大ファンだったアメリカ人からリルという愛称で呼ばれているうちに、いつのまにかそれが芸名になったと聞きました。

——浅草のレヴューガール……それは上海から帰ってからでしょうか？

——ま、その辺は彼女の資料をご覧になってください。いまお持ちします、とご主人が立ち上がりました。

——お手伝いしましょうか？

——いえ、部屋には誰も入れないでほしいって、リルさんのノートに書いてあったんですよ。

果物を運んできたNさんが会話を引き取ります。写真は本人が処分したのか、一枚も残っていなかったとのこと。

——でも、これは？

——遺影にするから、とふざけながら撮ったの。でも絶対他人に見せてはダメって釘を刺されたから、これも怒られるかも。

彼女が肩をすくめました。写真はまだ私を見つめています。そういえ

写真右：N邸前の森
写真左：リルの窯場

ば私の好きな舞踊手ピナ・バウシュにも似ているかな。ポーン。また竹が鳴りました。今度は小鼓です。

ご主人の持ってきた資料は無造作に荒縄で束ねられていました。以前、父の幼いころのアルバムを偶然見つけ、くっついていた頁を無理に剥がそうとしたら、粉がパッと舞って、写真がボロボロに飛び散ってしまったことを思い出し、手は触れずにおきました。

——この辺は湿気があまりないので、かなり保存が利くんです。私の心配を見透かしたように、ご主人が付け加えました。

ご夫妻の話によると、リルさんは波瀾万丈の人生を送ったとは思えないほど物静かな人だったそうです。顔に化粧気はなく、ピンと背筋の伸びた体を被うのは、いつも地味なパンタロン姿。昔話に水を向けても、あまり語ろうとせず、家族の話もしないで、ひたすら陶芸に打ち込んでおられたとのこと。

私がすべての資料をお借りして、自宅でじっくり見てみたいと恐る恐る申し出ると、ご夫妻は快く承諾し、後で送るとおっしゃってくださいました。Nさんご夫妻の寛大さには感謝するばかりです。

その後、お酒飲みますよと言ったばかりに、緑に囲まれたヴェランダに出て、極上の芋焼酎で酒盛りになりました。肴は博多名物トンチャン焼き。飯塚一の肉屋・青木ホルモンで誂えた豚のモツに濃いタレを浸けて焼き上げた串のおいしかったこと。学生時代からお酒にはかなり鍛えられた私ですが、肴とぴったり適った飲み口の良さに、すっかり酔っ払ってしまいました。我が子には見せられない醜態ぶりで、N夫人に介抱されながら、二階の寝室に転げ込みました。なぜか、かなり低い位置に、太い梁が何本も横に走っていて、頭をぶつけること数知れず。翌朝、ぶつけたばかりの頭を撫でながら伺ったところでは、旧い屋根裏小舎を改装したとき、面白いので、梁はそのままにしておいたとのこと。

梁を注意し忘れたお詫びの印に、とN夫人からリルさんが焼いた紅茶茶碗を二つ頂きました。「彼女はこれをタンペルと呼んでいました。意味は判らないけど」という茶碗は、口の広い平べったい形が絶妙で、毎朝自宅で紅茶を飲む度に、N邸でのノスタルジックな痛みが蘇えります。

第四章　筑豊のミツコ

娘を寝かしつけてから、リルさんの遺した書類の束を、箱から恐る恐る取り出しました。小型の日記帳やノートが五十冊ほど、十冊づつ束ねられ、番号がついています。「1」と番号の振られたノートは未だ新しく、表紙に「LE JOURNAL DE MITSUKO」と記されていました。どうやらフランス語らしいと字引を引いて、「ミツコの日記」という意味であることは判りましたが、日付はありません。後から整理したものらしく、一枚目をめくると、万年筆で「思い出すままに来し方を」とだけ冒頭に振って、あとは年表のように項目だけ記されていました。書き始めたのが何時かは判りませんが、それほどボロボロになっていないところをみると、古い日記を参考に何回か書き改めた可能性があります。それでも、昔の仮名遣いやかすれた箇所、読みづらい箇所、意味不明の箇所もたくさんあるので、日記の記述を素材に大胆な想像を加え、彼女の人生をもう一度綴ってみることにしましょう。

始まりのダイアリー

「私も傘寿になった。母は早死にだったのに、よくここまで生きたなとつくづく思う。これもまた運命。焼き物造りを一休み、フォションのラ・ネサンスをタン・ペルデュの器にゆっくり注ぎ、粘っこい朝鮮飴を噛み締めれば、たちまち蘇る私の想い出。紅茶は上海のコンセッション・フランセーズに住んでいたころから、朝鮮飴は遥かに古く、幼いころから食べていたから、プルースト気分で古い日記を読み返すにはぴったりね。戦前—戦中—戦後、飯塚—浅草—上海—横浜—そしてまた飯塚……私のメモワールが何かの役に立つがどうかは知らないけど、そう思う後世の人が現れたら、よろしくね」

これがリルのノート1の書き出しです。旧仮名遣いらしいので、旧仮名をまったく知らない私にとっては、かなりしんどい通読になると思われます。初めから現代仮名遣いに直しちゃったほうが読みやすいかなと考えたが、もし私が、彼女の言う「後世の人」に当てはまるのだとすれば、あえてそのまま書き写すほうが、課せられた役割を果たすことになるのか、悩ましいところです。仮名遣いばかりでなく、カタカナ文字にも手こずります。コンセッション・フランセーズ？　タン・ペルデュ？　以前APOCシアター—でアルバイトをしていたフランス人のジュリアンが、たまたま劇場に遊びに来たので、聞いてみたら、コンセッション・フランセーズとはフランス租界のこと、タン・ペルデュとはプルーストの書名からいただいた「失われた時」の意味だとのこと。そうか。N夫人の話に出たタン・ペルとはこのことだったのか。了解。

「私が育ったころの飯塚は炭鉱ブームの真っ盛りで、街にも朝鮮人らしい人がかなり居た。父の

リルの好きだった朝鮮飴

話だと、朝鮮で炭坑夫を募集すると、幾らでも集まるそうだ。ただシラミだらけで汚いんで、引率してるとき知合いに会うと恥かしくて困ると炭坑の係の人がこぼしていたとか。父のところにいつも白いチョゴリを纏った綺麗な人が診察を受けに来ていた。ときどき同い年ぐらいの女の子を連れてきたので、その子と自然に仲良くなった。スミンといふ名前だったが、私はスミと呼んでいた。スミも民族衣装だったので、あるとき待合室で男の子がいかにも馬鹿にしたように、「おい、チョセン」とスミに声をかけた。彼女は慣れているのか、知らん顔していたが、私はしゃくにさわって、男の子にむしゃぶりついていった。勿論かないっこない。たちまち組み敷かれて一発殴られたところで、看護婦のユキちゃんが飛んできた。叱られて男の子は泣き出したが、私は泣かなかった。子供の頃から、人に涙を見せたことは殆どないのだ。我ながら気が強いとみえる。スミがお礼に朝鮮飴をくれた。おいしかった。以来朝鮮飴は私の大好物になった。初めは朝鮮人用の貧しい食べ物だと思っていたが、結構高いから彼らは食べられないよ、と父に言われた」

N夫人の言った通り、確かにリルは気の強い川筋気質をしっかり受け継いだ人のようです。朝鮮飴は私もすでに経験済みでした。N邸からすぐ帰路に就かず、夫人にお遍路さんの出発点である篠栗南蔵院まで送ってもらいました。巨大な寝釈迦を観てゆくように勧められたのです。その帰り、駅前の土産物屋で、名前につられて、朝鮮飴をひと箱買ってみました。私も、朝鮮人坑夫たちの名残の飴かと思ったからです。

ところが、包み紙に記されていた説明によると、千二、三百年前に遣唐使が伝えたお菓子で、長生飴と呼ばれていたのが、加藤清正が一六世紀末の「朝鮮征伐」の際、携行食として重宝したところから、朝鮮飴と呼ばれるようになったとか。作っているのは熊本の清正製菓という御菓子屋さん。米粉と水飴を練り合わせただけの白い飴だが、牛皮のような粘り気から仄かな甘味が漂ってきて、なかなかの逸品でした。

『正月二日の「鳶の水」や「山笠」、田植えが終わった後の「さなぶり」、秋の穫入れが終った後の「おくんちの獅子舞」などといったお祭りの時も、よくスミと一緒に朝鮮飴をしゃぶりながら見物したけど、親から止めなさいと注意されたことはない。そのころはセン（朝鮮人）の食べた茶碗は絶対触っちゃダメなどという差別が一般的だったんだけど。

お祭りはただただ懐かしい。「鳶の水」とは、新年に福を招く行事。笠と蓑を被りトビに扮した男の子が近くの神社にお参りしてから、各家々を回ってお祝いごとを唱へ、家の人がその子たちにバケツで水をかける。私も飴を頬張ったまま、目いっぱい水をかけ、鳶の子がヒャッと叫ぶのが面白かった。

七月の「飯塚山笠」も賑かな祭りだ。享保年間に始まったそうだが、最後の追い山では、山笠と呼ばれる勇壮な山車を、法被に締め込み姿の若衆が担ぎ、納祖八幡下をスタート、すぐうちの前にさしかかる。全身に水を浴びながら、彼らが山車とともに疾走する光景は、今でも鮮やかに浮かんでくる。若い時、父も担いだことがあるらしいが、毎年多大の寄進を欠かしたことはなかった。山笠は最後に西町通りを駆上がるけど、ここは色町通りで、遊郭が三百軒も並び大賑いだった。他に目ぼしい娯楽が無かったせいだろう。

炭鉱主たちを除けば、みんな貧乏な時代だったけど、やはりその中でも朝鮮人たちは際立って貧しかった。私の通っていた小学校には居なかったが、知人の話では、傘がないので、雨の日は来られない子とか、貧しいお弁当を必死に隠しながら食べる子が何人か居たという。家計を助けるため、学校の裏手のボタ山で石炭拾いしてる子もたくさん見かけた。あれはチョセンだとみんな噂していた』

明治末期から大正にかけて、石炭業が隆盛となり、全国から職を求めて人が集まるようになりました。当時「赤い煙突目当てに行けば　米のマンマがあばれ食い」などと唄われたと『遠賀川』に紹介されています。

しかし、炭坑の運命は変わります。

「筑豊の坑夫たちは、戦時中は石炭戦士などともてはやされて戦争協力し、戦後も、彼らが頑張って石炭を掘ったおかげで日本が再び豊かになったのに、用が無くなったら、あっさり切捨てられちゃったのよね。一九七一年の池尻炭坑閉山で、筑豊は店じまい。ボタ山はいま緑に覆われてるけど、彼らの古い記憶まで切り捨てられ覆われるようなことには絶対なりませんように」
あとから書き足した註にリルはそう記しています。

余りにも炭坑について無知なため、少しは末期の炭坑町の雰囲気を知りたいと、帰ってから図書館で土門拳の『筑豊のこどもたち』を借り出しました。綺麗で安全でコストの安い、が謳い文句の原発にエネルギーの将来を譲りわたすため、急速に廃れていった筑豊の炭鉱町。昭和三四年(一九五九)師走、そこへ入り込んで、人々の暮らしに密着しながら撮った、有名な写真集だそうです。

「日本各地の炭田地帯には、いま、炭鉱離職者の大集団がいる。貧窮のどん底にありながらなぜ、かれらが暴動を起こさないの、そのまま亡くなったか不思議なくらいだった。……何ら施策のほどこされないまま、かれらは、一九五九年の年の瀬をむかえた。２０万をこえる飢餓人口が、ボタ山の裾野に放棄されたままだった。……」

昭和三五年(一九六〇)の初版時に土門拳が書いたあとがきの一節ですが、写真集には、ボタ拾いに熱中する子や、父が蒸発し、母が出稼ぎで不在の間、身を寄せ合って懸命に生きる幼い姉妹の姿などが次々に収められていました。生まれてすぐ捨てられた赤子の何かを必死に求めるような眼差しに、我が子の生まれたばかりの表情がダブり、一瞬胸を衝かれました。

トウ・ダンスの花形、高木徳子

「うちは貧しさとは縁遠い一家だったが、父の愛人問題で両親は仲違いしており、家の中は冷たい風が吹いていた。妹を溺愛していた父への反動か、母は何処へ行くにも、私を連れ歩いた。とりわけ、大正十年に木造三階建ての中座がオープンしてから、私のバレーと日舞とフランス語のお稽古がお休みの日は、母のお供で、いろいろな舞台を観に行くのが決まりだった。浅草オペラが上演された時もあり、田谷力三の『女心の唄』にしびれたが、「いつも変る」のは女心ではなく男心ではないか、などと思ったりした。特等の桟敷で、ご馳走を食べながらの観劇が常だったから、舞台と御馳走は私の中で決定的に結びついている」

ネットで調べたら、中座の開場は大正十一年（一九二二）。昭和三年（一九二八）に焼失し、嘉穂劇場と名前を変えた今の建物は昭和六年（一九三一）の建造だそうです。

リルが母親から聞いた話では、中座が建つ前の大正八年（一九一八）三月、母がよく通っていた飯塚座に、浅草オペラの大スター高木徳子が出演するというので、胸を躍らせて駆け付けたところ、恋人の胸に抱かれて死ぬクライマックス・シーンで、高木嬢は「さようならカール」と叫んだところで、発作を起こして倒れ、そのまま病院に担ぎ込まれて亡くなったそうです。このとき高木嬢は二十八歳、演目のタイトルが『薄倖の人々』だったというのも、不思議な偶然です。この話を母から繰り返し聞かされたリルは、有名な女優になって舞台で死ぬのも悪くない、そう本気で考えるようになったと記しています。

リルの母は混血まがいの彫の深い顔だったそうですが、この辺りでは珍しくなかったとのこと。リル一家はミカドという高級フランス料理店の常連でしたが、最も華やかな催しは舞踏会だったと記されています。西洋で医学を学んだ医師たちの主催する鹿鳴館まがいのパーティーがしょっちゅう開かれ、リルに冷淡だった父も、この日ばかりは、彼女を着飾らせて、連れて行ったようです。シャンデリアの下で着飾った男女がかしこまって覚えたてのステップを踏む眩い光景。後年彼女がダンサーになる下地はその時の原風景にあったのかもしれません。

N夫人によると、生まれたのは大正四年（一九一五）だとリル本人が語っていたそうです。とすれば、幼い頃は、ちょうど第一次大戦終了間近の束の間の好景気に日本が浮かれていた時期だから、有産階級では、こうした自由で贅沢な催しもしばしば開かれていたのでしょう。

「私の本名はミツ。でも周りからはミツコと呼ばれていた。患者さんのフランス人に私の名前はミツコだと告げたら、ミツコというのはジャポネーズの美人の代表的な名前だと言われた。なぜだか未だに判らないけど」

こうリルは首をかしげていますが、父の本（『植民地を謳う』現代企画室、二〇一一）を読んでいた私にはすぐ納得できました。もちろんゲランの香水名「ミツコ」が原因ですが、植民地シャンソン（一九世紀から二〇世紀前半にかけてフランスで大流行したポップスの種類）によく登場する日本や東洋の美女は、ほとんどがミツコという名前だったとその本に紹介されていました。

ただゲランがオリエンタルな風合いを醸し出すために「ミツコ」という名前を選んだ、そのルーツまでは父は調べなかったようです。私がネットで探ったところ、「ミツコ」という名前のいわれは、どうやらオーストリア・ハンガリー帝国の駐日大使クーデンホーフ＝カレルギー伯爵の夫人ミツコに由来しているらしい。しかも彼女の東京生まれの次男リヒャルト・クーデンホーフはＥＣ（ヨーロッパ共同体）思想の産みの親であり、映画「カサブランカ」でポール・ヘンリードが演じた革命家ヴィクター・ラズロのモデルとも言われているそうだから、新しい情報というのは、調べ始めたら、きりなく出てくるもののようです。

第五章　満州の夕陽

始まりのオーファン

（ここから急にノートが古びているから、おそらくその時に記したものでしょう。旧仮名遣いがメチャ難しいので、大汗をかきながら、今の仮名遣いに直しました）

リル即ちミツコの運命を急変させたのは、大正一二年（一九二三）九月一日に起きた関東大震災でした。ちょうどその時、ミツコの母は所用で横浜へ行っていましたが、そのまま帰ってきませんでした。海に流されたのか、遺体も見つからなかったと日記に記されています。

妻を失ったミツコの父親は、愛人の看護婦とおおっぴらに同棲を始めたため、彼女は自宅へ帰るのが嫌になり、毎日のように、学校から劇場へ通っていたといいます。炭坑の最盛期には、娼婦宿に負けないぐらい沢山の芝居小屋があったので、観劇には事欠かなかったとか。私に言わせれば、芝居に夢中になったことが、不良化を防いだのではないでしょうか。

昭和五年（一九三〇）、ミツコの父が突然の満州行を決心したのは、彼女が地元の嘉穂高等女学校（今の中学相当）に通っている時でした。満鉄関連の某企業から、奉天（今の瀋陽）に近い撫順という炭坑町への医師派遣の求めがあり、それに応じたいというのです。その決心の裏には、親子関係のぎくしゃくや、相手に保証された高額の謝礼、さらに子供の居ない東京の叔母からミツコを是非養女にしたいという強い要望があり、ミツコ自身それを希望したという事情も絡んでいたようです。それならいっそ、姉妹を叔母に預けてしまい、自分は口さがない地元を離れ、愛人と二人、満州でのうのうと暮らそうと父は考えたのだろう。そう彼女は記しています。

「私は両手を挙げて賛成した。父がうとましいという理由だけでなく、可愛がってくれた母が居ないなら、ここに居ても仕方がない。上京して、本場の舞台を思う存分楽しみたいという欲望のためもあった。ところが十歳になる妹のマコが父と一緒に満州へ行きたいと言い出した。父は「満州某重大事件」が起きて間もないし、現地の治安が心配だという理由でダメと言ったが、私はぜひ連れて行くべきだ、と繰り返した。父に満州行きを止められても困るし、可愛がられている妹への軽い妬みもあったかもしれない。

結局、私の説得が効いて、父は妹も連れて行くことになった。満州へ渡る直前、愛人がふいに姿を消すといふ事件が起き、ヒヤッとしたが、父は面子上、満州行きを強行した。

出発当日、私は門司駅に見送りに行った。父に手を引かれた赤い帽子のマコは、同じ色のブローチを得意そうにきらめかせながら、手を振って汽車に乗り込んでいった」

後で歴男に聞いたところでは、当時九州方面から満州へ渡航するには、先ず汽車で門司、連絡船で下関、さらに船で釜山まで行き、朝鮮鉄道経由、南満州鉄道で奉天（瀋陽）、新京（長春）あるいは大連へ、というのが一般的なルートだったようです。「満鉄特急・アジア号って凄いのが大連—新京間を走ってたんだけど、そのころはまだできてないからな。溜息が出るほどの長旅だったろうさ」とのことですが、当時は当たり前だったのか、リルもそのことは一切触れていません。

妹のマコからは、ちょくちょくリルへ手紙が来たようです。何通かがリルの日記に挟まれていました。（旧仮名のまま）

「ミツコお姉ちやま、お元気ですか。お手がみ出さなくてごめんね。こちらはさむくて、ぬれ手ぬぐひを外に出すと、すぐぼうのようにこほります。でも校ていに水をまけば、すぐつるつるになりますから、毎日スケートやソリであそべて、とても楽しいです。学校では満州せう歌をみんなで歌ひます。それから、ブ順は炭こう（ろ天ぼりというさうです）の町です。ながーいだんだんがつづく穴の向ふに夕日がしずみます。ほんとうに美しいながめです。でもそのお日さまがかくれるぐらひカラスの大群があつまつてくるからびつくりします。夜になると、ろ天ぼりにいつぱい電気がついて、まるで星空みたい。うつとりするほどきれいです。

マコの好きな食べものをこつそりおしえるね。一番は通りで売っているほかほかのマントウ。二番目は赤いサンザシの実にまぶした水あめです」

「やつと春になりました。アンズやナシやアカシアなどいろいろの花がいつぺんに咲いて、とつてもきれいです。きんじよの人たちとヤンチヨに乗ってお花見に行きました。花にうかれた満州の人たちが高いゲタをはき、ようきな音楽に合はせて、手をふつたり足をあげたり、高足おどりといふこつけいなおどりを見せてくれました。
「ピーヂヤン　ピーヂヤン　ヂヤンヂヤラ　ヂヤン
ピーヂヤン　ピーヂヤン　ヂヤンヂヤラ　ヂヤン
たかあしおどり　は
ヂヤンヂヤラ　ヂヤンヂヤラ　ヂヤン
おこつた　かほ　して
ヂヤンヂヤラ　ヂヤンヂヤラ　ヂヤン
にこにこ　がほ　のも
ヂヤンヂヤラ　ヂヤンヂヤラ　ヂヤン」
こんなうたです。おもしろさうでしよ。お姉ちやまに見せたいな」

満州については、戦前戦中に日本の植民地だったという程度のことしか知らないため、主人の母とそのお仲間の方に、戦前の満州の様子を伺ってみました。

お二人共、親が満鉄関連会社の社員だった関係で、幼いとき新京（現長春）で育ちました。現地の学校で真っ先に習わされたのは満州国の二つのスローガン、すなわちユートピアを意味する「王道楽土」と友好を意味する「五族協和」だったそうです。ちなみに五族とは日本人・漢人・満州人・蒙古人・朝鮮人のことですが、肝心の満州の人たちと付き合う機会はほとんどなかったとのこと。シナ人が街頭で売っているものは不潔だから食べてはいけないと厳しく言われていたので、物売りの前は目をつぶって通り過ぎたけど、通りに漂うあの独特の匂いは忘れられないとはお二人の感想です。満人女中が作ってくれたマントウやイワンショー（揚げ団子）、パオズ（包子）、薄焼きとうもろこしなどはとてもおいしかったようです。

リルの妹の手紙にあった満州唱歌とは何かと伺ったところ、現地に住む日本人の子どもたちのために作られた唱歌のことで、白秋／山田耕筰コンビで有名な『ペチカ』や『待ちぼうけ』もその一つだと聞かされ、びっくりです。
その一つ、『やなぎの春』という唄を教えてもらいました。

写真右：撫順炭坑の露天掘り
写真左：古谷三敏のマントウ売りの絵（中国引揚げ漫画家の会編『少年たちの記憶』、ミナトレナトス、2002年より）

やなぎのわたの飛ぶころは
きいろいほこりもかすみます。
乗れ乗れ　小さな驢馬の上
夕日の古塔を見に出よか
奉天北陵・新市街
飛べ飛べ　やなぎの毛のわたよ
ふさつき帽子をうちふろか
やなぎのわたの飛ぶころは
日本のお祭り思ひ出す

高足踊り

風景で一番印象的だったのは、何といってもコーリャン畑に落ちる夕陽の素晴らしさ、それとお祭りでの高足踊りの強い思い出。ドラや太鼓の賑やかな囃子と唄に合わせて、赤や黄色の衣装を纏った踊り手が一メートルもあるような高下駄を履いて、ひょいひょいとひょうきんに踊るおもしろさは忘れられないとのこと。義母のお仲間の方が「高足おどり」の入っているCDを貸してくださったので、我が家に帰って早速聴いてみた。なるほど、確かに脳天気なほど陽気で楽しい唄でした。数ある満州唱歌の中でも断トツの人気だったというのも頷けます。それから、「栗ぬーくい」と叫ぶ焼き栗売り、「ボーロマイ（買い）」というボロ布買いの呼び声も耳に残っているそうです。

辛かったのは戦争末期、北から命からがら逃げてきた人々が沢山学校に避難してきましたが、栄養失調や伝染病で毎日死者が出るので、いったん校庭に山積みされた五、六十体の遺体を、大八車やマーチョ（馬車）に乗せて、せっせと運び出していた、その風景は今でも思い出すたびにぞっとするという話でした。

満州からの引揚げの苦労話もたくさん話してくださったが、ここでは割愛します。ただ、お二人からお借りした大量の資料の中で印象的だったのは、軍人への怒りのコメントです。軍人は用意された客車を全部抑えて、さっさと先に引揚げたのにたいし、民間人は石炭や木材を運ぶ無蓋車をあてがわれ、しかも乗り切れなかった多くの少年や婦女子は目的地まで歩かされたという事実。ある体験者の感想は「軍隊は民間人を置き去りにした。私たちは棄民なのだ。〝軍隊は国民を守ってくれない〟──初めて知った憤りだった」似た感想がほかにも幾つかありました。

もう一つは、敗戦が決まったとき、現地の人の態度がコロッと変わり、突然憎しみをむき出しにするようになったこと。引き揚げる途中で、「日本鬼子《リーベン・コイズ》」、「日本人死《リーベン・スーラー》ね」と石を投げつけられ、子供心に、友好第一だったはずの彼らがなぜそこまで？　と感じた悲しさを綴った文章も複数ありました。

私もよく判らなかったので、また実家へ出かけて、父に聞いてみました。日本人が実は満州の人から嫌われていたというのは本当？　そんなこと知らんよ。ぶっきらぼうな返事でしたが、後で、こんな資料を見つけたから読んでみろ、と一冊貸してくれました。川勝一義著『淘《よな》げられた歴史──東北「満州」抗日連軍の闘い』（新東京出版、一九九六）という本です。その一節に、次のような文章がありました。日本の関東軍が満州を支配していた当時、ある日本人高官がふっと漏らした言葉。「もし今軍隊が引き揚げれば、残った日本人は全員現地人に殺されるといっても過言ではない」。それは日本人が現地人を見下していた結果であり、あの時は満州人全員が「匪賊」になってもおかしくはない状況だった、というのが著者の結論だそうです。

なぜそんなことになるのかなあ。まだ首をひねっている私を見て、父は岡倉天心の考え方が参考になるかもしれないと言います。天心と言われても、芸大の前身と関係があるとか、どこかに六角堂だか八角堂だかを造ったということぐらいしか知りませんが、父の話はいつもよく判らないから、ダメモトで聞くことにしました。

天心はアジアは一つだと言ったが、それは西洋のように武力侵略や植民地化によってではなく、本来アジア人の共通認識である「愛」の理念において一つだと言ったんだそうです。

——ところがだ、この天心理論が後の為政者に悪く利用されちまったんだな。ために、明治四十三年（一九一〇）の韓国併合も、昭和七年（一九三二）の満州国設立も、実際は武力侵略や植民地化によって相手の土地を略奪することで実現したにもかかわらず、「愛」によって統合したとする建前論が大手を振ってまかり通ることになった。

——したがって征服・被征服、あるいは支配・被支配という関係があいまいにされ、日本人自身、日清戦争に勝って以来、露骨に現地人を見下すようになったのに、「王道楽土」とか「五族協和」「八紘一宇」などという建前だけの甘いスローガンにぬくぬくとくるまれ、植民地支配の実態がピンときていなかったたって訳だ。いま歴史認識をめぐって日中、日韓がギクシャクしているのは、主にこのような日本側の認識の甘さによるんじゃないかな。

満州国皇帝溥儀

ジャンジャジャーンで終わるはずだったご高説の途中で、突然父が、待てよ、確かオヤジは戦前満州へ行ってるはずだ、と棚の隅から『猪俣浩三自伝』（思想の科学社、一九八二）を探し出し、埃を払うため、ふっと息を吹きかけました。「一無産党弁護士の昭和史」という副題が付いています。

——うん、そうだ。第二次大戦勃発の少し前に、奉天つまり今の瀋陽に行ってる。何のためかというとだな、そうか、奉天の市役所から統制経済法についての講演を頼まれたためなんだ。オヤジはそっちのほうのプロだったからな。そのあと新京つまり長春へ回って、建国大学の教授をしていた高田師範の同級生と旧交を温めたら、彼が皇帝の住むことになる「帝宮」に案内してくれたんだって。建物は未だ完成していなかったそうだが、帝宮の壮麗さは充分感じられたと書いてある。その元皇帝に戦後オヤジは会見してるのよね。ほらこの人だ。

父が見せてくれた写真には、「満州国皇帝溥儀」と記されていました。

——えっ！　お祖父ちゃまが、あのラスト・エンペラーに！　あのアンシン・カツラ…じゃなかった……

——アイシンカクラ・フギ！　なんだ、お前、『浩三自伝』読んでないのか。何を隠そう。オヤジは元皇帝に戦後初めて会った日本人なんだ。えーと、昭和三七年（一九六二）にオヤジ夫婦が中国政府から個人的に招待されたとき、オヤジが希望し、一時間だけとの条件付きで、北京で溥儀に会ってるんだ。昔の写真で見る眼鏡をかけた細面の神経質そうなイメイジとガラッと変わって、六尺豊かな堂々たる大男だったそうだ。

日本敗戦時、アヘン中毒だった正妃は亡くなり、側室は全員逃げ出した。彼は壮麗な帝宮のどこかに隠れていたんだろうけど、こっそり抜け出し、奉天の飛行場で、日本へ脱出するための飛行機を待っているとき、ソ連軍に捕まったんだな。先ずハバロフスクの収容所に送られ、次いで極東裁判の証言台に立ち、最後は中国に引き取られて、十年近い刑務所暮らしのあと、やっと特赦で釈放された。オヤジが会ったのはそのわずか数年後なんだ。

――ふーん。でもそれなら、フギさんは随分おやつれだったんじゃないの？

――それが元気いっぱいだったんだってさ。最近二八歳の看護婦と再婚したばかりで、ウキウキしていたせいか、流ちょうな日本語でしゃべりまくったらしい。あのおしゃべりなオヤジがびっくりしたぐらいだから、相当なものだったんだろうな。

――どんな話をしたの？

――それはもちろんラスト・エンペラーだったころの話さ。清朝最後の皇帝、愛新覚羅溥儀には、清国を再興する夢があった。それを満州国に託したんだな。だから満州事変のどさくさに紛れて、蟄居中の天津から日本兵に変装して満州へ逃れた。そして満州国が建設され……

――ストップ。満州事変て何？

こういう時はなるべくあどけなく尋ねることにしています。父はちょっと意表を突かれたようでした。

――えーとだねえ、満州事変とはだ……満州事変とは、昭和六年即ち一九三一年九月一八日の線路爆破事件がきっかけで始まったジヘンなんだが……

――ねえ、ジヘンて、戦争とどう違うの？

――うるさいな、いちいち。戦争って言うと、パリ不戦条約違反なんて言われて、めんどくさくなるから、ジヘンと称しただけで、実態は戦争とおんなじよ。で、その爆破を仕掛けたのは日本の関東軍だ。関東軍が奉天郊外の柳条湖付近で満鉄の線路を爆破した。それを中国軍の仕業だとして、攻撃を開始し、満州全土を占領してしまったという話さ。中国では「九・一八事変」と呼ばれているそうだがね。続けていい？

——まあいいや。

——まあいいやとは何だ。満州事変は、日本がエロ・グロ・ナンセンスから一気にファシズムへ突っ走ることになる重大な事件なんだぞ。耳をかっぽじって良く聞きなさい。でだな、翌昭和七年三月一日、満州国ができた。実は溥儀は北京の紫禁城を出てから天津の日本租界・張園にかくまわれていたんだが、日本が企んだ第一次上海事変のドサクサに紛れて密かに連れ出されて、満州国の執政になり、きっかり二年後の昭和九年三月一日、皇帝に祀り上げられた。エドガー・スノーによれば、皇帝溥儀は「六千万ドルをかけて造られた真紅の防弾装置付きリンカーン車に乗り込み、おもむろに即位式へ向かった」となる。それからと……昭和十年四月に初めて日本を訪問してるな。その時は東京駅に昭和天皇が迎えにきたり、皇室の丁重なおもてなしを受けたりしたから、日本の天皇と満州国の皇帝は対等の関係なんだと錯覚したそうだ。

満州国皇帝・愛新覚羅溥儀

ところが、有頂天になって帰国した直後に、彼は現実と直面することになったんだな。満州国帝室御用掛、つまり溥儀の監視役だな、その吉岡という男が冷たくこう言い放ったというんだ。「満州皇帝の父は天皇であり、天皇の代理が関東軍なのです。だから関東軍の命令に従うことは、とりもなおさず、父子の孝道をまっとうすることになるのです。ご承知おきくださいますよう」というわけだ。

まさに実態はその通り、関東軍司令部の言いなりで、彼には何の権限もなかった。だから最高位の元帥服に正装させられる度に、悔しくて涙が出た、とオヤジにグチをこぼしたそうだ。そのときオヤジは、戦前満州へ行ったとき、現地日本人の誰もが溥儀のことなど、あんな者、とハナもひっかけない態度だったことを思い出したんだって。現地人の子供用教科書だって、日本が作ったのを押し付けてるだけだからな。

それから、もう一つ溥儀がオヤジにグチッたことがあった。それは、昭和一五年の二度目の訪日のときだな。その際、天照大神をぜひ満州国にお迎えしたいと昭和天皇に申し入れるよう、例の帝室係りに強要された。で、やむなくそう告げたら、天皇は、そちらがお望みになる以上、従わなければなりません、とあっさり答え、用意された三種の神器をうやうやしく彼に手渡したそうだ。伊勢神宮にも並んで参拝したらしい。以来、天照大神を祀った新京の建国神社に参拝させられる度に、私は屈辱で涙にむせびました。お判りいただけますか、と訴えたらしい。

――お子さんは？

――持たなかった。日本人の妻を貰うよう関東軍に執拗に迫られたが、すでに正妻が居るからと断り続けたんだそうだ。もともと彼は同性愛的傾向があると噂されていたし、夫人は阿片中毒者で、普通の生活は送れなかったらしい。そうしたら軍は弟の溥傑《フケツ》に目をつけ――何を笑ってるんだ、フギのフに傑作のケツで溥傑なの――え――、弟の溥傑を嵯峨侯爵の長女浩ヒロと結婚させ、その子供が帝位を継げるよう、大急ぎで帝位継承法を作ったんだな。やがて溥傑夫妻には二人の娘が生まれたが、すぐ敗戦だ。溥傑は亡命のため、兄溥儀と奉天の飛行場で日本行きの救援機を待っていたが、その前にソ連軍に捕まってしまった。初めハバロフスクに収容され、中国軍に引き渡されてから、今度は撫順の収容所に入れられたんだ。

ブジュン、撫順！　リルの父親たちが滞在していた場所！

――撫順の収容所は、もともと日本人が建てていて、政治犯などをぶち込んでた施設らしいから、そこへ元皇帝を閉じ込めたというのは、いわば中国側の強烈なしっぺ返しというところだろうな。一方、夫溥傑と別れた浩夫人は陸路を朝鮮にむかったが、この方も国民党の捕虜になって収容所生活さ。で、そのあと、娘たちを連れて、いったん日本へ帰国し、実家に暮らしていた。だいぶ経って、中國で夫溥傑と再会するんだけどね。その長女彗生《エイセイ》の悲劇はもちろん知ってるだろ？

――もちろん、知らない。

――あっそう。たぶん私が学生だったころの話じゃなかったかと思うが、彼女すなわち愛新覚羅彗生が学習院大生だったとき、伊豆の天城山中で、同級生の男とピストル心中をしたんだ。当時、天城山心中と名付けられ、大々の大ビッグ・ニュースになった。すぐ後に『天城山心中〜天国に結ぶ恋』というキワモノ映画まで作られたんだ。ただ、心中の原因がよく判らなかったこともあり、母親の浩夫人は後で出した著書の中で、あれは無理心中、今でいうストーカー殺人だったと相手を告発している。題名は忘れたが、彼女の本も随分売れたらしい。それから……

――まだ続くの、この話？

――もう少しの辛抱だ。私は辛抱したからこそ……

――クソオヤジと言われるようになった。

父がニヤリとした。クソオヤジと言われると、なぜか嬉しがるのです。

——お前は知らんだろうがな、当時満州国を牛耳っていた「二キ三スケ」という悪名高い権力者たちがいた。二キの一人は、満州国総務長官星野直樹、もう一人は関東軍参謀長、東条英機だ。三スケは、まず満州重工業総裁の鮎川義介、それから松岡洋右、こいつは国際連盟を脱退したのち、満鉄の総裁から外相にまでなった男だが、東洋のマタハリ川島芳子の養母の恋人だったと言われてるな。で、もう一人のスケが、総務庁次長だった岸信介だ。岸は太平洋戦争時には商工大臣だったが、満州国時代、占領地の労働力不足を補う労務者狩りに最もアコギにラツワンをふるったのが奴だそうだ。

ラツワンとかアコギとか判らない言葉がやたら出てくるが、黙って聴くほかありません。

——ついでにいえば、戦前の上海で阿片王と異名をとった里見甫《はじめ》という男がいた。とんでもない奴で、戦後GHQにA級戦犯容疑で逮捕されたが、辛うじて起訴は免れた。昭和四五(一九七〇)年に心臓麻痺で死んだが、里見の墓石の文字を書いたのが、かの岸信介御大だ。

父はいかにも憎々しげに言いましたが、解説に個人的感情が混じるのは、この人の悪い癖です。

——この岸とか、当時奉天の総領事で威張り腐っていた吉田茂とかに対し、溥儀は激しい怒りの言葉をぶつけたらしい。かつて満州で溥儀らを振り回し権勢をほしいままにしていた支配者たちが、戦後も権力の座に付いて甘い汁を吸っていたことが許せなかったようだ。いまその孫が相変わらず権力の座についてるんだから……

——歴史は繰り返すってわけね。

――そういうこと。で最後にオヤジが、今の日本をどう思うかと溥儀に尋ねたら、すぐさま、軍国主義の復活を一番警戒しているとの答えが返ってきたんだってさ。会ったのは今から半世紀以上も前の話だからね。すごい予見力だよ。天皇にもお会いしたいと言ったそうだけど、その機会が来ないうちに、昭和四二年（一九六七）、六一歳で亡くなっているな。

――さっき、現地にいた日本人は皇帝溥儀のことなどハナもひっかけなかったって言ったけど、じゃ何ならハナをひっかけたの？

――いい質問だ。もちろん、大衆がたてまつったのは関東軍さ。オヤジの伝記によると、当時、人々の間で密かに流行っていたのは、現地在住の人間のステイタスを軍隊の階級に例えた文句だったそうだ。つまり「関東軍は天皇、満鉄は中将、警官は少佐、残りの日本人は下士官、満人はブタ」ってな。

私が、そっかあ、満人はブタ扱いされてたのかあ、ナットク、といかにも判ったようにうなずいて話を引き取ったのは、母が、これお弟子さんから頂いたの、と「たねや」の草餅を乗せたお盆を運んできたからです。長年、書家青山杉雨に師事していた母は、自宅と東京で書を教えていますが、絶滅が危惧される父のフランス語塾よりは、よほど人気があるようです。そういえば今日は書の集まりがある火曜日でした。「たねや」の草餅は、よもぎの香りがプーンと匂って私の大好物ですが、もちろん先に手を出したのは父。甘いものには目がない男です。食べながら話そうとするから、口の端からアンコがニョロッとはみ出し、母が顔をしかめます。

――差し入れは心のゆとりを表す。だから小林多喜二も差し入れで感動した。今朝のフランスのニュースによると、いまパリじゃ、ゆとりのある人間たちが新しい生活スタイルを流行らせはじめてるらしい。その連中はボボと呼ばれているそうだ。
――ボボ？
――ブルジョワ・ボエームの頭文字を取ってBOBO。ボエームといっても、貧しいアーティスト・ワールドじゃないんだ。余裕のあるブルジョワ・クラスがわざわざ貧しい界隈に住んで、ボヘミアンの自由を満喫する。だからブルジョワ・ボエームってわけだ。それで思い出した。むかし、金が無くてパリの地下鉄で寝泊まりしていたときだが……

ヤバッ！　このジーサンは何を話しても最後は自慢話に収れんする。おまけに、私が未だ草餅を食べていないことなど一向に気にする風もなく、話しながら、いただきーと最後の一個に手を伸ばしました。思わずエゴイスト！と叫んでも、へっちゃら。「その通り。かの荀子さまは『人の性は悪なり』とおっしゃっとる。人間は本来エゴイストであることを、あの方はちゃんと見抜いていたのね」とパクリ。ところが、天罰テキメン。結構慌てたせいか、餅を喉に詰まらせてしまいました。目をシロクロさせながらお茶をガブ呑みする様子を見て、こちらは胸がスッキリ。いずれお正月にお餅で死ぬわよ、この人、とは母の冷静な予測ですが、妙に予測の当たる人だから、説得力があります。

ところで、リルの日記の中に、彼女の父が同封した叔父宛の手紙も交じっていました。リルの父親が亡くなったあと、叔父から返されたのでしょうか。

「いま私が考えている世界最終戦争論は、ヘーゲルの歴史哲学に基づいています。即ち最終戦争は東洋の代表としての日本と西洋の代表としてのアメリカとの間に行われるであろうというものです。そのために日本は先ずソ連との準決勝に勝たなければならない。満州における関東軍の役割はそこにあると思います。そして最終戦争即ちアメリカとの戦争が終ったあと、戦争はなくなり、世界は永遠の平和を享受するのです。なかなかいいでしょう？　でも口外無用ですからね。よろしく」

父に見せたら、「なんだ。石原カンジのパクリか」とあっさり。石原カンジ？　何の幹事？なんてもちろん聞きません。またバカにされるのもしゃくですから。「しかし石原理論を知っていたとは、リルの父親もなかなかの勉強家だな。おそらく軍の幹部に知り合いが居たんだろう」と父は付け加えました。石原莞爾とは当時の関東軍作戦参謀として、満州事変を実行した男だそうです。考えてみれば、事変の起きた昭和六年（一九三一）というのは、リルの父たちが満州へ渡った翌年のこと。大変なときに渡ったんだと改めて実感しました。

「そのころは真相を隠したまま報道されていたはずだけど、たぶんこの手紙は柳条湖事件直後の高揚した気分のときに書かれたんじゃないかな」というのが父の推察です。というのも、これをきっかけに、日本軍が全面的な満州攻略戦に踏み切り、ソ連の勢力を完全に追っ払って満州全土を征服したからとのこと。以後抗日ゲリラの活動が飛躍的に活発化したと言います。

リルの妹はもちろん、リル本人だって何もわかってはいなかったでしょうが、他にもう一通、手紙が挟んであり、上に「マコの最後の便り」と鉛筆で記されてありました。

「こちらは軍神「肉だん三勇士」のはなしで、みんなかんげきしてゐます。お父さんは、いつもいつしよにゐる、なか良しのかんごふさんと三勇士のオシバイを見に行きました。でも私はおいてきぼり。ブ順のお城でお祭りがはじまつたけど、それも見に行けませんでした。悪い満人の馬ゾクやヒゾクがこの辺をうろついてるから、子どもは家の中にゐるやうにと言はれたからです。町じゆうに灯ろうがかざられて、ばく竹がパンパン鳴つてるのにつまんないの。兵隊さんたちが早く悪者をタイジしてほしいなあ」

これがなぜ「最後の便り」なのかは次の章に譲ります。

昭和五年（一九三〇）初春、満州行の父と妹を見送って間もなく、一五歳のミツコ即ちリルは上京して、父の妹に当たる築地の叔母の処へ身を寄せ、そこから近くの女学校へ通っていましたが、授業はまったく面白くなかったと記しています。叔父は真面目なサラリーマンでしたが、叔母は派手好きで、レヴュウ狂いの人だったので、ちょうどいい相手ができたとばかり、ときどきリルを連れ出しては、浅草のレヴュウ小屋通いに精を出したとのことですから、この時点でリルの運命は決まったようなものでしょう。

第六章　浅草夢幻行

さて、リルの母が亡くなった大正一二年（一九二三）の関東大震災で浅草がほぼ壊滅したとき、浅草オペラもまた、一気に衰退したらしい。そこでオペラに代わって浅草エンターテインメントの王座にのし上ってきたのはレヴュウでした。そのことをミツコ自身充分気づいていたことは、上京直後にあたる昭和五年（一九三〇）二月の日記からもうかがえます。

「初めて地下鐵に乗ったときから、私の足は宙に浮いていた。淺草駅で降り、ひな飾りや造花の櫻が派手に飾られている店々の前をポーッとしたまま通り過ぎた。叔母によると新仲見世通りというそうだ。

叔母は浅草オペラがすたれたことより、震災で崩れ落ちた十二階の建物をお前に一目見せたかったと残念がっていた。どこかの詩人があの建物を「皮かぶりのインケイ」って言ったのよ。失礼しちゃうわね。そう言って叔母は大口をあけて笑いかけたが、母の災難を思い出したのか、慌てて口を閉ざしたから、言葉の意味はわからなかった。

でも私は玉木座で観た「プペ・ダンサント」の舞台にすっかり心を奪われ、いつか必ずプペに入団すると心に誓った。このレビュー劇団は、水族館のカジノ・フォーリーから移ったエノケンさんが新たに立ち上げたものなのだ。

玉木座に入ったのは偶然だった。新仲見世通りから六区の劇場街へ向うと、もう、ありとあらゆる色と音の洪水に襲われ、息がつまりそうだった。派手な喇叭の音が響いて来たら、「ほら、クロンボのバカ囃子が聞こえて来た」　叔母が嬉しそうに言う。角近い劇場前に、主演女優の顔を大きく描いた活動写真の看板が出ていた。『何が彼女をそうさせたか』という題名には覚えがある。飯塚の新聞に「浅草で大評判の映画」と紹介されていたのだ。観たかったが、今日はレビューにしようと決めてあったので我慢した。後日叔母にないしょで学校をサボり、浅草の常盤座という上映館へ観に行った。最後に主人公の女性が感化院を兼ねた教会に火をつけ、黒い影に手を引かれて昇天するラストは見事だったけど、何よりも若い女性の辛い過去を映した内容に心が揺さぶられ、真っ赤にはれ上ったマブタで劇場を出た」

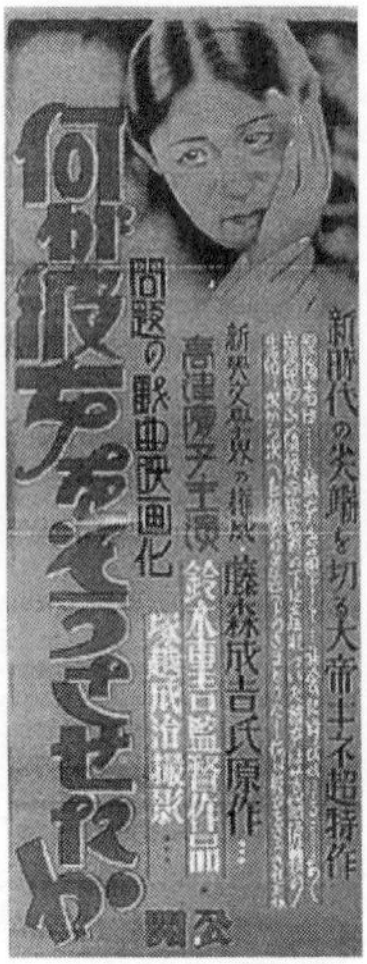

因みに、プロレタリア作家藤森成吉の戯曲に基づいて、リルの上京した昭和五年（一九三〇）に浅草で封切られたこの無声映画は、長い間行方がわからず、幻のフィルムだったが、最近ロシアで発見され、その復活上映が鎌倉で行われたので観に行きました。ミツコが圧巻と書いているラスト・シーンが失われていたのは残念ですが、バラエティーに富んだ内容は今見ても楽しめました。『何が彼女をそうさせたか』の「何」は貧乏を指しているらしく、こうした社会批判を含む映画は傾向

映画と呼ばれて当時はやったようです。

「六区は凄い人出だった。帝国館の前まで來たら、叔母がそうそうと言う。

——ミツコチャン、小津安二郎さんの映画『大学は出たけれど』って知ってるでしょ？ 学生さんの就職難がテーマなんだけどさ、去年の九月、封切られたんで、帝國館に観に来たのよ。そしたらびっくり。六区の映画館はどこも不況でガラガラなのに、帝國館だけは大入り満員だったの。それもサラリーマン風の人や学生さんばっかり。これから、もっと不景気になるってみんな感じてたのよねえ。ウチノ亭主野郎も今年はボーナスが出ないってヒーヒー言ってて、私の浅草通いに文句タラタラなんだから。

浅草オペラ『天国と地獄』中央：高木徳子

帝國館の少し先の右側、電気館の前で、また叔母がそうそうと言う。
——あなたのお母さん、ハルコさんさ、高木徳子の大ファンだったでしょ。震災前、電気館で彼女が主演の『天国と地獄』をやったことがあるの。唄って踊って。面白かつたなあ。ハルコさんにも見せてあげたかったわあ。
　何を見ようかと迷いながら、人波に押されるようにオペラ館の前まで来て、ひょいと右手を見たら、私の目に強烈な絵看板が飛び込んできました。カブキのような派手な恰好をした役者たちのマンガ絵と踊り子の太ももが並んでいる、この対照が素敵。エノケンたちの一座

『プペ・ダンサント』プログラムの表紙

プペ・ダンサントの公演で、演目名は「阿呆義士迷々伝」。なんだか忠臣蔵と関係ありそうなので、これを観たいと叔母にせがみました。叔母はもう少し他のも見てみたら、といったん渋ったけど、最後は、いかにも私の強引さに負けたという形で要求を受け入れてくれました。

三十銭払って玉木座へ入ると、深刻な不況のさいちゅうだというのに場内は超満員だった。職工さん、中僧・小僧さん、おかみさん。舞台の踊子たちが素足なのはびっくりしたけど、みんな若そう。十六歳の私と同年代の子がたくさん居る感じ。でも観客のほうにはたぶん同年代の女の子は居なかったと思う。こちらがマセるわけね。芝居はふざけてばっかり。浅野内匠頭が安全カミソリで腹を切ったり、赤穂の城を明け渡す時、お城に貸家札を貼ったり。勘平に扮したエノケンが出てくると、ケンチャン！ケンチャン！ケンチャーン！と観客が大騒ぎしてた。一番大声で騒いでたのは叔母だったけど」

『阿呆疑士迷々伝』は後年の人気劇作家菊田一夫の第一作ということですが、忠義の物語をバカにしているということで菊田は警察に呼ばれ、さんざん油を搾られたそうです。もう一本は淡谷のり子のヒット曲をベースにした『リオリタ』というミュージカルで、こちらは淡谷のり子の俳優デビューだと何かの本に書いてありました。

「玉木座の帰り、ひょうたん池を左手に見て、浅草寺へ向かった。
〽酔った酔ったよ　五シャクの酒で
酔った目で見りゃ　スベタも美人
手前の空き地に人だかりができていた。学帽を被った羽織ハカマのオヂサンがバイオリン片手にいま流行りの『ルンペン節』を大声で唄っている。そういえばあちらこちらにルンペンがブラブラしてるし、乞食が前に帽子を置いて座っている。
アーハッハッハ　アッハッハ
スッカラカンの空財布　てもルンペンのんきだね
あんまりのんきでもなさそうだけど。叔母の話では、みぞうの不景気で浅草もルンペンが急に増へ、水族館で暇つぶしするようになったので、とうとう入口に「ルンペン入場お断り」という札が貼られたことがあったとか。学士さままでも仕事がなくて、ルンペンになっている人がたくさん居るそうだ。

エノケンと淡谷のりこ

木馬館のメリー・ゴーラウンドからは、楽士たちの奏でるジンタに乗って、子供たちの歓声がはじけている。妹を乗せてやりたかったたな。お隣の水族館の前にはカジノ・フォーリーのノボリがはためいていた。二階のレビュー小屋は、エノケンさんが抜けても、辛うじて続いているのだ。一人の浮浪者がゴミ箱をあさっていた。

――あれはシロイっていうの。乞食の一番下の位。

――白い？　でも黒いじゃない？

――シロイは拾いの意味よ。乞食の一番上はケンタっていってね、けっこういばってるの、と妙に詳しい。バイオリン弾きの唄が今度は『東京節』に替った。

　　へすし　おこし　牛　てんぷら

　　スリに乞食にカッパライ

　　ラメチャンたら　ギッチョンチョンで　パイノパイノパイ

　　パリコとバナナで　フライフライフライ

本当に浅草は「天国と地獄が同居している街だとつくづく思った」

　　　　　　　　なんだとこん畜生で　お巡りさん

　後の日記には、こっそり映画を観に行ったことを叔母に咎められ、暫く浅草に行ってはいけないと申し渡され、がっかりした旨が記されています。それ以後は、学校がつまらないというボヤキが多く、浅草の記述は、ときおりレビューの名前が書かれているだけでした。そして二年後、突然、満州の一家を悲劇が襲いました。

平頂山事件

「昭和七年九月下旬のある日、黒衣をきた会社の人が来て、九月十五日、父と妹がハッシンチブスで亡くなったと告げた。「チブス！」反射的に大声を出した。「はあ、現地で大流行しておりました。」「父は医者ですよ？」「それが……黒衣の人は一瞬口ごもってから、診察した患者から感染されたようです。そしてお嬢さまも」私の不審の目を避けるように彼は言葉を継いだ。「で……傳染病でお亡くなりになった方の場合は、現地で処理しますので、遺骨は持ち帰れませんでした。これはお嬢さまのかたみです」差し出されたのは、出発のとき、おしゃれなマコが襟に付けていた紅いガラス玉だった。黒いしみのついた紅玉を握りしめ息を飲んでいる私を見て、黒衣の人は「先生は右手に剣、左手に聴診器という満州医学の精神を実行された素晴らしいお人でした。いずれ弔意金をお持ちします。ご愁傷さまでした」と言うなり、そそくさと帰っていった。不思議に涙は出なかった。ただ、家族の死に目に一度も会えなかったこと、そして、とうとう一人ぼっちになってしまったという強烈な感覚が津波のように全身を浸した。こういうとき満州の人は、いつかのマコの手紙にあったように、没法子《メーファーズ》（＝仕方がない）と呟くのだろうか」

ミツコの日記はここでいったん中断し、半分近いノートの残りは白紙のままになっています。新しいノートで再開したのはその年の師走近く。彼女は悲報のすぐ後、叔母の家を出て、浅草のレヴュウ団に入ったことが、日記から判ります。叔母に連れられて小屋に出入りしているうちに、ダンサーたちとすっかり仲良くなったからです。自分の蒔いた種ですから、叔母も止められなかったのでしょう。

一家の悲報が伝えられた昭和七年十月から、レヴュウ団に入るまでのことは、日記に何も書かれていません。かわりに詩らしい一節が記されていました。

「逝ける日は
追へども還らざるに
逝けることは
とこしへに暗きに
葬るあたはず」

子供のころ母が書いてくれたそうです。「意味もわからず、誰の詩かも知らないまま頭にこびりついてしまひ、忘れられなくて」という文章が添えられていました。その時の彼女の気持ちにぴったりだったのでしょうか。

ミツコ自身が父や妹の病死の理由を深く追求した様子はありませんが、どうも私には、悲劇の起きた昭和七年九月一五日という日付が気になります。父の話だと、満州国のできたのが昭和七年だそうですが、その年の九月一五日というのは偶然の日時なのでしょうか。ミツコの父や妹は本当に病死だったのでしょうか。そこで、また威張られるのはシャクだけど、父にちょっと尋ねてみることにしました。

――なに？　昭和七年？　一九三二年か。そりゃ、前も言った通り、大変な年さ。

いつもは脳天気な父の顔が、珍しくキッと引き締まりました。

――昭和七年とは、五・一五事件が起き、犬養首相が血盟団のテロに殺された年だ。その少し前の一月には上海事変も起きてるしな。上海事変なんてお前は知らんだろうが、日本軍が東洋のマタハリと言われた男装の麗人川島芳子を使って、中国人を買収し、日本の僧侶を襲わせた。そこから騒動が広がって、中国の十九路軍と日本の海軍陸戦隊が衝突したんだ。当時の教科書でうたわれた肉弾三勇士の「美談」もこのときの話さ。え？　なに？　上海じゃなくて満州？　それはますます大変じゃないの。この間言ったように、まず前の年に満州事変が勃発している。翌年の一九三二年はお前も知っての通り、満州国が建設された。さっきも言ったが、そもそも上海事変そのものが、満州から目をそらせるために日本軍が仕組んだからくりさ。そのどさくさに紛れて、溥儀をこっそり満州へ連れ出し、満州国をデッチあげようという陽動作戦だったわけだ。

この方はいったん火をつけると止まらなくなるから、黙って聴いているしかありません。

――いいかね。満州国というのは、中国の東北部に一三年間だけ存在した日本の植民国家だ。日本を第二次大戦に引きずり込んだ大元でもある。ミニ日本として神社もいっぱい建てられた。それら神社の跡を中国人は未だに「ヤスクニ」と呼んでるそうだ。つまり日本人が靖国神社にお参りしたと聞けば、困ったことに、彼らの中で、体験の有無にかかわらず植民地時代の傷跡がヒリヒリ疼くという仕掛けさ。ところでいったい何の話だっけ？

――だから、一九三二年の九月一五日に何かなかったかっていうの。

――そりゃあるだろうさ。だいたい九月半ばというのは、事件の起きやすい時期なんだ。まずさっき言った満州事変が起きたのは、昭和六年即ち一九三一年の九月一八日。中國で「九・一八」といえば満州事変を指すぐらい、日本に対する彼らの反感を決定づけた出来事だな。だから今でも毎年、九月一八日の午後一〇時一八分に瀋陽つまり奉天の街中に、受難記念のサイレンが鳴り響くってわけだ。九月は未だあるぞ。大杉栄が虐殺されたのが、大正一二年、一九二三年の九月一六日だ。それから……はいはい。判りましたよ。一九三二年すなわち昭和七年だろ？　はてね。いったいお前さん、何調べてんだ？　鹿地さんは満州とは直接関係ないぞ。だいいち芝居はお前、あきらめたんじゃないのか？

そこで私は、芝居はまだあきらめていないこと、鹿地さんが大学を出て盛んに活動していたちょうどそのころ、夫の母の知り合いが満州で亡くなっているので、その日のことを知りたいのだと説明。父は、ふーん、面倒くさいことを聞くなあ、と渋い顔をしたわりには、いそいそと資料らしいものを棚から取り出しました。不肖の娘が何か調べようとしているのが、内心嬉しかったのかもしれません。

――溥儀を担いで満州国建国宣言の出されたのが昭和七年の三月一日だ。そして九月一五日は……うむ、日本が日満議定書を調印して、正式に満州国を承認した日だ。議定書の前文には「日本国は満州国がその住民の意思に基づきて自由に成立し独立の一国家をなすにいたりたる事実を確認し」云々と書いてある。つまり、満州国は日本の植民国家じゃありませんよ、住民が自由意思で決めた独立国家ですよ、と一所懸命謳ってるわけさ。
これを締結した目的はと……「東洋の平和を確保するため」とあるから、積極的平和主義のお手本のような条約だな。ところが国際連盟は何をトチ狂ったか、わがニッポンの崇高な使命を全然評価しないで、満州国を承認しなかった。それで日本が怒って連盟を脱退したって訳さ。

――それだけ？

――それだけで充分過ぎるじゃないか。いや待てよ。同じ九月一五日に「平頂山事件」というのが起きてるな。

――「兵長さん事件？」軍隊で何か問題でも？

――バカ。

新興大満州国ポスター

以下は父の説明です。

＊暦が昭和七年の九月一五日から一六日に替わろうとする未明、満鉄が経営する撫順炭坑を抗日ゲリラが襲い、採炭所長など炭鉱関係者の何名かが殺された。

＊一六日の昼、事件はさらに陰惨な結果を招く。ゲリラの襲撃に腹を立てた関東軍の守備隊が、坑夫たちの家族が住む平頂山の村落を包囲して、村民たちを近くの採砂場に集め、機関銃で皆殺しにした。このとき虐殺された被害者の数はおよそ三千人。屍体は石油をかけて焼かれ、一つの村落が完全に消滅する結果

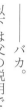

となった。
＊男たちは働きに出て留守だから、殺されたのはほとんど女と子どもだった。
＊遺体を埋めた跡地には平頂山殉難同胞遺骨館が建てられ、今でも多くの入場者を集めている。
＊報復は報復を生み、抗日ゲリラの数は急増、九月末には満州全土で二二万を数えたという。

遺骨館に展示された事件現場の遺骨

――撫順炭坑を見て回ったスメドレーらによると、撫順での炭鉱労働者の扱いはかなりひどかったようだから、そりゃ恨みもたまるだろうさ。安倍磯雄なんて、すでに大正一三年、撫順炭坑で儲かるのは資本家だけで、国民の利益にはならないって、雑誌「改造」で喝破してるんだからな。

父の話には、知らない人の引用がやたら多く、本当か嘘か確かめようもありません。

――というわけで、この事件のようにだな、中国では今の若者でも知っているが、日本人はほとんど誰も知らない話というのは、ほかにも山のようにある。それを知ることが歴史を学ぶということだ。

彼の話は続きます。

＊平頂山事件は戦後明るみに出て、なぜか、直接手を下した軍人ではなく、民間人ばかりが関係者として処刑された。

＊そのとき現地に居て、この事件にたまたま遭遇したのが、後に甘粕正彦理事長のもとで満映の女優李香蘭になり、『支那の夜』をはじめ、さまざまな戦争映画に出演した山口淑子である。

＊幼少女期を撫順で過ごした彼女は父親が満鉄の社員に中国語を教えていた関係で、撫順中心街の一角に住んでいたが、十六日未明、露天掘りの採炭場が大きな炎に包まれているのを目撃する。

＊太陽が上空にさしかかろうとする頃、目の前の広場で、目隠しをされ後ろ手に縛られた中年の中国人が日本の憲兵に虐殺された血みどろな光景も目にしている。

＊以来、記憶に残る撫順の色は、ポプラ並木の「緑」から火と血の「赤」に変わったと彼女は自叙伝に記している。

ミツコ一家の不幸が、この平頂山事件と同じ日に同じ炭坑町で起きたというのは、偶然にしては符号しすぎです。彼女の妹の紅玉に黒いしみが付いていたそうですが、父の解説を聴いた私の感想は、やっぱりね、です。彼女は何も語っていませんが、悲報の直後、叔母の家を出てレヴュウ団に入団したことには、何らかの思いが込められていたはずです。

撫順時代の山口淑子（右）（山口淑子『李香蘭を生きて』（日本経済新聞社、2004年）より）

＊　＊　＊

レヴュウ小屋でミツコを待っていたいろいろな事件を続けて書きたいのですが、明日はＡＰＯＣシアターをホーム劇場にしている劇団丸福ボンバーズ主催の「あつまれ！　ちびっこボンバーズ！」の日。私の娘も参加する予定なので、ひとまず手を休め、父の文章と交替することにしましょう。

第七章　吹き荒れた昭和テンペスト

鹿地と多喜二

昭和四年（一九二九）二月、ナップ（全日本無産者芸術連盟のちに協議会）の再組織によって、その一員としての日本プロレタリア作家同盟（ナルプ）が創立され、鹿地は常任中央委員に就任する傍ら、機関紙『戦旗』の編集にも関わっていた。小樽在住の作家、小林多喜二も鹿地と同時に中央委員に選ばれたことから、両者の接点が生まれたと、第二章の終わりに記した。

その一年前の三月一五日、日本共産党員一六〇〇人が一斉に検挙されるという大弾圧事件があった。後に治安維持法の最高刑が死刑に引き上げられる下地を作ったこの事件では、鹿地らが拠点にしていた新宿淀橋浄水場脇のプロ芸（日本プロレタリア芸術連盟）合宿所も、淀橋署の警官隊に寝込みを襲われ、全員が検挙された。事情は多喜二の居た小樽でも変わらない。鹿地より五か月年下の多喜二は、小樽で親しくしていた友人が相次いで逮捕されたこの日をそのまま題名にした『一九二八年三月十五日』を執筆、鹿地らの編集した昭和三年の『戦旗』十一・十二月号に分載された。両号ともすぐ発禁になったが、密かに八千部づつ配布され、神近市子らから高い評価を受けた。

この作品が載録されている『小林多喜二全集第二巻』（新日本出版社、一九八三）の解説によると、

写真右：『一九二八年三月十五日』の表紙
写真左：三・一五事件の検挙者

『一九二八年三月十五日』は最初の『戦旗』版を含め、戦前何回も出版されているが、いずれの版も削除・訂正・伏字などの自主規制が行われており、戦後の昭和二三年（一九四八）九月に初めて完全版が出版されたという。警察による残虐な拷問の手口は本文中でかなり詳説されているが、それでも彼らの「気狂いじみた方法」はとても「ここには書ききれない。」と多喜二は記している。なおこの記述で、取り調べの残虐性はかなり知れ渡ったものの、そのため特高警察に憎まれる結果にもなったと解説されている。

この作品によって、彼の作家としての才能に一躍注目が集まったが、翌昭和四年の『戦旗』五・六月号に掲載された『蟹工船』はより大きな反響を呼ぶことになった。

昭和五年（一九三〇）三月末、多喜二は小樽から上京し、五月に築地小劇場で開かれた作家同盟の第二回大会で祝辞を述べた。これが鹿地と多喜二の初顔合わせだった。

「最初に彼に會ったのは作家同盟の第二回大會でだった。（因みに、この大会で鹿地は中野重治らとともに中央委員に選ばれている。委員長は江口渙）おとなしそうな、質朴な、小さい男が中央員席に居た。若しやと思ったら、その通りそれが小林だった。彼が大會席上であいさつした。

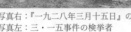

この男はでかい聲を出すなと思ってたら案の定でかい聲だった。（中略）
彼がその強じんな階級的な一徹さと自己批判とを失はない限り（そして彼は失はないだらう）我々は彼に絶えず進展するプロレタリア作家小林多喜二を期待してもよい。彼はいい仕事をするに違ひない』（鹿地亘「小林多喜二の印象」『プロレタリア文学第2号』白揚社、一九三〇）

多喜二は作家同盟に出席したすぐ後の五月、すなわち、戦旗社総検束が行われた五月二〇日の直前、戦旗社による『戦旗』防衛巡回講演に参加、京都、大阪、山田、松坂の各都市を回った帰路、大阪で、共産党への資金援助の疑いで検挙された。いったん釈放されたが、六月二四日再検挙され、豊多摩刑務所へ入獄、七か月に及ぶ獄中生活ののち、昭和六年（一九三一）一月末、保釈出獄している。

写真右：小林多喜二
写真左：徳永直や小林多喜二の作品も掲載されたことのある『戦旗』の表紙

昭和三年（一九二八）五月から昭和六年（一九三一）一二月まで発行された『戦旗』は、徳永直の『太陽のない街』が掲載されるなど、水準の高い文芸誌で、発行部数も二年間で五倍近くに急増。太宰治も旧制弘前高校時代に愛読していたことが最近判明した。だが時代は、四年の四月一六日に再び共産党員の全国一斉検挙が行われるなど、この頃から取締りが一層厳しさを増すようになり、同誌は『蟹工船』の掲載号を含め発禁につぐ発禁、関係者も次々に逮捕された。（『ドキュメント昭和五十年史2』（汐文社、一九七四）の壺井繁治の記述によると、例えば東京で最も多く『戦旗』を売りさばいた新宿紀伊国屋書店では、すぐ発禁になることを知っている読者が、事前に発売日を調べ、店頭に並ぶや否や、駆け付けて買い求めるため、警官が押収に来たときには、あらかた売れてしまっていることがよくあった由。）

『戦旗』や多喜二の時代の空気を検証するため、『日本プロレタリア文学集～「戦旗」「ナップ」の作家集』（新日本出版社、一九八四～八五）にざっと目を通してみた。頻繁に登場するのが、労働争議、ストライキ、ビラ撒き、党組織、アナ・ボル、スパイそして警察・公安の手入れ・ガサ入れ。例えば次のような、ある集まりに対する警察の手入れの、オノマトペーを駆使した生々しい描写

――

『大勢の肉体の搏ち合う音、硝子の破れる音に錯って、ウッ！　オッ！　と言う叫びが響いた。誰かが、ドサリと、二階から、狭い庭の暗い土の上へ、飛んだ。バサバサと八ツ手の葉が動き、樹の枝の折れる音がした。「あっ！　逃げた！　逃がすなッ！」庭や裏路地の暗いあちらこちらに佩剣の音が躍った。「こらっ！　抵抗するかッ！」メリメリッと二階の欄干が折れ、二三人が、ガラガラッと屋根瓦と一緒に庭へ墜落した。』（藤沢恒夫『海岸埋立工事』「中央公論」一九三二年五月号）

さらに逮捕入牢、二八・三・一五以来一般化したと言われる拷問、「チャンコロ」、そしてとりわけ

朝鮮人。兵役生活の描写も多い。しかも多くの箇所が、＊＊＊と伏字にされたままになっている。なお片岡鉄平の『発端』（昭和六年・一九三一）には、『戦旗』を読むとブタ箱入りになるぞと巡査に脅かされる場面が出てくる。

プロレタリア文芸では朝鮮人が頻繁に登場するが、前掲の『海岸埋立工事』に出てくるのはこんな場面だ。舞台は岩手の海岸地帯。

『子供たちが、急に遊ぶのを止め、立ち上って、道の上へ出た。山の裾に隠れた道のところから、見慣れない人間の群が、大勢ぞろぞろと歩いて現われて来たからだ。——着物に素足で帽子も被らないのや、大きな風呂敷を提げたのや、黒い汚れ半纏に腹かけをしてゲートルを巻いた土工らしい風体のや、鍋を提げたのや、そんな風をした大人の男が、七八十人も、何かガヤガヤ喋り合いながら、こちらへ近づいて来た。みんな黄色っぽく陽に焼けた、どことなく見慣れない顔つきをしていた。その後から、広い長い裾の汚れた白い朝鮮服を着て、やはり大きな風呂敷包や鍋などを提げた女が、十二三人、疲れた足を引き摺って、喋りながら、ついて来た。子供も五六人いた。赤子を背負っている女もいた。

「一人、二人、三人、四人、五人、六人……」

そう言って、指さしながら計えていた子供の一人が、突然、「朝鮮人だア！」と叫ぶと、村の方へ駆け出した。すると、残りの子供たちも、駆け出した。

「朝鮮人だア！」

「朝鮮人が来たどオ！」』

多喜二が昭和五年一二月号の『改造』に発表した『東倶知安行』にも、朝鮮人に対する彼の視点を物語る描写が出てくる。主人公たちが共産党の演説会場に出向くため、汽車に乗る場面――

『私達の乗っている同じ箱の、丁度反対の端の方に、二十人ばかりの朝鮮人が乗っていた。北海道の奥地の炭坑か土工部屋（監獄部屋）からの帰りらしかった。（中略）

春と秋――冬、北海道の大抵のどの汽車の中でも、私達は十人、二十人の朝鮮人の群を見ることができる。プロレタリアは故郷を持たない。その標本が朝鮮人だった。そして更にそこに民族的な＊＊（註：消された文言はおそらく「差別」）関係が入りこんで、文字通り彼等は「故郷」の代りに「風呂敷包」一つを何時でもブラ下げて移り歩いている。しかも、労賃が日本の労働者よりも安いところから、日本のプロレタリアは朝鮮人に団結の手を差出す代りに「敵」だとさえ感ずる。』

（註：朝鮮人労働者の平均賃金は日本人の二割安だったといわれる。かつてアメリカの黒人も同じ理由でプアー・ホワイトから敵視され迫害された。）

こうした弾圧の流れの中で、多喜二も逮捕―拷問―釈放の日々を繰り返していたが、多喜二の書簡集（『小林多喜二全集第七巻』新日本出版社、一九八三）に収録されている多くの手紙の中に、昭和五年（一九三〇）一〇月二二日及び翌年の一月一六日、いずれも東京の豊多摩刑務所から鹿地亘宛に出したものも二通収められている。前者では、「（独房の）小さい窓から一杯に入り込んでくるその秋を、ジッとにらみ返しながら、馬車馬のように本を読んでいる」といった記述と同時に、鹿地の作品の中に、チェホフのセンチメント、あの「甘悲しさ」をもっと取り入れるべきだとアドヴァイスしたりもしている。

後者は長い。もっと手紙をくれとの訴えから始まり、隅田川をもう一度見たい、とか、さくらさん（鹿地の妻河野さくら）が器械体操をしているそうだが、ぼくも一六歳の時、鉄棒から落ちて右足を骨折しているから、ハラ、ハラしている、あるいは、除夜の鐘を聴き損なったのは残念だ、獄舎の寒さで右の指が二本赤く膨れ上がった、といったコメントが続く。また、鹿地の前信でチーズを差し入れると書いてあったのに、まだ差し入れてくれないのは、鹿地が改造社から出した本（註・・『労働日記と靴』・・警察の拷問で死んだ兄とその弟の物語）が発禁になったため、印税を貰いそこなったせいではないか、などと、勘ぐったりしているのは、獄中生活が長引いていることからくる苛立ちだろう。鹿地たちが活動で忙しく飛び回っているのが「憎くってならない」とも書いている。

さらに多喜二は、出信の前の日が一月一五日であることにわざわざ注意を喚起している。一月一五日というのは、一九一九年、ドイツ共産党創設者ローザ・ルクセンブルグとカール・リープクネヒトが体制派に虐殺された記念日だそうだが、その日を彼が想起したということに、獄舎における彼の予感ともいうべき研ぎ澄まされた感覚を感じざるをえない。手紙の最後は、寒くてこれ以上書き続けられないと締め括られている。（多喜二が昭和六年六月に発表した『独房』によると、取調室から独房へ向かうときの恰好は、青い着物、青い股引き、青い褌、青い帯、ワラ草履に「編笠」を被らされるそうだ。「俺は褌まで青くなくたっていいだろうと思った。」と彼は記している。）

因みに、当時、獄中からの多くの手紙が検閲の結果差し止めになり――これを「関所止め」と称したらしい――、届いたものも、主要部分が真っ黒に消されていたようだから、無事収録された手紙はきわめて無難なものに限られていたと思われる。

昭和五年は都会の不況が深刻化し、浮浪者《ルンペン》が急増するという事態が起きているが、翌六年はさらに大凶作が加わり、東北や信州地方を中心に娘の身売りが急増するなど、不況が全国に及ぶようになった。都市では年間五、六十万人が首を切られ、労働争議は数年間で倍増、犯罪件数も鰻登りになり、集団自殺が流行るといった具合に、社会不安は留まることをしらない状況だった。

昭和六年（一九三一）七月、作家同盟の臨時大会で役員改選が行われ、委員長に江口渙、書記長に多喜二、常任委員に鹿地らが選ばれた。二か月後の九月一八日、満州事変勃発。エドガー・スノーの『極東戦線』によると、事変直後に外国人記者のインタヴューを受けた関東軍司令官の本庄繁中将は、日本陸軍の究極の目的を問われて即座に、「平和である」と答えている。そして一一月、同じく平和を希求するプロレタリア文化聯盟（コップ）が発足した。鹿地と多喜二も結成に参加し、両者はいっそう親しく交わるようになった。

作家演出家村山知義の『演劇的自叙伝3　1926―30』（東邦出版社、一九七四）には、村山本人の逮捕拘禁の様子が生々しく描かれているが、ほかに「上落合の中程を東西に走っている現在の昭和通りの近くには、鹿地亘と河野さくらが住んでいて、そこが日本プロレタリア音楽家同盟の事務所になっていた。」と書かれている。河野さくらは当時、音楽家同盟の主要メンバーだったから、自宅を事務所にしたのだろう。入獄者から彼女宛に出された手紙の幾つかが、鹿地の『自伝的な文学史』で紹介されている。一つは、昭和五年（一九三〇）五月のナップ（全日本無産者芸術連盟）一斉検挙で逮捕された中野重治からのもので、音楽家同盟の内容が充実してきているとは実に喜ばしいという感想が述べられ、「日本のブルジョア音楽家たちは、表は実にものやさしく、しかし裏では御殿女中式な勢力あらそいなどをやっているが、プロレタリアの音楽家たちは、その点彼らと正反対に行かねばならぬ」などと記されている。

また立野信之もやはり同じころ獄中からさくら宛に手紙を出し、「あの晩（音楽家同盟の音楽会）に関さん（註：おそらく関鑑子のこと）が歌った『用意はよいか』という文句のある歌をはじめて聴いたのですが、ふしぎにフシを覚えていて、時々独房や運動場で思い出してたのしんでいます」と書いてあったという。

鹿地の自伝には、一時地下に潜っていた鹿地が女房恋しさにコッソリ自宅へ戻ろうとして警察の手入れに遭遇した記述がある。それによると、彼は昭和通りをひたすら走って逃げたが、ついに袋叩きにされ、捕り縄でぐるぐる巻きに縛られて連行されたとのこと。河野さくらはプロレタリア文芸派の間では比較的知られていた存在のようで、田村泰次郎の『わが文壇青春記』（新潮社一九六三）には、鹿地と別れた直後の彼女との付き合いが記されている。

昭和七年（一九三二）一月末、カフェ勤めをしていた河野さくらが鹿地のもとへ多喜二の伝言を持ち帰ってきた。一月末というと、第一次上海事変の起きたのが一月二八日だから、ちょうどそのころということになる。伝言は、誰にも知られないようこっそり新宿中村屋の二階に来てくれというう内容だった。「指定の時間にいってみると、多喜二はもうきていて、隅のテーブルにこぼれ出しそうな顔で待っていた」『自伝的な文学史』)。要は、コップと作家同盟に共産党の組織ができるから、入党してフラクに加われという要請だった。(フラクとはフラクションの略で、政党内の分派を意味する。)

結果、入党した鹿地を含めて誕生した党フラクは、本部が中野重治キャップに中條(宮本)百合子ら三人、支部が小林多喜二キャップに鹿地ら三人という組織だった。さらにコップ・フラク内の対立を和らげる融和役として、新人の宮本顕治が抜擢されたが、一年生キャップ多喜二の初々しい献身ぶりが実に微笑ましかった、と鹿地は記している。

この年は、満州国が三月一日に建設され、溥儀が総裁に就任した。上海事変直前の昭和六年一一月、天津の日本租界そばに匿われていた溥儀は日本兵に化けて連れ出され、対岸の営口で新国家誕生の日を待機していた。肉弾三勇士が英雄として喧伝された上海事変は、実はその目晦ましのために惹き起こされたと言われる。(この時「東洋のマタハリ」川島芳子は関東軍に頼まれ、溥儀の奥方婉容を天津から旅順まで護送した。)国際連盟は満州国を独立国と認めなかったが、日本は九月一五日に日満議定書を交わして正式に承認、同じ日に撫順炭坑で平頂山虐殺事件が起きている。

五月には犬養首相らが暗殺された五・一五事件が起きているが、直前の四月、コップが初の手入れを受け、多喜二の師事したプロレタリア・レアリズムの主導者蔵原惟人を始め、中野重治、壺井繁治、村山知義らが治安維持法違反で次々に検挙された。また中條（宮本）百合子と多喜二は地下へ潜ることになった。この二人への連絡役を担当することになった鹿地は、彼らとの接触を希望する知人を隠れ家に案内したりしていたが、七月に鹿地本人が捕まり、二か月間戸塚署に拘留されてしまった。九月に釈放され、娑婆に戻ってきたときは、度重なる弾圧で、コップと作家同盟との関係がかなり深刻化していた。

そして翌昭和八年（一九三三）、時代はさらに大きな悲劇を用意して、関係者を待ち構えていた。

＊　＊　＊

ここで鹿地関連は小休止。次章は再び、浅草時代のリルの日記に戻ります。

第八章　六区のダンシング・クイーン

始まりのロック

日記は昭和七年（一九三二）一一月吉日から再開されています。その間、一か月とちょっと。あまりにも目まぐるしいひと月だったと彼女は述懐しています。故郷での法要を終えて、すぐ叔母の家を飛び出したミツコは、前から仲良くしていた浅草の踊り子キリコの住んでいる合羽橋のアパートを訪ね、押しかけ同居をはじめます。建物が古ぼけてる割には、当時大人気だったらしい女優グララ・ボウとヴォードヴィリアン、エディ・カンターの写真が貼られた部屋は小奇麗で、キリコも親切にしてくれたので、目覚し時計が指定の時間になると、「見よ東海の空明けて……」と鳴りだすことを除けば、ほぼ満足だったようです。キリコの寝巻が長じゅばんじゃなくてピジャマだったことも、さすがモダンと感心しています。

ミツコは一七歳。いよいよ、踊り子になりたいという前からの夢を果たす時期が来ました。入るなら二年前に観てすっかり気に入ったプペ・ダンサントに限る。そう思ってキリコに相談したところ、あの一座はいまピエル・ブリヤント（ＰＢ）と名前を変えて、七月から松竹座に出ているけど、すごい人気だからムリだと言われたとか。彼女は代わりに自分の所属していた、小さなレビュー小屋へミツコを連れていきました。ものすごい人出のなか、ＰＢの派手なノボリが出ている松竹座を残念そうに左手に見て、ミツコは六区の大通りを北へ上ります。

写真右：戦前・浅草六区街
写真左：瓢箪池

『キリチャンは下町生まれのチャキチャキ江戸っ子だけあって、おしゃべりだ。人波に押されながらも話を止めない。

――ミコは知らないだろうけどさ、関東大震災でこの辺一帯は全部潰れたんだよ。なのに、またこんなに賑やかになるなんて信じられない。そう思わない、ミコ？

私は母が大震災の犠牲者だったとは言わず、黙って頷いた。

――辺り一面火の海でさ、みんな逃げまどってた。誰かが、火をつけたのは朝鮮人だ！て怒鳴ったら、たちまち、あちこちで叫び声が起きたの。チョセンをやっつけろ！　チャンコロを殺せ！てね。あの頃、うっかり落ちてた日の丸の旗踏んだら、こいつ朝鮮人だって殺された奴がいたらしいもん。そんなわけで、みんな騒いでいたら、慌てて観音堂の下に逃げ込んだバカな奴が居たの。こいつ、センだっ！てわけで、引きずり出されて半殺しよ。ほんとに殺されたかもしれないわね。あの時、朝鮮人だってだけで、たくさん殺されたらしいもん。荒川の橋のたもとなんて、彼らの遺体が薪みたいに山積みされてたんだって。

でも本堂が焼け残ってよかった、やっぱり観音様のお力よってカーサンがよく言ってたな。だからオサイセンはかかさずあげてるよ。

キリコの話は、どこまでが体験で、どこまでが母親から聞いたことなのかよくわからない。ただ朝鮮人らしき人物が半殺しの目にあってると聞いたとき、ふいに幼いとき仲良かったスミンの白いチョゴリがびりびりに引き裂かれている光景が浮かんできた。

青空に廣告軽氣球が二つ浮いている。地上は天ぷら、焼き鳥、支那そば、もうもうと湯気を立てているミソ・オデンに唾をのみこむ。「びっくりインド大奇術」「カフェー・ラムール、近日開店」、青や赤の宣伝板が立ち並ぶ花月劇場の前からひょうたん池に入り、中の茶店で名物のアンコ入りみたらし團子を食べた。錦鯉が餌を欲しがり群がってくる。小岩の上で甲羅干しをしている二匹の亀を見ながら、私は誰かの言葉を思い出していた。「過去はいったいどうして、いつまでも過去にならないのだろうか」。

茶店の前に、旗が何枚か飾られている。黄色い地の右上に赤青白黒の縞。

——満州國旗ね。

——うん。今年の三月に満州國が誕生していらい飾られてるの。そういえば、このあいだ深川のおばさんから聞いたんだけどさ、おばさんちの近くに無料宿泊所があって、ルンペンたちがいっぱい集まってたんだけど、あるとき急に居なくなったって思ったら、みんな狩り集められて、満州へ送られたんだって。開拓団だっていうんだけどね。ルンペンが集まって、なに開拓するんだろ。コーリャンかな。コーリャン酒おいしいもんねえ。

何も知らないキリコは無邪気にそう言う。

いい加減におしゃべりは止めて！　心の中で叫んだが、キリは何も気づかず、

――大連は行ってみたいな、と言葉を継いだ。カジノ・フォーリーのスターでチーチャンという踊り子が居たんだけどさ、彼女、突然ぷいっと大連へ行っちまった。今じゃ大連の有名なペロケ・ダンスホールのソロ・ダンサーよ。大人気だって。あすこは南里文雄とか一流のミュージシャンが集まってレベルもすごいらしい。アカシアの花の散る並木の下を馬車で行き来するなんて最高にロマンチックね。

と手放しだが、私はフーンと相づちを打つしかなかった。

レビュー小屋はひょうたん池の北側の路地にあるシャンソン座という劇場だった。なぜシャンソン座なのかな。そういえば、エノケンのプペ・ダンサントもピエル・ブリヤントもフランス語だ。知ったかぶりの男がこんなこと言ってたっけ。「震災後、東京の中心は銀座に移ったんだよ。だから浅草は東京を飛び越えて、一気にパリをめざしてるのさ」でも、来年有楽町にできる日本劇場は今からフランスの振付家を招いて懸命にレッスンしてる、本格的なフランス型レビューを上演するためだって誰かが言ってた。浅草がエノケンさん以外はいまだに安来節レビューなんて看板出して喜んでるようじゃ、負けちゃうな。もし採用されたら、私もガンバラなきゃ。

目の前を舞台衣装のままの踊り子が二、三人連れだって、向いの千鳥食堂というノレンをくぐっていった。シャンソン屋の入口に「レビュー舞踊研究女性募集、十四歳ヨリ二十歳マデ」という張り紙があった。あまりパッとしない小屋なので、一人でも多く踊り子がほしかったのだろう。

長髪に色眼鏡の小柄な支配人は、私をジロジロと眺めまわし、バレーを習っていた、の一言で、年齢も経歴も聞かず、テストもせず、よし採用だと叫んだ。なんと演目の入れ替え時期で、翌日からもう稽古だという。これが浅草よ。キリコがそう言ってウインクした』

レヴュウに生きる

ミツコが驚いたのは、楽屋の狭さと汚さ。小さな風呂場に隣接した化粧部屋はぎゅうぎゅうと踊り子が詰まっています。おまけに公演が終わると、夜稽古。特に一五日間興行の変わり目がくると、深夜一二時ぐらいまでの稽古が三日間続き、初日前などは夜明け頃までかかったという、まさにブラックな毎日のようです。普通なら体をこわし、病気になるところですが、ほとんどが十代という若さから、稽古用に間借りした部屋で牛乳一本飲んで、バタンキューと雑魚寝するだけで持ちこたえていたといいます。冬は空の牛乳瓶にお湯をつめて、湯たんぽがわりにしていたとか。お嬢さま育ちのミツコにとっては環境の激変ですが、「貧しく汚く芸も下手だから、かえって生きていける」と殊勝なことを言っています。みんな若いのに子持ちが多く、一〇人ほどの踊り子の楽屋に、いつも二、三人赤ちゃんが居て、全員が協力して赤ん坊にミルクを飲ませたり、添い寝をしてやったりという共同保育ですから、ほとんどイスラエルのキブツ状態と言えるでしょう。

楽屋で話す話題は、金欠のことでなければ、客の品定め、食べ物、ファッション、銀座和光が新装開店したけど手が届かない、などが主で、この年に起きた上海事変や犬養首相が暗殺された五・

一五事件などは関心の外、社会的事件としては、せいぜいこの年の五月九日に大磯の坂田山で慶応の学生と深層の令嬢が服毒自殺した「坂田山心中」や、それを映画にした『天国に結ぶ恋』の話題ぐらいだとか。

写真左右とも：浅草レヴュウの様子

それから、どの踊り子も自分たちの職業に誇りを持っているのは素晴らしいとミツコは感心しています。そのころ、ある評論家が、浅草などの大衆演芸を、アメリカニズムに毒された程度の低い娯楽とけなしたらしいけど、彼女たちに言わせると、乃木大将のお孫さんだって近くでダンサーしてるのよ、やってるあたしたちをバカにする人は、バカにする本人がバカなのよねえ、とみんな鼻息が荒かったそうです。

『舞臺に立つようになって判ったのは、いかにみんな踊りが好きかっていうこと。観客を惹きつけるのは、うまいか下手かじゃない、本当に踊り好きかどうかだってこと。そしてもう一つ、私も踊りが好きだっていうこと。小さいときバレーと日本舞踊をみっちり仕込まれたせいもあって、キリコに羨ましがられるほど急速にうまくなった』

日記によると、彼女は舞台で一度共演したことのある毛利賢二という役者にオネツ。彼が大阪で結成したボードビル一座『ピエルボーイズ』の公演を、わざわざ千日前の弥生座まで観に行ったそうです。唄や踊りやコントがごちゃまぜになって、メチャメチャ楽しかったとか。

『この頃、二村貞一が大人気で、彼の「狭いながらも樂しい我が家」の『あほ空』や「宵闇迫れば」の『君恋し』など、ジャズ歌謡が外でも舞臺でも樂屋の中でもしょっちゅう流れていた。入ってすぐ、こんなことが起きた。『アラビヤの唄』を踊ることになったけど、衣装が間に合わない。演出のロクさんが飛んできて、とにかくそこにあったベールを乳の上に巻き付け、後はズロースだけで踊れと言う。みんなブツブツ言ってたけど、背に腹は代えられないというわけ。私はそんな恰好をしたくなかったので、代わりに支那服を着たいと言った。父が満州から送ってくれた支那服がたくさんあったので、楽屋に何枚か持ってきていた。ロクさんはしようがねえなあと言いながらオーケーを出してくれた。

「砂漠に日は落ちて　夜となるころ……」と支那服をくねらせながら懸命に踊った。舞台は大成功。といつても私のせいではない。みんな裸に近い恰好で踊ったから、客が大喜びしただけのこと。これが評判になって、翌日からは連日満員札止めの盛況だ。もちろん評判が警視庁に伝ったため、ロクさんは呼び出されて大目玉を喰らい、始末書を取られたうえ、ズロースは股下三寸までといふ規則も作られてしまった。

私に注目した人は、たった一人を除いて誰も居なかった。そのたった一人がロクさんだった。(後でもう一人居たことが判ったけど)

ロクさんは私に支那服がぴったり似合うと感じたらしい。次の公演『巴里—東京〜二都物語』では、シャンソン『サ・セ・パリ』に続いて、レコードが二十五万枚も売れたという大流行中の『東京行進曲』を踊ることになった。全員が着物に着替えたのに、私だけ支那服のままでいいという。そのほうが、いろんな人間がごたごた居る浅草らしいからというのが彼の理屈。振りも私だけソロで踊るよう振付師に注文した。キリの話では、踊子たちは、狡いとか陰口をきいてたらしいけど、私の踊りが飛びぬけてうまいことは認められてたから、表立っては誰も文句を言わなかった。芸名も付けろというから、故郷八木山を取って、八木ミツコとすることにした。

結果、『東京行進曲』で、私は一躍注目を浴びるようになり、私目当てで来る客が増えだした。おひねりが投げられることもあった』

いくら人気が出ても、こんな安月給では暮らせませんから、大体の踊り子はバーやカフェー勤めで生活費を稼いでいたようです。中には体を売る子もいて、お座敷女優と呼ばれていたとか。そろそろ手持ちが心細くなったミツコも、昭和七年の師走、たまたま「女給さん募集」の張り紙を見て応募し、キリコと交代で勤めることになりました。場所は今でもあるスキヤキ『今半』の斜め向かい、六区の「広養軒」というミルクホール兼カフェです。

『ここは美人女給の居る店として有名なの。だから私たちも採用されたのよ。キリコがそういって威張ったけど、確かに有名な店らしい。バイト料も悪くなかった。飲食の値段もよそよりちょつと高くて、コーヒー十銭、カクテル三十銭、カレー・ライス二五銭といったところ。女給の制服も、よそのカフエでは着物がふつうだけど、ここは黒いワンピースのうへに白いエプロンを羽織り、頭に白い髪飾りをつけたハイカラな恰好だ。もっとも私は特別に支那服を認めてくれた。顔も少しは売れ出したし、そのほうが客寄せになると判断したのだろう』

エノケンとバートン・クレーン

『びっくりしたのは勤めはじめて数日後のこと。

「酒飲みは　酒飲めよ。酒あれば　オイ怠け者……」

大声ではやり唄を唄いながら、ガイジンさんを交へた何人かの客が入ってきた。この『酒飲みの唄』という曲はいま爆発的に流行っていて、広養軒でもしょっちゅうレコードをかけている。

「水は　とてもおいしいが　酒飲めば　僕たのしい。」

ロレツが回らない。同僚が「あつ、エノケンさんだ」と叫んで、出迎えに駆け寄っていった。

そういえば他にも舞台でおなじみの顔が見える。

「バーンザイ！　カーンパイ！」唄いながらドンとテーブルに腰を下ろし、

「養老の滝がノーミタイ。」

養老の滝ですね。はいはい、ただいま。

「もし無ければ　スットコドッコイ　酒飲め　酒飲めよー」係りの子が飛んで帰ってきた。

――お願い、そこのジョッキ取ってくれる？　そう、陶製の奴。エノケン先生の御用達なの。

彼女はお盆にジョッキとコップ、それに「オラガビール」の瓶を乗せて、しずしずと運んで行った。このビールが発売されたのは、「オラが宰相」とあだ名された田中義一首相が現役のころだが、いまだになかなかの人気だ。

――はい先生、オラガビール、どうぞ。

――おお、ありがとよ。こちらの先生にも注いでね。

憧れのエノケン先生が目の前に居るというのに、強気の私はなぜか気おくれして、もじもじ立っていた。すると雲突くような大男の外人さんが大きな声で私を手招きした。

――ヘイ、リル、カモーン！　カモーン、リル！　カム・オーヴァー・ヒアー。

え？　私？　おずおずと近寄った。するとその外人が達者な日本語で、

――リルサン、アナタ、シャンソン座ニ出テタ人デショ？と言う。

田中義一の似顔絵つき廣告

また、びっくり。どうして知ってるの、どうしてリルサンなの？　そう聞こうとしたが、その前にエノケンさんがしゃっくりまじりで話を挟んだ。

――あのさ、ヒック、この人、ヒック、知らないの、ヒツク、といった具合。で驚いたことに、この変なガイジンが、大ヒットした『酒飲みの唄』の唄い手バートン・クレーンさまだというではないか。まさか、と言ったら、彼が突然唄い出した。

「東京ノ娘サン　コンニチワ（ホイ――これはエノケンさんが入れた合いの手）
東京ノ娘サン　イカガデス？（ホイ）
銀座ガール　ツレナイ　イツデモ冷淡
ポクポク　仔馬（ホイホイ）」。

バートン・クレーン

見事に唄いきったこのガイジンは、間違いなくヒット曲『ニッポン娘さん』の彼だった。

――この人、カジノ・フォーリー以来のナンセンス・レビューが妙に気に入っちまってね、ヒック、麻布に住んでるのに、夜な夜な浅草に通って来る変なガイジンなのよ、ヒック。

そして偶然シャンソン座のレビューを観て、すぐ私のファンになったんだそうだ。

――リルサン、チャイナドレス、トッテモ　似合イマス。ナマメカシイネ。

――うん。ドレスの切れ目がかなり上まで開いてるところが、ヒック、確かにナマメカシイ。

――エノケンサン、スケベデスネエ。

――スケベだってお腹はすくのよ。ヒック、リルサン、ライスカレー。

――ハーイ、ただいま、と行こうとしたら、バートンさんがいたずらっぽい顔で訂正した。

――エノケンサン　ライス・カレー　ハ日本語トシテハ　チョトオカシイデスネ。ダッテ　ライス・ハヤシ、ライス・チキン　トハ　言ハナイデショ。

そういえばそうだな。なぜだろうとエノケンさんが首を傾げました。そこへ実物が運ばれて来ました。

——ホーラ　見テクダサイ。カレー　ガ上デ、ライス　ガ下ダカラ、ライス・カレー　ジャナクテ　カレー・ライス　ガ正シイ　イイカタデス。

こいつはやられたとエノケンさんが頭をかいて、一同大笑い。

——どうして私がリルなんですか？

思ひ切ってバートンさんに聞いてみた。そしたら、可愛い子のことを、アメリカではリトル（おチビちゃん）と呼ぶそうな。でもTはほとんど発音しないから、リルとしか聞こえない。

——アナタハ若クテ　カワイイダカラ、リルト呼ブノ合ッテルヨ。ソレニ、リルッテ名前、エキゾチック　ジャナイ？　ダカラ支那服ノ似合ウアナタニ、ピッタリ名前ト思ウヨ。ドオ、芸名ニシタラ？

私はもう八木ミツコという芸名があるから、今更変えられないと言ったら、

——ジャ僕ダケ・リルッテ呼ブコトニスルヨ。オーケー？　僕ノセンゾクゲーメー、プライヴエイト・ネイム　ニシマショ。

エノケンさんが面白がつて、専属芸名といふのは初耳だ。いいねえ。

随分変つた人がいるもんだ、と後で訳知りに聞いてみたら、知らないのかい。バートン・クレーンはアメリカの名門プリンストン大学の卒業生で、本職は赤坂にある『ジャパン・アドバタイザー紙』の名物記者だぜ。たまたま宴席でコロンビア・レコードのホワイト社長と同席したとき、彼がそそのかされて即興に唄った唄が気に入られた。そこで試しに吹き込んでみたら、大ヒットになったって訳さ、とのこと。おまけにバートン夫人のエスターさんは最近赴任したグルー駐日大

使の私設秘書で、社交界の花形だとか。私もオエライ人に気に入られたものだ。これからは、せっせと彼のレコードを聴くことにしよう。』

ミツコの日記によると、彼女はそのときエノケンさんに、カジノ・フォーリーというのは随分変わった名前だけど、

ジョセフィン・ベイカー

どんな意味かと尋ねたといいます。エノケンさんが言うには、浅草オペラ時代の仲間の一人が、丸善で売っていたフランスの『ザ・ダンス』という雑誌を買ってきたら、そこにバナナの房だけを付けて踊っているダンサーの写真が出ていた。自分たちの目指しているヴォードヴィルの舞台にぴったりな衣装だということで、彼女の踊っていたパリのミュージック・ホール「カジノ・ド・パリ」と「フォーリー・ベルジェール」の名前を一緒くたにして、カジノ・フォーリーと付けたとのこと。

ミツコ自身はあまりピンとこなかったようですが、私はすぐ、このダンサーはアメリカ生まれの黒人、ジョセフィン・ベイカーのことだと判りました。というのも、父が以前『黒いヴィーナス　ジョセフィン・ベイカー』（青土社、二〇〇六）という本で取り上げたため、彼女は私にとって大変近しい存在だったのです。

この本によると、彼女のバナナ姿から、バナナは有色人種さらには猿を表す象徴になったそうです。そういえば、サッカー界の人種差別が最近日本でも話題になりましたが、差別に関してはヨーロッパのほうが先輩らしく、有色選手に観覧席からバナナが投げ込まれたりするようです。父の話

では、差別の象徴に使われたバナナを逆に差別反対を表すシンボルマークにしようとする新たな動きがヨーロッパで広がっているとのことでした。

『その後、私は用もないのにテーブルの周りをうろうろしながら、彼らの会話に　耳をそばだてた。

——聞いてよ、バートンさん、大きな声じゃ言えないけどさ。

——充分大キイト思イマスヨ、エノケンサン。

——あのさ、いまこんなおっかないご時世じゃない。築地小劇場の連中なんて次々にパクられてるのよ。そしたら丸山サダオっていう有名な俳優、知ってる？

——残念ヤケド、知リマヘンナア。

——知らない？　まあいいや、その有名な丸山サダオがウチの劇団に入れてくれって言ってきたの。勿論逮捕逃れのためさ。福田リョースケなんて偽名使ってたけど、あんた丸山さんじゃないって言ったら、バレましたかなんてしょげてたけどね。ま、せいぜい厚化粧でごまかしなって入れてやったの。新聞に書いちゃダメよ。

——ダイジョーブ。デモ、ソイツア、オモシレエデスネエ。ダッテ、新劇ッテ、ゴーゴリ　トカ　ドストエフスキー　ダノトイウ世界デショ？

——そうなの。今までしかめっ面でやってたのが、いきなりエロとグロだからね。彼も随分調子が狂ったみたい。でもウチだってしょっちゅう警察にひっ張られてるからね。油断は禁物だよって注意しましたけどね。あんたの新聞社だってアメリカサンなんだから、けっこう狙われてるんじゃない？

――ウチモ、社内ニ、梅干シガ、ウロウロシテルミタイデス。

――梅干し？　何、それ？

――梅干シハ　スッパイデショウ。スパイノコトデスヨ。

――スパイが梅干しかあ。こりやあいい。今度舞台で使ってやろう。

こんな会話が延々と続いて、私を愉しませた』

＊　＊　＊

ちょうどリルとバートン・クレーンの交友が始まったところですが、その進展を述べる前に、鹿地がかかわった、時代の大きな節目を表す出来事について、父の原稿を紹介します。

第九章　多喜二虐殺

昭和八年（一九三三）、満州国が承認されなかったため、日本は国際連盟を脱退した。そのほぼひと月前の二月二〇日、この日が宮本百合子・小林多喜二と鹿地との最後の会見となった。鹿地の記述によると、多喜二は鹿地が作家同盟のフラクからコップ直属のフラクへ転出するという党の決定に従うよう彼に強く迫り、最後は、宮本に宥められながらも、顔を真っ赤にして怒り出したという。（この辺り、共産党内の組織に不案内な私には、どういうことかよく判らない）

この決定を同盟のメンバーにどう伝えるか。悶々として一夜を明かした鹿地が同盟に出かけようとして何気なく手にした夕刊の大見出しを見て、「あいくちに心臓を刺し通される」ような衝撃を受けた。「小林多喜二氏急逝す」。二月二〇日、二九歳の多喜二が築地警察署内で急死したことを伝える記事だった。新聞の次の行には「鹿地　風を喰って逃亡す」とも出ていたという。多喜二が赤坂で捕まったのは二〇日の昼過ぎと伝えられているから、鹿地の記述が正しければ、多喜二が逮捕されたのは、鹿地や宮本と会ったその直後ということになる。

その時の体験を記した『死の日の記録』という一文を、一九四二年二月、鹿地は中国の雑誌に寄稿している。

この文章の存在は、日本では長い間知られていなかったが、平成一七年（二〇〇五）一一月、中国河北省の河北大学で「小林多喜二国際シンポジウム」が開かれた際、呂元明氏（東北師範大学教授・中国日本文学研究会会長）が探し出し、シンポジウムの記念出版で初公開された。（『いま中国によみがえる小林多喜二の文学』（東銀座出版社・二〇〇六）

（因みに北京の魯迅博物館館長・孫毅氏が同シンポジウムで述べたところによると、中国では、日本の左翼作家として、多喜二より鹿地のほうが知名度が高いという）。

鹿地の『死の日の記録』（この題名は、ドストエフスキーの獄中体験記とも言える『死の家の記録』に倚ったものだろう。また鹿地自身の獄中記ともいうべき他の著作においても、『死の家の記録』の強い影響が感じられる）によると、夕刊を見た鹿地は半潜航中の身を憚りながら、多喜二の阿佐ヶ谷の留守宅に駆けつけている。作家同盟の同志らが待ち受ける中を、多喜二の遺体を乗せた担架が座敷に運び込まれ、後ろから、半ば気を失った老母が抱きかかえられながら入ってきた。

『屍体は座敷に安置された。崩れるように老母がその上に伏しかかり、その胸を抱いた。生けるが如くその頬を顔に擦り付けた。抱き揺って名を呼んだ。（中略）

中條百合子が満面を泣き濡らせながら、老母の肩を抱き、その顔を自分の胸に抱きしめて、くどき、いたわり、泣いた。歯を食いしばり、悶死の形相そのままに、冷えている小林の顔は石のように動こうともしなかった。

これはどうだ！　これが人間の皮膚であろうとは！　錆び鉄のような隙間なく紫黒色の喉から胸が現れた。つづいて紫黒色の腹、股、ひざ、脚……見るも無残な惨死体である。喉には深く肉に食い入った二条の縄の痕がある。手首にも、足くびにも縄の痕。両手は捻じ曲げられたまま冷え硬まって、もう真直ぐにもどすこともできないのである。（後略）』（『死の日の記録』）

多喜二の屍体を目にした人は、鹿地を含め一様に、彼の皮膚の変色に衝撃を受けている。例えば佐多稲子は、

『ズボン下が取りのぞかれてゆき無残に皮下出血した大腿部がみんなの目を射た。一斉に、ああ！と声を上げた。白くかたくなった両脚の膝から太股にかけ、べったりと暗紫色に変じている』（『二月二十日のあと』『プロレタリア文学』一九三三・四・五月合併号）

多喜二の遺体を前に。前列左端が鹿地。昭和8年（1933）2月22日午前1時ごろ。

昭和四年、ただひとり治安維持法改悪に反対して右翼テロに斃れた労農党代議士山本宣治の従兄で、医師・歴史家の安田徳太郎は職業柄、細かい観察文を残している。

『両太ももは、皮下出血で暗紫色に腫れ上っていた。これは道場で正座させて、竹刀か木刀で、これでもか、これでもかと、たて続けに殴った痕であった。蹴りあげたとみえて、睾丸が裂けていた。……門歯が二本折れていて、頸部にナワの痕があった。よほど

強く締めあげたとみえて、甲状軟骨（ノドボトケ）が折れていた。』（『思い出す人びと』青土社、一九七六・六）

この状況を描いた数々の記述の中でも、江口渙の一文はよく知られているようだ。『昭和五十年史2〜ファシズムと抵抗』（汐文社、一九七四）に彼の『多喜二虐殺』という一文が載録されている。先ずは母親の反応……

『——ああ、いたましや、いたましや。心臓マヒで死んだなんてウソだでや。子供のときからあんだに泳ぎが上手でいただべに……心臓の悪い者にどうしてあんだに泳ぎができるだべか。心臓麻痺なんて嘘だでや。ウソだでや。絞め殺しただ。警察の奴が絞殺しただが。しめられていきがつまって死んでいくのが、どんなに苦しかっただべか。いきのつまるのが、いきのつまるのが、……ああ、いたましや、いたましや。

お母さんはなおも小林多喜二のからだを抱きかかえてはゆさぶり、またゆさぶっては抱きかかえる。そしてあとからあとからあふれでる涙に顔を一面ぬらしながらおなじ言葉を訴えていたが、突然、

——これ。あんちゃん。もう一度立てぇ！　みなさんの見ている前でもう一度立てぇ！　立ってみせろ。

と全身の力をふりしぼるような声でさけんだ。』

母がむりむり別室に連れ去られた後で、安田博士の指揮のもと、検診が始まる。その瞬間、全員が『思わずわっと声を出していっせいに顔をそむけ』たという。

『毛糸の腹巻きになかば隠されている下腹部から両足の膝がしらにかけて、下っ腹といわず、ももといわず、尻といわず、どこもかしこも、まるで墨とベニガラとをいっしょにまぜてぬりつぶしたような、なんともかともいえないほどのものすごい色で一面染まっている。そのうえ、よほど大量の内出血があるとみえて、ももの皮がぱっちりと、いまにも破れそうにふくれあがっている。そのふとさは普通の人間の二倍くらいもある。さらに赤黒い内出血は、陰茎からこう丸にまで流れこんだとみえて、このふたつの物がびっくりするほど異常に大きくふくれあがっている。』

多喜二が『一九二八年三月十五日』で詳説している警察での拷問の様子が、そのまま本人で再現されている！　そのとき抱いた鹿地の感想は、ここに居合わせた誰もが共有したに違いない。たとえば同作品での次のような記述、

『彼は、だが、今度のにはこたえた。それは畳屋の使う太い針を身体に刺す。一刺しされる度に彼は強烈な電気に触れたように、自分の身体が句読点位にギュンと瞬間縮まる、と思った。彼

は吊されている身体をくねらし、くねらし、口をギュッとくいしばり、大声で叫んだ。
「殺せ、殺せ――え、殺せ――え！！」』（『一九二八年三月十五日』）
一方、遺体を目の当たりに見た江口渙は、
『赤黒くふくれあがったももの上には、左右両方とも釘か錐かを打ちこんだらしい穴の跡が十五、六カ所もあって、そこだけは皮がやぶれて下から肉がじかにむきだしになっている。その丸い肉の頭がこれまたアテナ・インキそのままの青黒さで、ほかの赤黒い皮膚の表面からきわ立って浮きだしている。』（『多喜二虐殺』）と類似の状態を描写している。

『文化評論』一九六二年二月号（日本共産党中央委員会）に江口が寄せた『小林多喜二の回想』という一文には、その場の状況がもう少し詳しく述べられているので、くどいようだが、あえて追記する。

それによると、遺体の下半身を蔽った凄まじい内出血の量をみた安田博士は、「拷問でふとももの大動脈が裂けたからだ。これじゃ、とてもたまらん」と言って、顰めた顔を震わせたが、更に、何倍もの大きさに腫れ上がった睾丸と陰茎を示し、「腸が敗れて溢れた血が下へさがったためで、おそらく膀胱も裂けているだろう」と再びぶるぶると顔を震わせたという。
解剖すれば全てがはっきりするから、との博士の見立てで、病院を当たったが、慶応病院も東大病院も、多喜二の名前を出しただけで、ぴしゃりと解剖を断った。漸く慈恵病院の解剖室まで持ち込むことができたが、そこでやはり理由不明の拒否にあった。間違いなく、真相の発覚を恐れた警察が手を回したのだろう、と江口は推定している。

昭和八年（一九三三）五月、魯迅が日本の『プロレタリア文学』に「同志小林の死を聞いて」を発表して、その死を悼んだことは良く知られている。幾つかの資料には、すぐさま弔電を打った、とも書かれており、弔電の原稿は上海の魯迅記念館に展示されているという。


『…我々は知って居る。我々は忘れない。

我々は堅く同志小林の血路に沿って前進し、握手するのだ』

魯迅の反応は文章だけではなかった。自らが発起人になって、上海を中心に、多喜二の遺族のための募金活動まで行っている。彼が多喜二に寄せたこれほどの深い想いの中には、二年前の一九三一年二月、若き文学者仲間柔石が、上海で魯迅と会った翌日、蒋介石一味に捕まり、他の四人の仲間と共に拷問のうえ銃殺されたことへの寂寞の感が二重写しになっていたことは間違いない。

柔石は捕まったとき、魯迅の名前が記された紙片を持っていたので、逮捕の手が魯迅に延びることは充分予測された。夫妻は幼児を抱え､完造が探し出した近くの日本人経営の旅館へ逃れた。『忘却のための記念』によると、逃れた先の旅館で、彼は柔石が身に十弾を受けて斃れたことを知る。深夜、旅館の中庭で彼は立ち尽くす。私は逃れ、彼は殺された、盲た母を残して……。

「夜は長く、道もまた長い。私は、忘却し、ものいわぬがよいのかもしれない。だが私は知っている。たとい私でなくても、いつかきっとかれらを思い出し、再びかれらについて語る日が来るであろうことを……」（竹内好訳）

因みに『蟹工船』は中国語に翻訳され昭和五年（一九三〇）四月に上海で発売されている。多喜二は自ら書いた序文の中で、この作品が英雄的な支那プロレタリアの人々に読まれることに「異常な興奮を感じている」とその喜びを記している。（『小林多喜二全集　第九巻―「蟹工船」支那訳の序文』潘念之訳　新日本出版社）

魯迅自身はすでにそれ以前内山書店で原作に接していたものと思われるが、ひょっとしたら、中国語版の出版も彼が仲介の労をとったのかもしれない。一九三六年二月、鹿地が上海で初めて魯迅宅を訪問したとき、魯迅が真っ先に、多喜二が亡くなった時の様子を鹿地に尋ねたのは、不当な死に対する彼の悼みと怒りがその後も持続していたことを物語っている。

鹿地は上海で魯迅の出棺に付き添っている。多喜二と、多喜二に強い関心を寄せていた魯迅、この傑出した日中二人の作家の死に、等しく立ち会った人物は鹿地しかいない。不思議な巡り合わせと言えるだろう。

＊　　＊　　＊

次第に追い詰められてゆく鹿地はついに上海へ脱出しますが、その少し前、ミツコが上海リルに変身するきっかけとなった映画の誕生を紹介しましょう。

第十章　フットライト・パレード

『その後もバートンさんは、せっせと浅草通いを続けているようだ。どうして？と聞いたことがある。

――キルケゴールガ　コウ言ッテマス。ノーノー、キケガッコー、ジャ、アヒルニナッチャウジャナイ。ソウジャナクテ、キルケゴール、デンマークノ哲学者ヨ、彼、コウ言ッテルノ。「飽キガ来ルノハ新シイモノニ限ル、古イモノハ決シテ飽キルコトガナイ」ッテ。浅草ハ「モダン、モダン」テ　ソレバッカリ言ッテルケド、本当ハトテモ古イ。ダカラ好キナノ。

私は新しいほうがいいと思ってたけど、実はどっちがいいのか、よく判らない。

バートンさんは来るたびに、私のことをリルと呼ぶようになった。勿論仲間うちはみんな知ってるから、問題はなかったが、ある日、突然楽屋を尋ねてきて、リルに会いたいと言ったから、そんな踊り子は居ないと楽屋番に断られ、もめたことがあった。たまたま通りかかった演出のクさんが、特徴から私だと察して彼を楽屋に案内してくれた。

彼は私を見るなり、リル、ビッグ・ニュース、ビッグ・ニュース！といたく興奮した様子だった。

――どうしたの？

――大変ダヨ。落チ着イテ、落チ着イテ！

――落ち着くのはバートンさんのほうでしょ。

――ソウデシタローネ。エート　ツマリデスネ、トウトウ上海リル　トイウ踊リ子サンガ　ハリウッド映画ニ登場スルンダヨ！

そう言われても何のことだか？　じっくり説明を聞いた。彼の大学の同級生で、ハリウッドの映画製作に携はつている親友がいる。彼がいま取り組んでるのがスタンバーグ監督の『フットライト・パレード』といふ映画で、主演はジェイムス・キャグニー。ああ、ギャング映画ね、と言ったら、ミュージカルの大作だという。彼の説明によると、キャグニーはもともとショー舞台出身の男だそうだ。ヴォードヴィリアンからギャング役に転身したという点では、フランスのジャン・ギャバンと同じだという。（註：前掲の『黒いヴィーナス』には、ジャン・ギャバンとジョセフィン・ベイカーが『ズーズー』（一九三四）という映画の中で唄い踊っている情景が紹介されている。）

その『フットライト・パレード』のラストで派手派手なショー場面がある。舞台は上海の酒場。主人公の上海娘に扮するのは大スター、アル・ジョルスン夫人のルビー・キーラー。振付けは超有名なバスビー・バークレイとすべて決まっているが、もともと付けられていた上海娘の名前がどうも監督のお気に召さない。『上海特急』といふ映画でディートリッヒが扮した主人公の名前は上海リリーだが、同じ名前にはしたくない。そこで、日本の特派員で、上海にもちょくちょく取材で出かけているバートンさんに適当な名前を推薦してほしいという注文が来た。彼はすぐ私を思い出し、支那服の似合う子でリルと呼ばれている人気の踊り子が居る、名前はリリーに似てるが、リルのほうが絶対ましだと思う。だからその上海娘の名前は「上海リル」にしたらどうかと教えたら、一発で決まり、めちゃめちゃ感謝された。いま、「上海リル」が唄い踊りまくるラストシーンを猛スピードで仕上げているとのこと。

――オソラクトモ来年春ニハ全米公開サレルデショウ。大ヒット間違イナイデスダカラ、上海リルノ名前モ世界中ニ広マリマス。サアドウスルドウスル？　私ガ本物ノ上海リルダ　ッテ名乗リマスカシラネ？

私はそっとしておいてほしいと答えた。

――今までどおり、日本のリルはバートンさんにとっての専属芸名、プライベ・・・何でしたっけ？

――プライヴエイト・ネイム？　オーケー、ソーシマショ、私ノリルサン。そう言って、彼は私の手にそっとキスした。素敵な紳士だった』

『過客』

ミツコを楽屋に尋ねてくるもう一人の男が居ました。チャオタン（超丹）という中国からの留学生です。初めてのとき、鉛筆でデッサンした彼女の似顔絵を持って、シャンソン座の楽屋を訪ねてきました。ミツコが故郷華北の恋人に生き写しだったので、というのが彼の言い分だったそうですが、いかにも若々しく、燃えるような瞳をしていたと彼女は書いています。彼が通っている大学はそのころ板橋に新しくできた所で、中国からの留学生を積極的に受け入れているとのこと。当時日本に留学中の中国人学生は五〇〇人を下らなかったようです。チャオタン自身、日本留学を目指して、早くから日本語を習っていたので、彼との会話にほとんど不自由はなかったようです。

二人はすぐ恋仲になったため、ミツコはキリの下宿を出て、昭和通りの裏手に狭いアパートを見つけ、チャオタンがそこにしばしば通うという間柄になりました。ただ彼はほとんど収入がないため、生活の面倒はもっぱらミツコが見ていたようです。彼女のことをバートンさんだけがリルと呼んでいると話したら、僕も、と言われ、チャオタンからもリルと呼ばれることになったということでした。

ときどき彼が市川へ出かけるので、他に誰か好きな人がいるんじゃないの、とミツコがからかったら、彼はむきになって否定し、カクなんとかという先生の自宅が市川なので、先生に会うためだと言い張ったそうです。理由は、その先生のところへ行けば、故国の最新の情勢が判るからだったとか。どんな先生なの？とリルが聞いても、ただエラーイ先生だというだけ。支那の情勢は複雑すぎて、わかりにくい、そのうち時間を見てゆっくり説明するよと言われたといいます。ま、私の知識も五十歩百歩、カク何とか先生が郭沫若のことだということぐらいは想像つきますが、あとはリルさんと大差ないでしょう。

ただ中国情勢が緊迫し、チャオタンの周辺も慌しさを増してきたことはリルにも感じられました。どうやらカク先生が危険人物とみなされているらしく、その影響がチャオタンの身辺にも及んできているようなのです。危険を察知したリルはもう先生の処には行かないでほしいと懸命に頼みこみましたが、愛するリルの頼みでも、こればかりは聞けないよ、とはぐらかされたそうです。

こうして、複雑な支那情勢をミツコに説明する時間のないまま、ずるずると時が経っていきましたが、その間に一つだけ印象的なことが起きました。

『バートンさんが一人の少年のような若いガイジンを連れて、嬉しそうに広養軒に来た。

――リル、トウトウ「フットライト・パレード」完成シマシタ。モウジキ全米デ封切ラレルダロウヨ。世界的スター、上海リルノ誕生デスヨ。

――私は何も……

――おめでとうございます、リルさん。若いガイジンさんが私のはにかみを打ち消すように口を添えた。

――アア、コチラ、ジェームス・ハリス君ネ。新シク僕ノ社、ツマリ有名ナ「ジャパン・アドヴァタイザー」社ニ記者トシテ採用サレタノ。ヨロシクネ。

――アー、ハウ・ドウー・ユー……

――まだ記者の卵です。どうぞよろしく。

ハリスさんはにこにこと会釈した。バートンさんよりはるかに達者な日本語だった。

――彼、日本語ペラヨ。ナニジンダト思ウカシラネ。

――うーん、アメリカ人じゃないの？　わかんないなあ。

――ニホンジンヨ。チャキチャキノ　コーベツコ。

――神戸生まれです。父が亡くなったので、この間、母の国籍を取りました。

——デキタテ、ホヤホヤノニホンジンネ。ナクナッタオ父サンハイギリス人ケド、オ母サン、日本人。コノ人、マダ十六歳ヨ。

——もうじき十七歳です。ハリス少年は急いで訂正したけど、私は驚いた。

——私より若い！

——年ナンテ関係ナイナイ。彼、スッゴク優秀ヨ。

——その割にはよく叱られますけど。

リス君は相変らずにこにこと受け答へた。

——オ父サン、ロンドン・タイムズノ特派員ダッタ。有名ヨ。ピッカピカノ・ジャーナリスト。神戸デオ母サント出会ツテ、スグ好キニナッチャッタカラ、スグ君ガ生マレタノヨネエ。

——そうです。でも国際結婚はまだ珍しかったから、三人で街を歩いてると、母はラシャメン、ラシャメンて指をさされたりしました。

——ラシャメン！

——唐人お吉みたいでしょ。おまけに父の名前が……

——ハリスサンデスカラネ。出来過ギヨネエ。

ハリスさんは笑顔がとても可愛い。お母さん似かしら。

——デモオ父サン、四十六歳デ突然亡クナッタノ。ダカラコノ人、働カナクチャナラナイ。偉イケド、病気心配ネ。

——大丈夫ですよ、バートンさんさえ私をいじめなければ。

――アハハハ！　バートンさんが大口を開けて笑った。』

楽しそうな場面ですが、時代環境はどんどん悪化していました。受験勉強なみに一夜漬けで調べた年表によると、アメリカで「フットライト・パレード」が封切られた昭和八年（一九三三）は、ヒットラーが首相になり、小林多喜二が虐殺され、国際連盟が満州国を承認せず、ナチが第一党になり、日本が国際連盟を脱退し、関東軍が華北へ侵入して北平に迫り、一九歳の水の江滝子をリーダーとする松竹歌劇団のダンサーたちが待遇改善を訴えてストライキに突入し、心中が大流行りになり、ナチが一党独裁制になり、日本の後を追って国際連盟を脱退する、と続きます。さらに「フットライト・パレード」が日本で公開された翌昭和九年（一九三四）は、満州国で溥儀が皇帝になり、ヒットラーが第三帝国総統に就任、毛沢東が長征を開始し、日本はワシントン海軍軍縮条約破棄を通告する、といった具合に、時代は一気にキナ臭さを増してゆきます。

彼と愛し合うようになってから一年あまり、突然、チャオタンとの別れの時が来ました。その瞬間を細かに綴っているリルの日記を、私が書こうとしている台本に移し替えれば、舞台は左記のようになるでしょう。

『L：じゃあ、どうしても帰るのね、チャオタン。
C：ああ、故国の情勢が心配なんだ。
L：でもご両親は、ずっと日本に居て欲しいと思ってるはずよ。

C：確かに親父は、日本でガンバレと言い残して死んだ。叔父さんたちも、やりくりして送金してくれる。だけど……僕の故国はやっぱり中国だ。昨日郭沫若《かくまつじゃく》先生とお会いしたんだが、先生もなるべく早く本国へ帰るとおっしゃっていた。

L：匿まっちゃう先生？　スパイでも誰でも匿うの？

C：郭沫若先生。有名な文人で政治家だ。蒋介石に追われて日本へ亡命したんだが、居てもたってもいられない様子だった。市川の自宅には留学生たちが大勢集まっていたが、みんな口々に帰ると言ってたな。帰って故国の戦いに参加すると言うんだ。

L：誰と戦うの？　日本？

C：日本は中国と戦争したがっている。それは確かだ。この間、久しぶりに銀座へ行ったら、デパートのショーウインドーに人だかりがしていた。何だろうと覗いてみたら、写真が飾られていて、「支那南軍のために惨殺された邦人の死体」って説明書きがあった。そこで写真をよく見てみたが、その死体は明らかに日本人ではなく中国人だった。

L：まあ。

C：日本人の目はごまかせても、僕の目をごまかすことはできない。その写真は日本人に殺された中国人の写真だったが、説明は逆につけている。そこまでして愛国心をあおってるのかと思ったら、ぞっとした。このまま行くと……

L：日本とシナ・・じゃなかった中国が敵同士になる。もしそんなことになったら……

L：もしそんなことになったら……もし日本が中国と戦うことになったら、日本は恐らく歴史上初めて世界に直面することになるだろうね。それは或いは……日本が世界を知るためには必要なのかもしれない。高い代償を払うことになるだろうが。

L：嫌、私の国とあなたの国が戦うなんて。

C：戦う相手は日本だけじゃない。もともと欧米列強のゴリ押しで、祖国は半ば植民地状態だ。その上、日本の傀儡政府ができた満州は、ソ連が虎視眈々と勢力復活を狙ってる。ウルトラ保守の北京政府も欧米や日本の後押しで頑張ってるし、華北の軍閥政府も強い。瑞金にソヴィエト共和国を造った共産党は急速に勢力を伸ばしているし、肝心の国民政府は、派閥争いで分裂状態なんだ。

L：そんな処へわざわざ帰らなくたっていいじゃない。一体チャオタンは何処と戦うのよ。

C：今は言えない。でも理想の国を造るためだから、やりがいはある。リル、リルは魯迅の『過客』という短い戯曲を知ってるかい？

L：ロージンのキャキャク？

C：魯迅という作家の書いた「過客」、通り過ぎる客、つまり旅人ってことさ。長い旅路に旅人は傷つき疲れ果てている。しかも彼が目指している先には果てしない墓場が広がっているばかり。立ち寄った茶店の老人は彼に休んでゆくよう強く勧める。その時旅人はこう答えるんだ。「いや、行くほかはありません。ある声が前方から私に『行け』と呼びかけてくるのです。その声が聞こえる限り、私は進むしかありません」。

L：じゃ一緒に行くわ、旅人さん。あなたの杖代わりになってあげる。

C：いやムリだ。いま日本人を敵だと思っている中国人はゴロゴロ居る。君をそんな危ない目にあわせる訳にはいかない。それに、僕はもう日本の公安に目を付けられてるんだ。愚図愚図してたら、帰る前にぶち込まれちゃう。君だって危ないよ。

L：私も？

C：ああ、危ない。僕と付き合ってるからね。でもね、万が一戦争が起きたとしても、何時かは終わりが来る。そうしたら必ず君を迎えにくるよ。待っててくれるね？

リル、レコードをかける。

L：ね、最後に踊って。あなたが私の肌の香りを忘れずに戻ってくるように。

チャオタンはリルと踊りながら、カーテンを細目に開けて外を覗く。

L：ねえ、チャオタン……

C：しっ！　声を出さないで。怪しい奴が表に居る。

L：えっ、ほんと？

C：ああ、やっぱり行かなきゃならない。裏階段から出よう。例え行き先が墓場でも、僕は行くぞ。

L：何処へ？　何処へ行くの？

C：とりあえず上海だ。さよならリル。ツァイチェン（再会）！

L：チャオタン！

下手へ駆け去るチャオタンを茫然と見送るリル。』

実際はこんなロマンチックなものではなかったでしょうが、隅田河畔の桜のつぼみが、未だ冷たい川風にためらいながら、やっとほころびかけた昭和九年（一九三四）三月中旬、チャオタンは偽名を使って、日本を離れました。リルは彼女の身の危険を心配する彼に止められ、見送りにも行けなかったそうです。

『フットライト・パレード』

皮肉なことに、チャオタンが去った直後の昭和九年四月、『フットライト・パレード』が日本で公開されました。早速バートンさんに誘われたリルは、沈みこむ気持ちを少しでも紛らせようと、新宿武蔵野館へ出かけ、満員の観衆の中で、ひたすら胸をドキドキさせていたといいます。私も急いでDVDを手に入れ、観てみました。リルと同じようにドキドキでした。

あらすじはこうです。トーキー流行りで仕事にあぶれたレヴュウの演出家ジェイムス・キャグニーが、映画にアトラクションを組み合わせることで息を吹き返すという他愛のないお話。でも、この映画のラスト十分のショー場面は圧巻でした。ここで初めて上海リルが登場します。チャイナ・ドレスのリルに扮したミュージカル女優ルビー・キーラーが、白人好みの典型的なオリエンタル女のメイクで、酒場女を演じます。幻のリルを求めて、上海中をさまよい歩いたアメリカ水兵ケント（キャグニー）が、やっとリルに会えたのは、水兵たちの人いきれでムンムンするような場末の安酒場。ケントは夢うつつで『上海リル』をリルと唄い踊ります。私の名前を付けた有名女優が私の唄を唄い踊っている。それだけで、気が遠くなりそうだった、とリルは述懐しています。あのナンバーなら私も踊れる、リルらしいそんな自負心も付け加えていますが。

しかしショーの中でも、時代は緊迫感を増してきます。日本軍の華北進出、蔣介石の上海占領、さらに満州事変、上海事変などが相次いで起こり、自国権益保護のため、水兵たちに出動命令が出ます。愛し合う二人にも別れが近づきます。ミュージカルと言いながら、実はリアルな国際緊張がショーという形式を借りて映し出されていますから、観ていたリルが、まるで私たちみたいと強く感じたのも無理はないでしょう。

主題歌の『上海リル』もたちまち評判となりました。友人の訳によると、歌詞はこんな内容です。

「私はどんな細い路地も辿り　どんな丘にも登った
上を見上げ　下を覗いた
上海リルを探し求めて
私に愛することを教えたこの小悪魔は
まるで蝶のように気まぐれだった
だが彼女の目の中には　本物の何かが煌めいていた
忘れようとしたが　どうしても忘れられない
リルを探し出すまで　私は絶対上海を離れないだろう」

「フットライト・パレード」で踊る上海リル

『帰り、バートンさんと中村屋の二階でコーヒーを飲んだ。

——リルサン、映画面白カッタジャナーイ。トクニアレガヨカッタナ。二人ガ酒場ノカウンターノ上デ踊ルトコ。「フットライト・パレード」で踊る上海リル
——うん、あれ素敵だった。

——アレハ、間違イナク、上海ノ入口ニアル『シャンハイ・クラブ』ガ・モデルダナ。アノクラブノカウンターハ世界一長イッテイウノガ売リダモン。シカモ、カウンターヲ設計シタノハ日本人ヨ。

——詳しいのね。

——ウン。何度モ取材デ行ッテルカラネ。今度リルサンニ本物ノ上海ヲ案内シテアゲマス。

——さう。ありがと。

——リルサン、元気ナイ。ドウシタノ？

——別に。ナンチャナイ。

——ナンチヤナイ？　何デスカ、ソレ？

——故郷の表現。どうでもいいってこと。

——ドウデモヨクアリマセン。教ヘテクダサイ。

仕方なく、チャオタンが帰国したことを話した。追いかけて行ったら、と勧められたが、危険

だからと彼に止められたと説明したら、バートンさんは大きく手を広げて暫く黙っていたが、突然私の手を取って唄いだした。

「コレガ別レカ　　　シダレ柳ノ下」

私の大好きなバートンさんの掛け合い曲『人生はかない』の一節だった。掛け合うよう彼に促され、私も唄った。

「柳も泣いてるよ　　　おお涙はらはら」

「イツマタ君ニ会エヨウ」

「別れりゃ　それ迄よ」

「ソンナ果敢ナイ恋ナラバ　　イッソ無イホウガヨカッタ」

ここからはハーモニーになる。

「人生ハ　ハカナイ　　コノ胸ノ苦シサ

サヨナラトハ残酷ナ　　君待チタマエ、君

サヨナラトハ残酷ナ　　君待チタマエ、君」

私は唄いながらこみ上げる涙をこらえられなかった。バートンさんが慌てて、もう一つのコミカルなヒット曲『おいおいのぶ子さん』を、歌詞を変えて唄い出した。

「オイオイ　リル子サン　　ココニカケタマエ

オイオイ　リル子サン　　笑ッテクレタマエ

若イ日ハ二度来ナイ　　機会ヲ捕エヨ！

死ンダラバ　ドウモナラン　ダカラ飲ミマショ」

私は笑って、サ・ヴァ、大丈夫よと返事したら、バートンさんが目を丸くした。

――サ・ヴァ？　リルサン、フランス語デキルノ？

――アン・プウ、少しね。昔父の患者さんだつたフランス・マダムから教わったの。

――トレ・ビヤン。ソーダ、ジミー、覚ヘテルデショ？　ジミー・ハリス。リルニヨロシクッテ。私ノ仕事、彼ニ押シツケテルカラ、彼、イマ全然ヒマナイノ。カワイソーネー。ソレカラ、エノケンサンモ、ヨロシクッテ　イッテタ。イマ関西ニ行ッテルノ。出稼ギミタイ。私ダケ暇。ゴメンナサーイ。オネーサーン！　アップルケーキ追加！

バートンさんから好意以上の感情を寄せられていることは感じていたが、チャオタン以外の相手は考えられなかった。ただこのとき私はまだ、チヤオタンの子を身ごもっていることに気づいていなかった』

資料によると、バートンさんはアメリカへ帰ってから、エノケンさんをベタほめするエッセーをニューヨークの雑誌に寄稿したそうです。よほど気に入ってたんですね。リルのことは秘密にしたかったせいか書いてなかったとのこと。それから『上海リル』の唄はたちまちヒットし、直後に唄川幸子の唄う日本語版も出たようです。「街という街から丘という丘から……」という歌詞は多くのモボ・モガたち（ファッションの最先端を行く若者のことをそう呼んだとか）が好んで口ずさんだようです。上海リルというのはバートン・クレーンさんが密かにミツコに付けた名前だということがダンサー仲間の話題になり始めると、シャンソン座の支配人は、リルを売り出すチャンスとばかり、彼女にこの曲を踊らせようと試みましたが、リルは断りました。それどころではなかったのです。

（『上海リル』という唄がその後どうなったか調べてみました。そして、リルの日記が再開したちょうどそのころ、川畑文子という歌手によって「明るいシャンデリア、輝く杯……』という唄い出しの『上海リル』も発売され、すぐさま大ヒットになったそうです。作詞は三根徳一（ディック・ミネ）。ハワイ生まれの川畑文子は、長い間忘れられた存在でしたが、後に『上海バンスキング』という芝居で、主演の吉田日出子が彼女の唄い方をマネしたため、少しは知られるようになりました。ときどきAPOCシアターの舞台を観に来てくださる音楽評論家の瀬川昌久先生に伺ったところ、あの当時川畑文子は大スターで、昭和九年十二月三十一日に始まった日本劇場のこけら落とし公演『踊る1934年』は、彼女が主演ということもあって、連日大入り満員だったということです。）

チャオタンからは、香港で投函された偽名の簡単な手紙が一通来ただけ。再会を熱望する言葉が連なっていましたが、乱暴な走り書きは、いかにも時間の無さを感じさせたとのこと。しかも住所は無く、ただ上海にて、と記されていただけで、こちらから妊娠を伝えるすべもありません。

会いたい、産みたい、会いたい、産みたい。ミツコの日記は一頁まるまる、この言葉で埋め尽くされ、最後に「絶対会いに行く」と大書してノートは閉じられています。インクが強く滲んでいるのは、涙のせいでしょうか。

＊　＊　＊

第一部「戦前の闇に潜る」の最後は、虐殺された多喜二という現実に鹿地がどう向き合ったかを探った父の文章で締めくくることにしましょう。

第十一章　密航――風は海から吹いてくる

多喜二の遺体が引き取られた翌日の昭和八年（一九三三）二月二一日、鹿地は所轄違いの池袋署の一隊に自宅を襲われ、逮捕された。拘禁二週間目に、手ごわい相手だということで、多喜二を虐殺した当の人物、大男の山口警部が特別に差し回されてきた。鹿地は多喜二なみの激しい拷問と死を覚悟した。ところが、

『やつは私を腰かけた椅子の背にぐるぐるまきにしばりつけ、党籍を白状せよといって、時計を見ながら一時間二十分かっきり、さんざん殴りつけた。（中略）だが、思いかえしてみると、どうもおかしい。野豚のつらと体つきをした倒錯性嗜虐狂の山口が、ずいぶん私には手心を加えた気がするのだ。拷打を加えながら、ときどき私の息づかいに注意し、「ひよわそうで、案外強いなあ。胸苦しくなったら言えよ。心臓麻痺で多喜二の二の舞やられちゃ困るからな。」それから茶碗に水をくんで窓に置き、「大丈夫か？　息がきれたら水のめよ。」』（『自伝的な文学史』）

鹿地は、「多喜二の死の抵抗に脅えた」山口が意識的に拷問の手を緩めたと推定している。二か月後に再度来た時には、茶菓子と弁当まで取り寄せて驚かせたうえ、鞄から「文芸春秋」と「改造」

を取り出し、「時間つぶしに買ってきた。君、どっち読む？」鹿地が当然「改造」を取ったら、彼は文春を一時間半も熱心に読んでから、役目は済んだと帰って行ったという。追記ながら、鹿地の『自伝的な文学史』には、山口警部が戦後発狂し、悲惨な往生を遂げたとの伝聞が記されている。

引用が長くなるが、次の箇所も印象的だ。鹿地が深川扇橋の監房にぶち込まれたとき、筋向いの房に「今様天一坊」として新聞を騒がせた若者が入っていた。当時、囚人が刑務所に送られる前夜、娑婆と永の別れになるため、一夜刑事部屋などに連れ出して慰安してやるという風習があったらしい。そこで天一坊が送られる前夜、なぜか鹿地に好意を抱いていた老看守が、特別に彼をお相伴させ、二人を看守部屋でもてなしたという。二人だけでゆっくり話でもしたら。そう気を利かせて看守が出て行ったとたん、天一坊がぴたりと畳に手をついて深々とお辞儀をし、「あなたはもしや共産党のかたではございませんか」と言った。びっくりした鹿地が訳を尋ねると、築地の監房にぶち込まれていたとき、小林多喜二という方に御目にかかって深い感銘を受けたとのこと。

それからの顛末は、天一坊がそこで牢名主をしていたとき、半死半生の被疑者が連れ込まれてきたことから始まる。青年はそのまま意識を失った。（事後に判明したところでは、この青年は共青グループのキャップをしていた今村恒夫で、多喜二が捕まったとき一緒に居た人物だということである。今村もまた、多喜二と同じ山口警部に拷問されたらしい）留置場が殺気立った静けさにつつまれていたとき、またひとり連れ込まれてきた。

『苦悶によじれたまっ青な顔で、息をあえがせ、それでもまだえりくびを後からつかむ特高に、肘をこずいて抵抗するのをやめず、歯をくいしばって「畜生！　なにくそ」ともらしながら、彼は今村と反対側の、天一坊のいる房に突っこまれた。倒れたまま苦悶しはじめた。天一坊たちが囲んで介抱した。胸をはだけてみて、ぞっとしたという。熟れすぎた果物の肌をしている。そのうちに、たえだえの声で便所にいきたいという。自分ではたてないのを、天一坊とひとりの労働者が両脇から抱えるようにして、便所につれてゆき、しゃがませた。ひどく瀉した。それが血だ！

急に弱って、そのまま倒れこみそうになるのを、はげましながら、やっと運び出したとき、ちょうど先刻のわかものが意識をとりもどし、金網にすがって廊下をのぞいた眼にぶつかったのだ。

「小林、しっかりしろ！」

われをわすれて彼が叫んだ。その声で、はじめて多喜二とわかった。房々からいちどに火を吐く励ましの声がとんだ。もう何もきこえていないようだったと天一坊はいう。房にかえって横たえたとき痙れんがきて、人々は看守を呼び、看守は警察医を呼びに走った。

「しっかりしろ、小林！」

とりかこむ人々が、のぞきこみ、はげました。そのとき、多喜二がかすかに眼をひらいて、きれぎれに、「おれひとりのこと悲しむな。みんなしっかりやれ。」そして、けいれんがやんだとき、医者はまにあわず、息をひきとった』（『自伝的な文学史』）

留置場がしーんとして、やがてすすり泣きがきこえた。誰かが赤旗の歌を歌いだし、それが全員の合唱となった。命を賭けた信念の発露を目の当たりにして、天一坊は生まれて初めて、尊敬すべき人生を送った人間への深い感動を覚えた。私も生まれ変わりたい。そう語る彼の顔は真剣で、嘘偽りがないように見えた。

以上が鹿地の記述した留置場での追加体験だが、先ほど紹介した江口渙『小林多喜二の回想』の記述は少し趣が違う。

鹿地は、誰かが赤旗の唄を唄い出し、全員が唱和したことに天一坊がいたく感動したことを紹介しているが、江口は別人から似た話を聞かされて、強い違和感を感じたと記している。

それは多喜二の死から五十日ぐらい経ったある日のこと、江口の自宅を訪ねて来た共産青年同盟の若い男から伝えられた話だった。その男によると、多喜二は「日本共産党萬歳！」と声高に叫び続けながら死んでゆき、その後を追って、留置場の中から一斉に沸き起こった「赤旗の歌」は、隣の監房から次の監房へとみるみる広がって行ったという。

その場に居合わせなかった江口にとって、本当に赤旗が唄われたかどうかは判断のしようがない。ただ、遺体の無残な傷痕を凝視した彼としては、いまわの際の多喜二に、なお「日本共産党萬歳！」と叫ぶだけの余力が残されていたとはとても思えなかった。そこで彼は、多喜二と同じように拷問を受け、隣の留置場にぶち込まれた今村恒夫に真相を聞くべく、彼の出獄をひたすら待ち続けた。

二年後、市ヶ谷刑務所から出獄した今村は、拷問で痛めた体の治療で、すぐ芝の済生会病院に入院したため、江口は病院に訪ねて、彼から次のような話を聞いた。多喜二は今村の少し後で、特高室から留置場に下ろされ、やがて死んだ。そこで同じ監房の留置人に臨終の様子を尋ねたら、多喜二は、死んだらこの場所を母に伝えてくれと伝言し、便所に行きたいと言った。みんなで抱き上げて連れて行ったが、出るのは血ばかり。やむなく連れて帰ったら、間もなく息を引き取ったという。彼が「日本共産党萬歳！」などと叫んで死んだなどということは絶対にありえない、と今村は強く否定し、多喜二に特高室で死なれたら困るから、慌てて留置場へ担ぎ込んだまでで、その時はすでにほとんど死人状態だった。留置場は静まり返り、ひそひそ話をする奴すらいなかった。まして革命歌なんてとんでもない、というのが、江口が今村から聞きただした内容だった。

（余談だが、このころ左翼劇団への弾圧も凄まじい。大正一三年（一九二四）小山内薫と共に築地小劇場を創立した演出家土方与志は分裂後の昭和四年（一九二九）に新築地劇団を結成、多喜二の『蟹工船』をいち早く上演しているが（舞台監督は久生十蘭）、鹿地と同じ昭和八年に検挙されている。釈放後モスクワへ飛び、多喜二虐殺を非難する演説をしたため、伯爵の爵位を剥奪された。『ドキュメント昭和五十年史1』（汐文社、一九七四）に載録された村山知義の一文によると、一九二九年、彼の作品を上演中の本郷座の客席内に「サーベルをさげ、顎紐を掛けた制服警官が観客席のすべての通路に、ズラリと並んで客席の方を向いて立ち、（芝居に共感して）少しでも声を挙げるものがあればすぐに検束してしまうことになった。」丸山定夫は潜航し、同じ劇団員の沢村貞子もまた、昭和七年逮捕され、釈放後いったん地下に潜ったが、翌年再び逮捕されている、エトセトラ・エトセトラ）

多喜二の死の翌日逮捕された鹿地は、この後、杉並のブタ箱に移され、高熱を発して釈放されているが、すぐまた捕まるなどして、昭和六年（一九三一）から九年（一九三四）の間に一八回も拘留を経験している。ぶち込むのに証拠は必要なく、嫌疑さえあれば充分だったという。

昭和九年（一九三四）年二月、日本プロレタリア作家同盟（ナルプ）の常任委員だった鹿地を中心に作家同盟の解散が決定され、二月二二日に公表された。一週間後、彼は治安維持法違反で逮捕され、獄中で転向。二年近い未決拘留の後、懲役二年、執行猶予五年の判決を受け、昭和一〇年（一九三五）一一月、市ヶ谷刑務所を保釈で出所した。しかしブラック・リストのトップに位置づけられていたため、海外はおろか、都内の転居でさえ、裁判所と警察の許可を得なければいけないという極めて不自由な身の上だった。おまけに、出所直後に妻の河野さくらから、離婚を申し立てられている。鹿地の『中国の十年』によると「（彼女は）私が獄中にいるあいだに、世のなかの冷たさを思い知り、同志らのたよりなさを思い知り、私にも信頼をつなげなくなったのだという。」

（なお、鹿地が逮捕されたちょうどそのころ、後に上海で出会い結婚することになる池田幸子も、反ファシズム運動に参加したため、共産党員と疑われて逮捕されている。半年後に釈放されたが、在学中の明治大学も追われ、結核療養のため、青島の親戚宅に長期滞在している）

鹿地が未決拘留されていた間にも時代は奔流のように戦争へ向けて進んでいた。まず、彼の逮捕直後に満州国が帝政に移行、溥儀が皇帝に即位している。八月、ヒットラーが第三帝国総統に就任。一〇月一日、日本陸軍が通称「陸パン」と呼ばれる「陸軍パンフレット」なる公式文書を発表、六〇万部も売れた。「たたかひは創造の父、文化の母である」という有名な出だしが象徴するように、内容は国防賛美、すなわち戦争賛美の記述で埋め尽くされている。一二月二九日、日本政府はワシントン海軍軍縮条約廃棄を通告。翌三五年三月、日本共産党が壊滅的な打撃を受け、ドイツは再軍備を宣言。四月、憲法学者の美濃部達吉が不敬罪で告訴された。八月一日、中國共産党が抗日救国統一戦線を謳った「八・一宣言」を発表、一〇月二五日には中国紅軍が一年に及んだ長征を終え、陝西省の呉起鎮に到着している。

日中全面戦争を三年後に控えたこの時期、日本国民の気分はすでに戦争一色。鹿地のように反戦を唱える人間は獄中に居ようが居まいが、「非国民」として、エネミー・ナンバー・ワンのレッテルを貼り付けられることは免れようもなかった。

このままでは体が持たない。保釈後ひとり身になった彼は、灯火管制が始まり、冥さを増した部屋の中で今後の身の振り方を考えた。結論は・・・もう日本には居られない。では何処へ？…　上海？

江口渙が大正一二年（一九二三）に発表した『恋と牢獄』には、社会主義運動に関わった若者が何度も逮捕され、会社もクビになり、今後の身の振り方に苦悩している時、友人に上海行きを勧められる場面が出てくる。理由は日本の共産主義者が自由に行動できる場だからと、次のように言われる。

「何しろ上海には戸籍がないんでね。どこに住んでいたって偽名さえしていりゃわかりっこないんだ。ことに仏租界が安全なんで、みんなあそこへ集まっているんだ。昼間だって平気でどこでも押し歩いているんだから、呑気なもんさ」

小説は、上海行きを決意した主人公が、直前に逮捕されてしまう場面で終わるが、当時すでに、「シュギシャ」にとり、上海、とりわけフランス租界が魅力的な逃避地であったことを物語っている。

鹿地もまた、ぎりぎりの立場に立たされていた。『希望は夢からではない。現実から生まれるのだ』魯迅のこの言葉が彼の頭の中で響いた。上海へ行けば魯迅に会えるかもしれない。鹿地は、八方手を尽くして、上海行きの機会を探し回った。

近く大陸巡業に出かける旅回り劇団がある、という耳よりな話を聞きこんだ。浅草を本拠とする剣劇一座・遠山満劇団がそれだった。巡業の名目は「大陸居留民慰安の正月興行」。速見達夫と名前を変えた鹿地は、人を介して必死に頼み込み、その他大勢の雑用係として採用された。彼は看視の目を盗んで大阪へ飛び、一座の大阪公演から、「その他大勢」の一員としての日々を始めることになった。

『鴛鴦歌合戦』片岡千恵蔵ほか。左から六人目のギョロメが遠山満

ところでこの、右翼の大物とよく似た名前の座長遠山満とは果たして何者か？　微かに聞き覚えがあるような気もする。という訳で、ネットを渉猟したところ、時代劇俳優であることが判明した。それも私がハチャメチャ・オペレッタの傑作として何回も見た『鴛鴦歌合戦』（昭和一四年・一九三九）という映画に出ていたのだ。津川雅彦の叔父・マキノ正博の脚本・監督、カメラは『羅生門』の宮川一夫、音楽は『上海ブルース』の大久保徳二郎という豪華メンバー。ディック・ミネや片岡千恵蔵、志村喬らが唄いまくるミュージカルだったから、準主役の城代家老遠山満右衛門に扮したギョロメのオッサンも、顔だけはよく覚えている。

遠山満は映画界に入る前、暫くアメリカを巡業したことがあり、チャップリンに気に入られたというようなエピソードもあるが、帰国後の大正一四年（一九二五）から昭和元年（一九二六）にかけて浅草六区で活躍したとネットに記されている。川端康成の随筆『浅草』（昭和五年・一九三〇）には、芝居小屋の演目が時代とともに移り変わるさまを紹介する件で、彼の名前が登場する。

「……もっとも、公園劇場には、柔道と拳闘との対抗試合があったり、さそり座というレヴュウ劇団が出演したり、また昭和座には、砂川捨丸の万才大会があるかと思えば、新築地劇団が進出したり、遠山満、小原小春の一座が現れたり……この間まで剣劇だった観音劇場には今、羽田舞踏団が出演している。……」

ここで紹介されている新築地劇団とは、前述のように、築地小劇場から独立した土方与志や丸山定夫らが活躍していた劇団だが、こうした記述をみると、偶然鹿地が紛れ込んだ遠山満劇団は、どうやらそれまで浅草の舞台でかなりエンターテインメントの腕を磨いていたものと思われる。

こうして劇団の雑用係、鹿地亘の離日の日が迫ってきた。もう二度と祖国へ帰るつもりはなかった。彼は一行の衣装や小道具、幹部俳優の重いトランクなどを懸命に船へ運び込んだが、「慣れない仕事なので、寒さにかじかんだ手首が、がくがくした」。

昭和一一年（一九三六）一月一五日、すなわち日本がロンドン海軍軍縮会議を脱退した丁度その日、間もなく三三歳を迎えようとしている鹿地を乗せて、船は神戸埠頭から出発した。

『関門の峡も、もうとっくに過ぎて、その本州と九州の突端が、わずかに波間に見えかくれしている。すこしあやしくなった雲行につれて、つめたい風が頬をうちつづけていたが、私は、もう二度と見ることもないかもしれぬこの国の最後のすがたを、しばらく見送っていた』(『中国の十年』)

日本中を震撼させた二・二六事件の起きるひと月あまり前のその夜、海は大荒れに荒れた。全員が船酔いしている中で、異様に神経が高ぶっていたせいか、鹿地は一向に酔わなかった。座長の遠山満に頼まれた電報を打つため、吹き付ける風雪の中を、上部甲板にある電務室へよじ登り、用を果たして、座長の居る一等船室へ戻った。座長は呆れたように彼をみつめ、「いつも暗いところに座って暮らしてきた君だが、やはり肝がすわっているんだな」と言った。どうやら座長は、速見達夫と名乗っていた彼の素性に薄々気付いているらしい。鹿地はそう察した。黙って頭を下げると、座長は頼みがあるなら何でもきいてあげると胸を叩き、彼が人前に出ないですむよう気を使ってくれたと鹿地は感謝している。

かくて「大陸居留民慰安の正月興行」のため、遠山満の旅回り剣劇一座は、青島公演を経て、昭和一一年一月下旬、その後彼が暫く過ごすことになる上海へ到着した。大吹雪が港を蔽い、上陸を待つ鹿地の視界は白く閉ざされていた。

第二部　戦中の闇に潜る

第一章　上海「大世界」——魔鏡の裏側

始まりの魔都

リル即ちミツコの日記はいきなり海の彼方から再開です。前回のノートから一年近く経っていますが、粗末なザラ紙のノートでした。

『昭和十年四月X日、上海にて。ようやく書く時間ができた。今日は清明節とかいうお墓参りの日らしい。泊まっている長崎館の女主人は日本人だけど、ご主人のお墓参りに出かけた。キリコとマミエは今、虹口の北四川路東側にたった一軒ある銭湯へ出かけたところ。私は一人でお茶。

「大世界」支配人の李さんからは未だ返事がない。日本人ダンサーはなかなか引き受け手がないんでね、とおっしゃる。確かに北四川路のダンスホールを幾つか当ってみたけど、中国人の経営しているところは日本人お断り。日本人経営のところは、日本からダンサーがワンサと押し寄せて満杯状態だ。

残念なことに日本への反感気分は上海の街中に溢れている。近くの廣東料理屋でさえ、店の前に、満州で支那人を虐殺している日本兵の大きなポスターが貼ってあるぐらいだから、日本租界を一歩出れば、反日ポスターだらけ。近くのホテルの脇道を少し入った壁一面に「日本帝国主義打倒！」という落書きが赤いペンキで躍っていて、前を通る度に身のすくむ思いがする。満州事変以来、空気がガラッと変わったと女主人が嘆いていた。あーあ、素敵なところなのに、チャオタンは見つからないし、お金もないし、お先真っ暗。でも、日本へ帰ったって、行くところもないしなあ』

やけに悲観的な出だしです。妊娠のその後に一切触れていないのも気になります。文章もやや投げやりなのは、自分の希望した結果でなかったせいかもしれません。

日本を出てからの経過がざっと書いてありますが、それによると、キリコから旅回り一座の朝鮮巡回公演に誘われたとのこと。浅草でエノケンと共演したことがあり、当時京城で大活躍していたチョゴリ・シスターズ高清子の口利きで実現したらしい。まだ浅草の舞台に未練はあったけど、日本に居ると、チャオタンがらみで公安に睨まれるのが恐ろしいし、朝鮮へ行けば、上海へ行くチャンスも生まれ、彼の手掛かりが得られるかもしれない。そんな想いで昭和九年（一九三四）暮れ、日本を離れたそうです。ミツコは一九歳になっていました。

一行は映画の弁士や楽士を含めて二〇人余り。飯塚のスミチャンの故郷釜山から京城、平壌と回りました。出しものは無声映画の上演に続いて彼女たちの唄と踊り。映画は当然チャンバラが一番人気ですが、『波浮の港』はすでに主題歌が出回っていたせいもあって、かなりの受けかたでした。驚いたのは日本の歌謡曲の人気の高さ。特に古賀メロディーの勢いは圧倒的で、『酒は涙か溜息か』

などは客席全体が合唱するほどだったとか。必然的に踊りも日本調を主体に、浅草育ちの『ダイナ』『私の青空』やアチャラカダンスを混ぜたものが主流になりました。なお朝鮮の流行歌で流行っていたのは、満州への出稼ぎ人が故郷を偲んだ望郷の唄だったそうです。

初めは京城の明治座で公演するなど順調だったのですが、興行師が悪い奴で、出演料は約束の半分しか払わず、しまいには借金を踏み倒して逃げてしまいました。やむなく、時には寒さに震えながら河を筏で下って、村を見つけると、ぶっつけ本番でひと晩興行をするなどの、文字通り綱渡り的なサーカス巡業を続けましたが、それも限界となり、一座は解散、バラバラになりました。

帰国する者、満州へゆく者などいろいろ。大連へ行きたいというキリコを何とか説得して、興行師に話をつけ、ようやく釜山経由の連絡船で上海へたどり着いたのは、昭和一〇年（一九三五）三月、リル・キリコ・マミエの踊り子三人と浅草の名物ダンサー林葉三、それにチャップリンの物まね専門というケチャップリンの計五人でした。

楊樹浦《ヤンジッポ》の埠頭でランチに乗り換えて上陸。重い荷物を担ぎ、ジャンクから岸へ渡された板の上を、ハイヨーハイヨーと単調な節を付けながら器用にわたる荷揚人足たち。ひしめく人力車からの呼び声、彼らを取り締まるターバンを巻いた印度人らしい警官、次から次へと通りを埋め尽くす群集をかき分けかき分け、とりあえず埠頭近くの長崎館という旅館に宿をとりました。

さっそく興行師から紹介された李さんに電話してみたところ、運良く相手がつかまり、しかも日本語がペラペラだったので、リルは胸を撫で下ろしました。あちこち当たってみるから待ってくれと言われましたが、お金もそろそろ底をつく心細さ。近くをこわごわとうろつく以外は、五人肩を寄せ合って、ひたすら連絡を待っていたようです。

ただ、一度だけリルは、上海へ来ることがあったら寄ってくれとチャオタンに言われた場所へ行ってみたことがありました。出航前に届いた手紙にそう書いてあったので、その宛先に何回も手紙を出したけど、返事はなしのつぶて。半ばあきらめていましたが、万が一という期待があったからです。旅館の娘ハナチャンに住所を見せたら、ここからそう遠くないと言われ、拝み倒して案内してもらうことになりました。場所は、運河沿いの道を北へ一〇分ほど歩いたところ、異臭が鼻を衝き、清潔とは程遠い長屋のような一角でした。出て来たオバサンに聞いたら、チャオタンからはまったく連絡ない、手紙はお返しする、とあっさり言われたため、もし連絡があったら、と長崎館の電話番号を教え、すごすごと引き上げて来たそうです。それからは、ひたすら李さんからの連絡待ち。それだけに、李さんの秘書から、紹介したい日本人が居るから明日事務所へ来てくれと言われて、天にも昇る心地だったと日記に記されています。ただ迎えの車が都合つかないので、タクシーを呼んで来てほしいとのこと。判ったと答えたら、一つだけ注意しておくが、事務所へ来るまで日本語は絶対話さないこと、さもなければ安全は保障できないと言われたそうです。さあ、それからが大変です。初めての街で「大世界」への行き方など、そう簡単に判りっこありません。とにかく案内を探すほかないといふ結論に落ち着きました。

もっとも、懸命なのはこの人たちだけではありません。私も必死でした。必死に上海の地図を勉強しました。いえ、それより前にまず戦前の上海租界の状況を調べなくてはなりません。

戦前の上海租界（租借地）図を見ますと、本流揚子江からすぐ枝分かれした黄浦江《ホワンプージャン》に、まず共同

1930年代上海租界地図

（海野弘『千のチャイナタウン』リブロポート 1988を参考に作成）

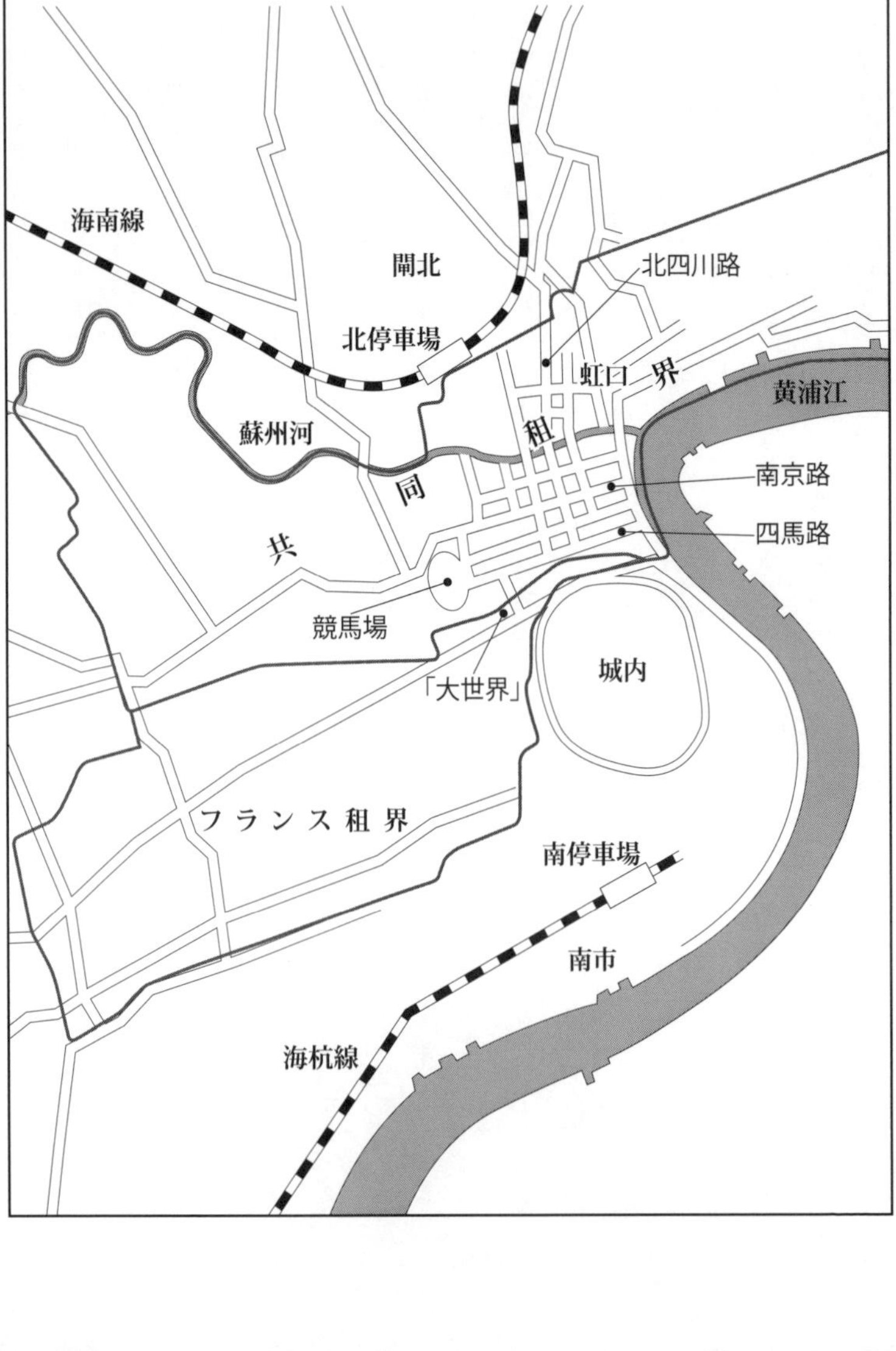

租界、その下が、上海城のあった華界を避ける形で、フランス租界が西へ延びています。共同租界は黄浦江の支流である蘇州河を挟んで、南側が英米共同租界、北側が主に日本人が住む虹口《ホンキュウ》地区と、その東でユダヤ人たちが多く住んでいた地区に分かれます。上海租界の表玄関に相当するのは、バンド（外灘）と呼ばれる地域で、壮麗な建物群が旅人を圧倒したようです。

私の大切なアンチョコ、木之内誠編著『上海歴史ガイドマップ』（大修館書店、二〇一一）によると、バンドに近い共同租界地区に、かつて広大な競馬場がありました。今は人民公園と名前を変えていますが、戦前は租界に住む紳士淑女の華やかな社交場だったとのこと。お目当ての「大世界」（ダスカ）はすぐその下に鎮座していましたが、ここまでどういう経路でたどり着けば一番いいのか。リルたちもさぞ悩んだことでしょう。

大世界（ダスカ）へ

『李さんとの約束は二時だ。タクシーで行きますと答えたけど、タクシーどころか、人力車——ここでは黄包車《ワンポツオ》と呼ばれているみたい——に乗る余裕もない。例の如く長崎館の娘ハナチャンに相談したら、どうせ大世界へ行く用があるから、連れてってあげると快く引き受けてくれた。大助かりだ。一時過ぎ、総勢六人で車や黄包車がひっきりなしに通るブロードウエイ通りを突っ切り、数日前到着した朝日桟橋へ出る。無数のサンパンが右往左往している先に、ユニオン・ジャックの旗を掲げた軍艦が見える。対岸に並ぶ灰色の建物から煙突がにょきにょき突き出ているの

写真右：ブロードウエイ・マンション
写真左：ガーデン・ブリッジ

は工場地帯らしい。壁に飾られた横文字の大きな煙草の看板をぼーっと見ていたら、ほら、とハナチャンが反対側を指さした。埠頭に面した低いレンガ色の建物の屋上に日章旗がはためいている。日本領事館だそうだ。続いてアメリカ・ドイツ・ロシアの旗も並んでいて、まるで領事館通りだ。

ガーデン・ブリッジが近づくにつれて、通りの向うの巨大な建物がぐんぐん迫ってくる。東京でもちょっとお目にかかれないような奇怪な建物。

——これ、ブロードウエイ・マンションて言うの。去年建ったばかりなんです。

橋を渡りかけたハナチャンが、ちょっとと振り返って説明してくれた。

——ブロードウエイの満州か。さすが国際的だな。ありゃ、満州の入り口辺りにルンペンみたいなのがゴロゴロしてらあ。

葉ちゃんが目敏く叫んだら、ハナチャンが自分の口に指を当てて、

——シーッ、ここからは小声じゃないとやられますよ。

——そんなにあぶないの？　とキリコ。

——私は虹口を一歩出たら、日本語は絶対話しません。この間うっかり日本語を話して、袋叩きにあった人が居たそうです、とハナチャン。

――日本人は嫌われてるのねえ、とマミエ。ケチャップリンは手を広げてお得意のお手上げポーズ。

――上海事変の時はどうだったの？　思わず聞いたら、ハナチャンが耳を押えた。

――思い出すと怖いんです。

――ごめんなさい。

――爆竹の音が聞えても、ビクッとします。凄い砲撃の音でした。北四川路はめちゃめちゃにされて、劇場や活動写真館が半分近く壊されました。今でも煉瓦の塀などに弾の痕が残っているところが沢山あります。大体が新しく建て直されましたけど。

それ以上質問する勇気は出なかった。ハナチャンが話題を変えた。ガーデン・ブリッジが支那語で外白渡橋と名付けられた訳は、かつて橋は有料だったが、外人は白費即ちタダで渡れたからだそうだ。橋を渡りながら覗いてみた蘇州河の水は、黄色く濁った黄浦江に比べれば遥かにマシ。橋の真ん中を電車や自動車や黄包車が走っている。中央部が少し盛り上がっているのは船を通すためだとか。石段を降りて、目の前のこじんまりした公園へ入る。

――ここは数年前まで犬と支那人は入れなかったんですよ。ハナチャンは残念そうにそうささやいてから、支那人の扱いは犬以下だったと怒っている地元の人も居ます、と付け加えた。

木陰のベンチに座っているのは殆ど西洋人らしい女性だった。犬も見かけなかった。西洋の女ばかりなのは、未だ支那人の入園を禁止していた伝統が残っているせいか、と聞いてみた。ハナチャンは鼻に皺を寄せて、ほとんどロシア人のイエピーでしょ、と小声になった。イエピー？

外灘（バンド＝見せかけの正面）

うん、野鶏、つまり商売女のことです。上海には一杯居ますよ。その説明にキリコがニヤリと笑った。そう言えば化粧はやや濃い感じがしたけど、身なりはみんなごく普通で、そんな感じはまるでなかった。私はふーんと頷いたものの、どうしてロシア人なの？　といふ疑問は飲み込んだ。それ以上突っ込んで聞きにくかったのだ。しゃれた東屋にも女性が座って本を読んでいた。葉ちゃんが興味ありげにキョロキョロ見ていて、余り見ちゃダメです、とハナチャンに注意されたが、こちらが女づれのせいか、相手は顔を上げようともしなかった。前を通るとき、何かの匂いがしたけど、別に気にはならなかった。

公園を抜けて、バンドと呼ばれる外灘へ出た。目の前の黄浦河を威圧するように巨大な建物群が並んでいる。ハナチャンの説明では、とりわけ目立つ建物は香港上海銀行だそうだ。手前にあるのは何とかホテルと何とかホテルと言われても、こちらはフーンと頷くばかり。二つのホテルの間の道路は、かなり賑わっていた。南京路と言って、上海一の通りだそうだ。店々の前に女たちがぶらついている。

——多いわね。貴女のようなお下げは珍しい。

——はい。三十年代に入ってからですけど、断髪じゃないとモダンじゃないって感じになって。でも国民党は断髪がお好きじゃないようです。

モダンガールたちの前を無表情な群衆が次々に通り過ぎる。そこへ満員の電車やバスや自動車がこれまた無表情に押し寄せ、その間を縫って、リンゴー、バナナーと叫ぶ果物売り、また黄色のゴム輪の目立つ黄包車がハイヨーハイヨーと叫びながら蟻のようにチョコマカ走っている。ターバンの警官が交通整理をしているが、ときどき車夫に向い、何か叫んで棍棒をふりあげたり、

写真右：バンドの香港上海銀行
写真左：銀行前のライオン像。撫でればご利益があるそうだ。

言うことを聞かないと蹴りつけたりする。早速ケチャップリンが警官のマネをして、またハナチャンに注意された。

道端で誰かがワンポツオーと叫ぶと、何台もの車がワッと押し寄せる。なぜか車夫は全員裸足だ。一番乗りの車に乗り込んだ客が時々靴の先で車夫のお尻を蹴りつける。

——何でお尻を蹴るの？ そうハナチャンに聞いたら、右のお尻を蹴ったら右へ曲がれってこと、左のお尻なら……

——左へ曲がれってことか。車夫って、まるで人間扱いされてないみたいね。

——車夫が転んだって、誰も助けません。私も慣れっこになっちゃって。誰かが言ってましたけど、上海にはワンポツオが二万五千台、車夫が十万人も居るから仕方がないんですって……

ハナチャンは少しも動じない顔だった。

彼女の話では、車夫と似た存在として、通りの掃除をする清掃人夫たちがいるそうだが、いつも真っ赤な上っ張りを羽織っているので、

赤猿と呼ばれていて、やはり人間扱いされていないそうだ。ひょっとしたら、国籍もないかもしれないとのこと。

父の資料によると、三十年代の上海の通りの印象を室伏高信は次のように記しています。

『上海の全機構が一つのジャズである。……黄包車が偉大なサキソホンだ。街頭にわめいてゐる苦力の群を見よう。板張りを叩きながら客呼びをしてゐる大道の商人を見よう。ピイピイガチャガチャの支那音楽と支那芝居とを。張旗打鼓を、「新世界」を、跑狗場を、競馬場を、ハイ・アライを、それから世界中で一番と押しの強いあの四馬路の野鶏たちを。

……上海は恐らくは世界中で一番八釜しい街である。ジャズがアメリカで気狂を二倍にしたといはれるやうに、この街に三日とゐたら、凡ての人が気狂になる。

……われわれはアメリカにおいてよりも上海において『「ジャズの都」を見る』（「上海叢書9——上海の印象」三省堂、一九四二）

写真右：30年代の南京路
写真左：車夫を威圧する印度人警官（“Les Français de Shanghai” より）

この文章自体が生演奏で聴くニューオルリーンズ・ジャズのように、かなり「八釜しい」ことは確かでしょう。というわけで、控えめなリルの日記に戻ります。

『上海の縮図のような、やかましい南京路を進むと、少し先に大きなビルが並んでいる。

——あれは二つとも百貨店。その手前にもあるわ。屋上の庭園に野鶏たちがたくさん集まって、餌の奪い合いしてるの、とハナチャン。

——餌ってお客のことね。うまいうまい、とキリコが感心する。建物はいづれも日本橋三越に似ているから、これが百貨店らしい建物ということなのだろう。

——この先の競馬場通りはもっと混みそうだから、ここで曲がりましょう。

（左図はエルジェ『タンタンの冒険・青い蓮 “LES AVENTURES DE TANTAN　Le Lotus Bleu“1932』から、上海の街を走る黄包車。壁の「西門子」というのは、ドイツの電機会社シーメンスの中国名）

ハナチャンが左折した通りは比較的空いていた。店先に仕事台が並べられ、帽子を飾ったり木綿服を仕立てたり、銀食器を磨いたりしている。ハナチャンがしゃれたカンカン帽を指して、これ日本製よ、と言った。でもバレルと文句が出るから、商標を剥がして売ってるの。

一つ道を横切ったところで、右手のホテルらしいビルを指さし、彼女は急に涙声になった。

——あのホテルで……あの楊子飯店のダンスホールで踊った後、ロアン・リンユイは家へ帰って自殺しました。たった

阮玲玉

ひと月前のことですよ。まだ二十五歳だったのに。上海中、その話で持ち切りでした。私はまだ信じられません。悲しくて悲しくて。

——ロアン……誰？

——ゴメンナサイ。阮玲玉《ロアンリンユイ》と言うのは大スターの名前です。三年前に二十三歳で主演した『三個摩登女性』が爆発的に人気を呼んでから、映画が次々に当って、ついこの間封切られた『新女性』も大当たりでした。『新女性』はヒロインが自殺する映画で、ニアエルが作曲した主題歌も素敵だったし、私は大好きでした。それなのに。

——何か理由は？

——進歩的な映画製作スタッフを気に入らない三文新聞が、中傷するため、根も葉もない彼女の男性関係のスキャンダルを大々的に流したんです。そのことに耐えられなくなった彼女が、自分が演じたヒロインと同じ道を選んだと噂されました。

——ふーん。

——ところで——と彼女は言葉を続けた——虹口に住んでいるルーシュン・・じゃない、ロジンという作家はご存じでしょ？

——ロジンね。うん知ってる、と相槌を打ったのは、知らないとは言いにくかったからだ。多分他の四人も知らなかったと思うけど、めいめい、もっともらしく頷いた。

――ロジン先生は彼女の自殺を知って、こう言ったんです。新聞は強い相手には弱いが、相手が弱いと思うと、力をふるうものだって。

――へえ、と私が感心したのはロジンの言葉ではなく、私より年下なのに、ハナチャンはなんて物知りなんだとびっくりしたからだ。

――彼女の自殺を知った女学生が三人も後追い自殺しました。葬送の列は五キロも続きましたし、棺の通る道端には三十万人の市民が詰めかけて……』

リルの日記では、このあと暫くハナチャンの哀しみの描写が続きますが、カットして先を急ぐことにしましょう。楊子飯店前の三馬路を渡り、有名な妓館「青蓮閣」や上海の吉原「新会楽里」のある四馬路スマロを横切り、五馬路も越し、共同租界とフランス租界を隔てる愛多亜路エドワード路まで行けば、通りの向こうに魔都上海の一大歓楽郷「大世界」ダスカが聳えています。

「手前で客引きが盛んに声を掛けている。この辺は安旅館が軒を連ねているそうだ。白布を掛けただけの寝台がずらりと並んでいて、十円ぐらいで泊めるらしいが、南京虫は覚悟しなくちゃね。さて大世界は奇妙な塔の突き出た派手派手な建物で、上の方に仁丹の廣告があった」とリルは書いています。入口の入場券売り場にワンサと人が群がり、野鶏らしい女性たちが煙草をふかしながら客の周りをうろついていたそうです。入場料は一元で、賭博場から芝居小屋、食堂、映画館、曲芸舞台、土産物売り場に遊技場、さらにレヴュー小屋など、ありとあらゆる娯楽がぎっしり詰め込まれていたようですが、すべての場が野鶏たちにとり絶好の仕事場だったということです。

父の書斎にあった上海関係の本を片端から読んでみました。

例えば、ハリウッドの映画監督ジョーゼフ・フォン・スタンバーグは、一九三二年に封切られたディートリッヒ主演の大ヒット作『上海特急』のイメージを捜し求めて「大世界」に潜り込み、その余りの活気は一度引き込まれたら引き返せないほどだとの感想を述べているとのこと。（ハリエット・サージェント『上海～魔都100年の興亡』、新潮社、一九九一）

（スタンバーグが評したのは、昭和七年（一九三二）一月二八日に起きた第一次上海事変以前の「大世界」についてでしょうが、『上海特急』自体は、事変直後に封切られたため、国辱映画だと大騒ぎになり、中國での上映は僅か二日で打ち切られたと幾つかの資料に書いてありました）

写真右：大世界（(ダスカ)
写真左：映画『上海特急』

ところで、「大世界」の印象は日本の多くの作家も書いています。

——十数箇所の演藝場では、芝居、茶番、活動写真、藝妓の歌、講釈、太鼓などを始めとして支那にある限りの演藝をやつてゐる。……其の廣いことは驚くばかりだ。……もう一つの此處の副産物は野鶏の群れである。（村松梢風『魔都』、大正一二年、一九二三）

——大世界は一大摩天楼であつて、この数層の享楽場にはあらゆる享楽機関が設備されて、上海の支那人にとっては、日本の浅草であり、ヨシワラであり、……支那最大の歓楽場となつてゐる。この地層の舞台には浅草のカジノ・フオーリーのようなレビュー団も開演してゐるし、天韻楼には、古代劇を演ずる舞台もあれば、映画劇場もあり、機械競馬もあれば、シイコ賭博もあるし……そして、古代からの伝統に縛られた野鶏の客を漁る、逸楽場でもあるんだ。（吉行エイスケ『新しき上海のプライヴェート』昭和七年、一九三二）

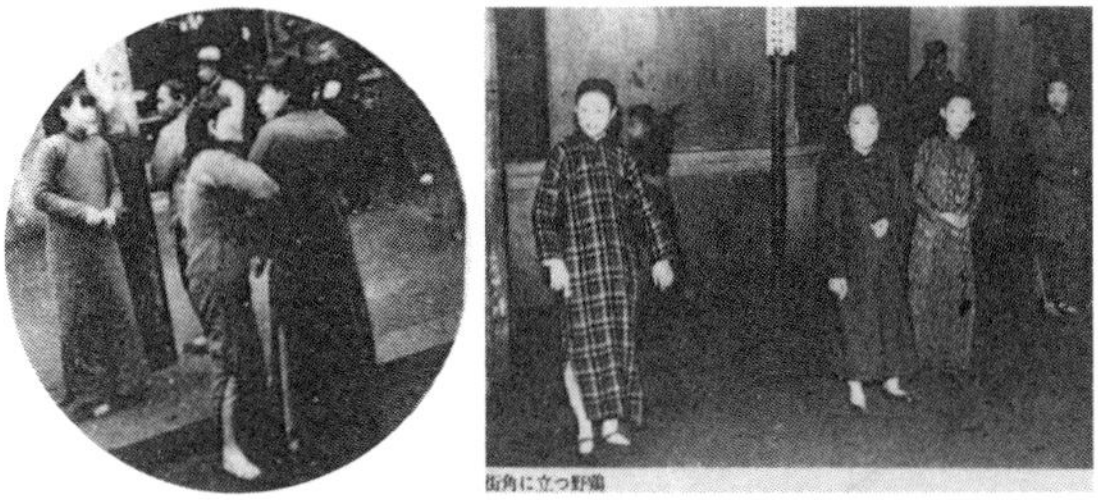

街頭の野鶏たち：森田靖郎『上海セピアモダン』朝日新聞社、1990年より

街路にも大世界などの歓楽場にも、ゴマンと居るらしい野鶏の存在は、日本人の関心を引くらしく、すべての見聞記が大なり小なり興味本位に取り上げていますが、なかには、珍しく、彼女たちの将来を調べたリポートもあります。それによると、年齢は十五歳から二十五歳、平均して二十歳前後ということろ。運良くお金持ちの妻妾になる人も稀にはいますが、一般には、抱えた負債を一生返済できず、不治の病に苦しむか乞食になるのが大部分とのことです。（「上海叢書3―上海の売笑婦」昭和三年、一九二八）

一方リルは、「大世界」通のフランス人がハナチャンに喋った話を日記に記しています。

『ハナチャンはここに余り来たことがないそうだが、以前、長崎館

に泊まって、せっせと大世界に通っていたフランス人に大世界の素晴らしさを講釈されたという。ここは全てが燃えあがり、全てが朽ちはてる秘密の工場だ、ここには植民地の夢、植民地の信じられない豪華さが詰まつている、と彼はゴキゲンだったそうだけど、ハナチャンは意味が良く判らなかったとか。ただ、バクチでスッテンテンになった客が投身自殺するのを防ぐため、全ての窓に金網が張ってあるとの説明は印象的だったようだ。どうしても死にたい奴は屋上まで上がって、飛び降りるんだそうだけど、他の客は全然気にしてないとのこと』

もっとも、村松梢風の体験によれば、このフランス人のような大世界好きは例外のようです。通常ここへくる客は支那人ばかりで、西洋人は殆ど居ない、といふのも、西洋人は支那人を軽蔑し、彼らの来る場所に足を踏み入れたがらないせいだ、と梢風は『支那漫談』(昭和一二年、一九三七)で怒っていますが、もう一歩考察を深めれば、白人たちのクラブに中国人が入ることは禁止されていたのに、中国人の施設に白人は自由に入れたということです。六〇年代の父の体験では、アメリカの多くのクラブが黒人の入場を禁止していましたが、黒人のクラブに白人が入ることは自由だったそうですから、戦前の上海租界における中国人は、六〇年代までのアメリカの黒人と同じような立場に置かれていたということでしょう。

父の資料に「上海」と大書した袋があったので、中を引っ掻き回してみました。どうやらネットで集めた情報のようですが、「ある奇人の生涯」というリポートに、「大世界」にとことん魅せられた石田さんという人物の昭和一五年の体験が聞き書きされていました。

――大世界（ダスカ）は、まさに上海の夜の街に咲く巨大な一輪の妖花という形容がぴったりのところであった。……左右に大きくのびる複雑な構造の数階建ての建物があって、その中央には、まるで巨大な仏舎利塔を近代的にデフォルメし、それに螺旋階段や何層もの展望台を付設したような望楼らしきものが立っていた。

予期せぬ出来事

『ハナチャンが最後まで付き合いたいと言うので、私たち一行六人は、熱気と混乱に包まれている室内を抜けて、狭いエレベーターに乗り込み、四階で降りた。廊下のあちこちに野鶏らしい女性たちがうろつきながら、こちらをちらちら覗いている。入場者の一割は野鶏だって聞きました、とハナチャン。

脇の小さな事務室の扉を開け、女の人に迎えられて、ソファにかしこまって座る。と、でっぷりした中年の人が入ってきて、いらっしゃいと愛想よく挨拶してくれた。日本語がうまいので、支配人の李さんに間違いないと思ったら、向うから、李ですと自己紹介し、お目当ての人がもうじき見えますから、ちょっとお待ちくださいね、と一旦消えた。香料入りの支那茶を啜っていると、どうぞとの声で、

混雑する大世界前

ドアが開き、李さんに続いて、体格のいい若紳士が入ってきた。その人を見るなり、あっと声を出したのは、私だけではなかった。葉ちゃんもあっと言い、紳士もおおと叫んだ。

——ケンさん！

——葉さんか！　久しぶり。

——まさかケンさんとは思いませんでした。

——こっちもね。もう二年になるかなあ。

なんと葉ちゃんは同じピエルボーイズの団員として、この人、つまり私の憧れの人、毛利賢二さんと千日前で共演していたのだ。年は葉ちゃんのほうが上だと思うけど、貫録がダンチに違う。毛利さんは相変らず恰好よかった。私があっと叫んだのを覚えていて、どちらかでお目にかかったことがありますか、と優しく尋ねてくれた。私は、いえ、ピエルボーイズの公演を千日前で観て以来フアンになりましたので、とおぼこ娘みたいにはにかんで答えた。

——でもこの人、千日前の舞台に葉ちゃんが出ているのは気付きませんでした、とキリが付け加へたら、

——どうせ、そうでしょうよ、と葉ちゃんが拗ねたので、一同大笑い。

それまで出ていたロシア人の踊子たちが余りに下手だったので、ケンさんたちは大歓迎されている由。こうなれば話はトントン拍子で、私たちも彼らの公演に参加することになった。毛利グループには、歌手の呉羽みどりやアクロバットの岡本八重子姉妹といったスターたちが居て、実

力は問題なし。ここ大世界に出演が決まっているだけでなく、すでに虹口のダンスホール「タイガー」にも出ている由。そちらの舞台も手伝ってくれということになったので、こちらは夢か現実か、ほっぺたでも抓りたいような気分だった。

私が毛利さんと言ったら、メイホワランと呼んでくださいと言われたので、驚いた。聞いてみたら、日本人だと出演できないから支那人ということになっているので、京劇の大スター梅蘭芳《メイランファン》にあやかって、李さんが梅花郎《メイホワラン》といふ芸名を作ったとのこと。他の人たちもみんな支那人になってもらいますからね、と申し渡された。虹口に入れば、日本海軍陸戦隊が銃を肩に見回っているから安心だが、それまでは日本語はタブーだったそうだ。そんな訳で私は白蝶《パイテイエ》、キリコは黄露茜《ホワンルウヨウ》、マミエは小猫《シャオマオ》。キリはこんな長い名前は嫌だと文句を言つてたけど。やれやれ』

(リルが後から書き足した註によると、毛利賢二とは後に次郎長シリーズなどの映画で人気が出たスター俳優、田崎潤のことだという。あのケンサンがこんなに有名になるなんて、とリルは驚いていました)。

『李さんが北四川路沿いに日本人夫妻の経営する下宿を用意してくれ、一人一人黄包車も出してくれた。至れり尽せりで感動もの。長崎館に戻った私たちは早速荷物を纏めて、ハナチャンたちに再会を約束した。大通りに出たところで、「上海リル」の音楽が流れて来て、思わずどっきり。音の来る右手を見たら、活動写真館らしい建物にジェイムス・キャグニーとルビー・キーラーが踊ってゐる大きな看板が出ていたので、苦笑するばかりだ。通りに沿って、畳一畳ほどの箱車（パイタンツというそうだ）が三々五々並び、タオル、靴下などの日用品を山積みしている。やがて着いたところは大きな倉庫でも改修したのか、灰色の漆喰の壁が剥がれかかったような建物だったが、贅沢は言えない。李さんの威光か、大家さんに親切に迎えられ、二階二部屋を女三人男二人に別れて住むことになった。支那風の家屋にムリムリ畳を敷いた感じで、ペンキの壁に大虎の掛軸がぶら下がり、小さな窓には金網が張ってある。「暗いわねえ、この部屋」とキリコがぼやいたけど、これも贅沢は言えません。「充分、充分」とマミエ。明るくて気立てのいい子だ。下から子供の遊び声や女たちの井戸端会議、何かの売り声などがごちゃ混ぜに聞こえてくる。地図を見てみると、ダンスホール「タイガーハウス」は近い。大世界も頑張れば歩いて行けそう。チャオタンにはまだ会えないけど、いよいよ上海生活のスタートだ』

と威勢よく書いたものの、その晩は痒くて眠れず。朝になって慌てて南京虫退治の薬を買って部屋中に撒いたら、漸く治まったということです。

さて、大世界までは頑張って歩きです。まず北四川路を南下します。南京路と同じように、二階建ての黄色いバス、二台連結の電車、自動車、黄包車がひっきりなしに通る路を、青い上っ張りに黒ズボンの労働者や、手籠を腕に通し器用に唾を吐く黒服の阿媽たち、学校へ急ぐ子供らが行きかいます。断髪のモダンな女性たちも混じっていますが、なぜかみんな無表情で、一致して何かを目指しているという風情がまったくないとのこと。ただ、簡単に同調して一定方向にワッとエネルギーの固まりを吐き出しがちな日本より、無関係なほうがかえって安らぎを感じるとリルは述べています。

南京路との違いは、鼻腔を刺激する異臭の度合いの強さ。とっくに春節を過ぎていた時期でしたが、街中に何とも言えない匂いが漂っているそうです。『ひょっとして爆竹の名残りかと思ったけど、大家さんに聞いたら、この辺は屋台が多いし、イエチーも多く住んでるから、彼女たちのパレホの匂いにニンニクや揚げ物の油の臭いが一緒になってるんでしょ、あ、それに、大小便の臭いも混ざってるでしょうね、とこともなげに言われた』とリルは記しています。因みにパレホとは白蘭花という匂いの強い花で、イエチー即ち野鶏たちが好んで胸や髪あるいは室内に飾っているので、その鼻を衝く匂いですぐ女性の素性がわかるらしい。ついでに大小便の臭いとは、この辺の住民がいちいちトイレに行かず、道路で手軽に処理するせいだとか。街中の共同便所ですら、利用者全員が一本の溝に跨り、何の気兼ねもなしに、並んで排泄するんだそうです。リルがさらにしつこく聞いたら、家庭の排泄物は馬桶マートンと呼ばれる木桶に溜められ、通りに並べて日に当てて乾かす。そして毎朝四時から六時の間に、汲み取り専門の苦力が「マートン集めるよー」と叫びながら、集めて回り、何十台という回収車に積んで、引き取り業者の処へ向かうとのこと。これじゃ街が臭うわけだと納得したそうです。

もう一つリルを驚かせたのは、溝の脇の少卓で老婆が煙草の粉をいじっていた光景です。聞けば、溝に落ちていた吸殻を集めて、一本の煙草を作るとかで、その逞しさに感心すると同時に、排泄物が混じらないかと心配したりもしています。

ダスカ時代の梅花郎―（『田崎潤『ズウズウ弁の初舞台』、サイマル出版会、1983年より）

さて、当時の地図によると、大世界へ行くには、北四川路を下って、裏白渡橋で蘇州河を渡り、南京路でも四馬路でも、とにかくぶつかった道を右折し、競馬場前で左折すれば、到着するようです。

資料によると、大世界の大ボスは阿片商売の大親分黄金栄だそうですが、彼らはまったく知らなかったようです。

どうすれば大世界という華やかな舞台を十二分に活用することができるか。そのことにひたすら熱中した梅花郎即ち毛利賢二がとっさに思いついた演目は、かつて日劇で大当たりしたアメリカの裸ショーを再現すること。即ち体中に銀粉を塗った裸の女を、サタンに扮した彼が、猛獣を調教するように鞭で叩き、女がのたうち回るという、いまで言えば典型的なＳＭショーでした。ただその役を引き受ける女性が居ません。中国女たちは絶対にノー、リルたちも尻込みする中で、マミエが、私やってもいいです、と名乗りをあげました。大柄な彼女は初めから目を付けられていましたので、団長としてはこんな有難いことはありません。一も二もなく彼女に決りました。

そんな訳で、完全に素裸になるわけではないのに、五階のレヴュウ小屋は初日から満員御礼の大当たり。サタンが裸の女に鞭をふるう度に、客席は異様な興奮に包まれたとのこと。浅草時代、踊り子がブラジャーを落とすという噂がたっただけで満員が続いた、そんなエピソードをリルが思い出し、観客というのはなんて単純な存在なんだと思ったのも当然かもしれません。

リルは日本娘であることを秘密にしていたので、三階のホールでダンスのお相手をすることはなかったようです。ホステスは三十人ほど居て、客は一ドルで八曲踊れたということですから、相場は安いほうといえるでしょう。リルはタイガーには出ず、大世界でも、もっぱら舞台の後ろで踊るだけの役に徹していましたが、やはり目立つ存在だったらしく、リルの芸名・白蝶宛に花束が届いたことも、ちょくちょくあったそうです。日記によれば、それ以上の発展はなかったとのことですが、そんなある日、長崎館のハナチャンが大ニュースを知らせに楽屋へ来ました。チャオタンの連絡先の女性から、彼がふいに現れ、リルの消息を尋ねたという情報が来たというのです。その女性は長崎館を訪ねてみるよう彼に教えたが、果たしてそちらに連絡があったかという問い合わせでした。チャオタンが長崎館に来た様子はなかったのですが、ハナチャンとしては、とりあえずリルに知らせようと思ったそうです。

これは一大事。何としても彼を捉まえなくてはいけません。それには大世界は遠すぎ、とっさに行動できませんから、仕事場をより近いタイガーに移すと同時に、連絡先をタイガーに変更する必要があります。連絡役の人には、ハナチャンがすぐ伝えてくれるとのことですので、リルは毛利団長に掛け合って、日本語のできる支那娘ということで、タイガーへの移籍を決めました。タイガーの経営者は日本人だし、客も日本人が比較的多いようですから、日本語で客のお相手ができるため、ショーの踊り子以外の収入も増える可能性があります。大世界のみに出演している毛利団長と離れるのは残念ですが、止むをえません。タイガーハウスは虹口の北四川路沿いにあり、タクシー（料金制）・ダンスホールの一つだったようです。それより少し下がったところにライオンというダンスホールもあり、猛虎と獅子が大口を開けてのせめぎ合いを鎮めるかのように、中間に位置する洋画専門館リッツが「フットライト・パレード」の上映でリルの到着を歓迎してくれた、そんな図式が浮かびます。

『タイガーは虹口最大のダンスホールで、客はビジネスマン、商人、水夫、観光客などさまざま。タクシー・ダンサーの数も五十人は下らない。彼女らの国籍は日本人の他に支那人、ロシア人、ポルトガル人、半島人などいろいろだが、みな隅のテーブルに盛られてゐる西瓜の種をポリポリかじりながら、客を待っている。ダンス・チケットは一ドルで六枚だから、大世界より少し割高だ。一回踊ると、三枚か四枚をダンサーに渡すが、その半分は彼女らの収入になる。ダンサーが客にシャンパンをねだるようになったのは、ロシアの踊り子が始めたそうだが、例え踊り子がサイダーしか飲まなくても、勘定書きにはシャンパンを飲んだことにするのが常識だとか。

ダンスのお相手をするようになったら、これが結構面白い。私も支那服はいろいろ持っているから、それなりに自信はあったのだけれど、本物の支那娘は上等の絹服がぴたっと体に纏わりついて、着こなしがすばらしい。貴婦人のように美しいロシア女、憂いを帯びた朝鮮女にエキゾチックな混血女と、お客もさぞ目移りすることだろう。

中でも一人、目立つ日本のオネーサマが居た。ベテランのフンイキがたっぷりある上、仕草がどこかあか抜けている。前は競馬場に近いキャバレー「黒猫」で踊っていたという。浅草に詳しいので、聞いてみたら、浅草オペラの大スター、高木徳子の門下生だったと言われ、こちらがびっくり。実は日本に居たころ、私の母が大ファンで、高木が飯塚座の舞台上で亡くなった最後の公演も観ていると話したら、今度は向うがびっくり。そんな関係でヨシコさんには可愛がられるようになった。

――誰かがジャズのことを「近代文明のキョーソーテキ（狂想的？）没落曲」って言ってたけど、当たってるわね。日本でジャズを聴くのは何だか非国民みたいで後ろめたいけど、ここなら一流の演奏に合せて悠々と没落できるから楽しいわあ。私の好きな唄は「上海リル」ね。うつとりしちゃう。

ヨシコさんはいつもそう言いながら口ずさむが、確かに「上海リル」はよく演奏されるから、その度にむずがゆい思いがする。

なぜか私は人気があり、引っ張りだこだけど、楽しいことばかりではない。野鶏に対するように、いやらしく誘いをかける男もたくさん居る。そんな奴に限って、啖呵をきると、たいてい尻尾を巻いて退散するから、胸がスッとする』

第二章　桃源郷のリリー

再会のとき

昭和一二年（一九三七）の上海事変以後は、虹口地区のダンスホールに着物姿のホステスが堂々と現れたそうですが、以前はリルを含め全員が洋服かチャイナ・ドレスだったようです。

『昭和十年六月X日　忙しい一日だった。おまけにめちゃくちゃ暑い。扇風機などなんの効果もない。でも、少しでも収入を増やすため、しんどいけど、チケット・ダンサーをしながらショーにも出ていたが、あるとき楽屋にあなたの知合が訪ねて来たとボーイに告げられた。一瞬チャオタンかと胸がときめいた。実際に現れたのはバートンさんだったけど、めちゃめちゃ嬉しかった。だって久しぶりだったもの。「サ・ヴァ・ビヤン、リルサン?」いきなりそう言われた。私が片言のフランス語を喋れるのを覚えていたみたい。「ウイ、サ・ヴア、メルシー、エ・ヴー?」「トレ・ビヤン。相変ワラズ支那服似合マスネエ、リルサン」「ありがと。でも、リルじゃないわ」「失礼。ミツコサン」「ミツコでもないの。今はパイティエ」「パイティエ!」「ねえ、どうしたの?遊びに来たの?」と聞いたら、そんなのんきな時代じゃないよと大笑いされた。目的は、最近南京の国民政府が出した排日禁止令の影響を調べることだって。難しそう。で、以前私から、大世界に出演している旨知らされていたので、上海へ着くなり、いの一番に大世界へ向い、そこからここへ回されてきた由。ちょうどショーの出番が終ったところだったので、キャンセル料を払って、ダンスのお相手をサボり、食事へ行きましょうということになった。

タクシーは四角い黒塗りの英国車だった。父が車嫌いだったので、故郷の飯塚で乗ったことはないが、東京で一度だけ円タクに乗ったことがある。車内は広くて、中に折り畳み式の椅子が二つあるところも同じだった。バートンさんは、近くのフランス料理屋へ行こうと思ってるけど、その前に寄りたい所があるから、悪いけど付き合ってね、と運転手に行く先を告げた。支那語もできるのかな。

タクシーは大活動写真館のアイシスや断髪娘のサービスが売り物の新雅茶室前を通り過ぎ、北四川路を北へ向かった。「何シロ真ッ先サキニ　リルノ処へ来タカッタノデ、コチラノ用件　後回シニ　ナッチャッタノヨ」バートンさんは弁解するようにそう言ってから、ストップと声を掛けた。道路が大きく左折する角の所で車が停まる。彼はちょっと待ってね、と言い残して、向いの二階建ての家へ入って行った。入口の庇の上に内山書店という大きな看板が出ているから、日本書を扱つている本屋なのだろう。暫くして、日本人らしい小柄な人と一緒に出て来たから、店主なのかもしれない。別れるとき、その人はバートンさんに手を振って、私に軽く頭を下げた。車が動きだしてから振り返ってみたら、まだきちっと見送っている。礼儀正しい、好感の持てるお人柄のようだ。車は元の通りを南へ引き返している。あの人、誰？　何の用事だったの？　私の矢継ぎ早な質問に、彼はちょっと苦笑しながら、ロジンさんにインタヴュウを申し込んでいたんだけど、時間が取れなかったんだ、と説明した。ロジンの名前を聞くのはこれで二度目だ。よほど凄い人なのだろう。あの中年男性は内山書店のご主人で、ロジンさんとはジッコンの間柄、いわば窓口のような役割をはたして居るとのこと。この間の事変の時、ロジンさんはちょうど内山さんの処へ来ていて、腹ばいになって本を読んでいたから助かったが、さもなければ弾丸に当った可能性があったんだそうだ。もっといろいろ聞きたかったけど、タクシーが小さなアパートの前に停まった。目的地に着いてしまったらしい。

一階の木の扉に薄れかかった横文字が書いてある。「シェ・ブブールッテ言フンダ、ココ。ジャーナリストノ溜場ヨ」そう説明しながら彼が扉を押すと、扉は虎が歯ぎしりするような凄い音をたてて開いた。アコーディオンの音楽が流れている。「ボン・ジュール!」薄暗い室内にしては明るい声がカウンターの向うからかかった。バートンさんが手をあげると、小太りの外人はすぐ英語に切り替えた。「ハイ・バートン! ハウ・アー・ユー」握手のあと、バートンさんが澄ました顔で、私をフランス語で紹介し、この人はフランス語ができるんだ、と余計なことを言った、らしい。ムッシュウ・ブブールはたちまち相好を崩した。「オオ・マダム、ヴー・パルレ・フランセ! サ・セ・マニフイック! ベラベラベラ……」で、後はまったく判らない。ところがバートンさんがニホンゴと叫んだら、相手はすぐ日本語で挨拶を始めた。凄い人だが、国際都市上海で商売をするには、この位の語学力は必要なのかもしれない。ご主人はタイとフランスの混血だそうだが、船乗りだったとか。道理で壁に世界の港町の写真がズラリと飾られていた』

なるべく扇風機に近い席に移り、まずラム酒で乾杯。くらっと来る強さだった。初めて味わった名物のブイヤベースは熱かったが猛烈にうまく、運んできたフランス人の奥さんは猛烈な美人だったとリルは記しています。それからはよもやま話の始まり。浅草のこと、エノケンさんのこと。チヤオタンに会へない辛さは同情されましたが、部下のハリス君のリルへの片想いは彼女の大笑いで片づけられてしまったようです。

話題は、ちょうどそのころ来日していた溥儀が満州へ帰国したばかりだったことから、バートン氏の好きな国際情勢へと移りました。彼は、日本がワシントン海軍軍縮条約を廃棄したのは日中戦争に備えているからではないか、と全面戦争への不安を力説し、取材の目的である中国の抗日気分についての話に移ったのです。街中に抗日ポスターが見られるが、実際にどうか？　との指摘に、リルは、中國人の同僚の場合は、一旦友人になってしまえば極めて友好的に接してくれるが、相手が客の場合は、幾らここが虹口で、相手が日本語ペラペラの中国人でも、私が日本人だと判つたとたん、踊りを断ってくるのが一般的だと説明したら、そこまで深刻だったのか、とびっくりしていたそうです。

『何かを考えてる様子のバートンさんが思い切ったように顔を上げた。
——実ハ　来ル船ノ中デ思ヒ付キシタンダケド、リルサンハ　ミツコデモ　パイティエ　デモナク、絶対上海リルデ売ルベキヨ。

——どうして？　私はパイティエで充分だけど。

——充分ジャナイ、充分ジャナイ。イマ上海リルノ唄ガ　ココデモ大流行シテル。ソレハ知ッテルデショ？

——うん。ダンスホールでも、しょっちゅうかかってる。

——デショ？　デモ　モトモトハ貴女ガ　オリジナルノ上海リル　ナンデスダカラ、ソウイウ特別ノ肩書ヲ持ッタ踊子トシテ　有名ニナレバ、日本ト支那ガ仲良クナレルジャナイ。

——判らない。どうして？

——リッスン、リルサン。私ハ　プロダクシヨンノ仕事モシテタカラ、信用シテホシイ。モシ貴女ガ　チャオタンニ　モウ一度会イタイナラ、私ノ言ウ通リニシテ。

彼の説明はこうだ。私がオリジナルの上海リルであることを新聞社やラジオに流す。父は支那人で、生まれ育ったのはニュー・カレ何とか。

——冗談でしょ。ニューカレ？　地球上にそんな場所あるの？　聞いたことないな。新しいカレーの種類というなら判るけど。

——南太平洋ニアル楽園ナノ。ニュー・カレドニア。フランスの植民地ヨ。

——無理むり。そんな島、見当もつかない。

——大丈夫。島ノコト教エテクレル人　知ッテルカラ。

——第一、支那語もほとんどできないし。

——ソレモ大丈夫。租界ノ公用語ハ英語カ　フランス語ダカラ、支那語デキナイ外国人ダンサーハ一杯居ル。全然心配ナイ。

それから彼の説得が続いた。父の祖先は上海から渡来した華僑。母は白人と日本人の混血。父が早く亡くなったため、踊子だった母に仕込まれ、支那服で踊っていたのを、たまたま取材中の彼が見て、上海リルのモデルを思いついた。彼に誘われて上海に来た、という設定。実際ニュー・カレドニアには色んな民族が居て、混血は珍しくないと言うから、日本人なんて居たのかと聞いたら、沢山居た、埋蔵量世界一といふニッケル工場で働いていた、と言う。ドウ？　出自ハカンペキデショ？　と言われたって困る。

バートンさんのアイデイアは更に先を行っていた。先ず彼は、競馬場そばのクラブ「ピーチ・ブロッソム・パレス」を知ってるかと尋ねた。勿論知るはずもない。彼の説明によると、このクラブの名前は、支那の古い故事で神々の遊ぶ庭を意味するトウゲンキョウから来ていると言う。そういふ名前のクラブに、上海のダンス界で知らない者はいない有名なダンサーが働いている。しかも彼女の名前はリリー。映画『上海特急』でのディートリッヒの役名・上海リリーは恐らく彼女の名前がヒントになったのではないか、とは彼の推察。彼女はダンス教師も兼ねているから、先ず彼女にダンスを習う。レッスン料は彼が負担する！　それから改めてシャンハイ・ダンス・ワールドに「上海リル」として正式デビューする。地上ノ楽園ニューカレ出身ノ上海リルガ　天上ノ楽園トウゲンキョウデ　桃花リリー　トコンビヲ組ムンダヨ。有名ニナラナイ訳ガナイ。チャオタンダツテ必ズ会イニ来ルサ。決マリジャナイ？

バートンさんは自らのアイデイアに酔っているように見える。彼によると、上海事変以後、不況と新たな戦争への不安のダブル・パンチから逃れるため、空前のキャバレー・ブームが起きているから、売るには絶好の機会だと言う。現実はそんなに甘くないことはよく判ってるが、私も段々説得に乗せられてきた。どうせ故郷を捨てた私だ。まだ小娘なんだから、こんな運命に身を任せるのも面白いかもしれない。最後にそう言ったら、「トレ・ビヤン！　明日は大連に行かなきゃならないから、すぐこれからリリーさんに会いに行こう、リルのことは、既に電話で詳しく説明しておいた」だって。呆れるほど手回しがいい人だが、これがプロのジャーナリストというものかもしれないと改めて感心するばかり。

ムッシュウ・ブブールにタクシーを呼んでもらい、「オー・ルヴォワール、リルサン」の声を背に、車に乗り込んだ。私たちが向った先はピーチ・ブロッソム・パレス』

（資料を調べたら、ピーチ・ブロッソム・パレスとは一品香というホテルにあるダンスホールのことで、桃花宮が正式名のようですが、バートンが言うように、名前の由来は桃源郷なのでしょう。因みに一品香の名前は村松梢風の文章にしばしば登場します。例えば『競馬場に沿うた西蘇路といふ通りに「一品香《イッピンシャン》」といふ西洋風のホテルがある。支那のホテルでは大東旅館と此家が一番大きくて有名である。……大部分は其處で妓や鶏を聘んで泊り込む客ばかりだ』（『魔都』大正一二年、一九二三）といった具合）

『既に十二時を過ぎていたが、上海ではまだ宵の口。蘇州河を四川路橋で渡り右折。赤・青・

緑の電飾がまばゆい南京路を西へ進み、アカシア並木の続く競馬場前のチベット路を左折すれば、すぐ桃花宮のネオンが目に入る。桃の実をかたどった正面玄関をくぐると、顔なじみなのか、丁重に迎えられた。そのままアップテンポのジャズが流れるホールへ向かう。ジャズはこの間のスペイン風邪みたいなもんでね、あっという間に上海中に広がったんだ。そう説明しながら、バートンさんがリリーさんを呼び出した。タイガーより一回り広いホールは黒人のオーケストラが演奏しており、ダンサーも六十人ぐらいは居そうだ。

リリーさんはキラキラ黒光りする支那服を纏い、いかにも妖艶だった。いきなりバートンさんと抱き合って、両頬にキス、次いで私にも同様にキスした。こうした抱擁をフランス語でビーズというそうだ。「ようこそ楽園へ」 流暢なフランス語だった。思わず私が笑顔になると、「ただし地獄の上に建てられた楽園だけどね」 彼女はそう付け加えてニヤリとした。英仏語に堪能ということは、彼女自身フランス文化圏の人だった可能性がある。あなたが上海リルのオリジナルだったの、シャルマントねえ、と切れ長の眼でじっと私を見つめた。私とは比べ物にならない。私が男なら、これだけで、くらくら来たかもしれない。それほど強烈な眼力だった。きれいな黒髪ね。ただ、支那人に見せかけたいなら、蔣さんは嫌いらしいけど、短かくした方がいいかもしれない。言われてみれば、彼女は流行りの短髪だった。「上海特急」のヒロイン、上海リリーの名前は貴女から来ていると聞きましたけど。そう言ったけど、彼女はフンという顔で肩をすくめただけ。バートンさんから話は通じているらしく、私はタイガーに籍を置いたまま、週二回、彼女の自宅でレッスンを受けることに決まった。以前は黒猫に居たというから、同僚のヨシコのことを聞いてみたが、知らない、とあっさり。満州事変以後、日本人ダンサーは全員追い出されて、今は一人も居ない、とのこと。じゃ私、いえ私の母が日本人との混血ってバレたら、大変なことになりますね、不安そうに言って反応をうかがったら、ヌーヴェル・カレドニーの人なんでしょ。マーマーフーフーと片目をつぶったのが彼女の答えだった。

帰りは黄包車に乗り込んだ。バートンさんは大柄だから、二人乗りでも窮屈そうで、体が触れ合うと急いで引っ込めていた。夜半過ぎだというのに、街は未だ光の渦。河からの夜風は涼しく快適で、車夫の汗だくの背中が光る度に、申し訳ない感じがした。「今や踊る上海だな。上海中が踊り狂ってるのさ」そんな説明より、私が気になっていたのは、リリーが最後に言ったマーマーフーフーという言葉。何の意味？　と聞いたが、彼はニヤニヤするだけ。代りに、上海が如何に危険な街であるかということをしきりに力説した。

夜の南京路(Andrew David Field “SHANGHAI'S DANCING WORLD”, Chinese University Press, 2010より)

リリーが言ったように、この街は地獄の上に建てられた楽園なんだ。あのキャバレーの桃花宮といふ名前自体が、どこにも存在しない理想郷を謳った支那のコジに基づいているんでね。うっかりこの辺りの路地をうろついていようものなら、暗がりに引っ張り込まれて身ぐるみ剥がされ、翌日屍体が黄浦河に浮いているなどというのはザラにある話さ。何しろ一日平均十体の屍体が浮いてるんだからね。更に彼が続けたのは、上海語で「蓮の花を植える」とは、「屍体を河に放り込む」

という意味であること、リルのアパートからそう遠くない「デント・ロード」は別名を「ブラディー・レイン」つまり「血だらけ小路」と呼ばれていて、水夫やヤクザたちの血腥い行為が毎晩のようにあること、相手を殴る蹴る、あるいは酔いつぶれさせて、船に連れ込み、水夫にすることを英語でシャンハイと言うのは、この小路から来ていることなどなど。途中、日本兵の検閲に遇うこともなく、無事アパートへ着いた。明日は青島経由で大連へ行くと言う彼に、なぜこんなに親切にしてくれるのかと尋ねた。私も少し酔っていたのだろう。彼は私の眼をじっと見て、マーマーフーフーと答えた。え？　何？　教えて。不意に顔が近付いてきた。そのまま長い時が経ち、やっと唇が自由になった。マーマーフーフーとは、君のお国言葉ナンチャナイと同じような意味の上海語さ。再會《サイチエン》、リル。「これが別れか……」自分のヒット曲を口ずさむ彼の声が次第に遠ざかるのを、私は風の中でぼんやり聞きながら、キスは一年ぶりかな、などと考えていた』

桃花宮のリリー

バートンへのちょっぴり複雑な想いの記述に続いて、リリーによるリルへのダンス・レッスンが始まりました。自宅は共同租界の西の端にあり、静安寺公園に近い閑静な住宅街。リルも歩きから黄包車へと出世です。あまり暑がりではないようですが、それでも、さすがに夏の盛りですから、風を入れつつ休み休み練習できるのはまことに都合よかったとのことです。

リリー・ヤンとイーグル・ユー
（前掲“SHANGHAI'S DANCING WORLD”より）

『リリーさんの流暢なフランス語によるレッスンを必死になって理解しようとするため、私のフランス語は急速に進歩した。ただ、どうしても判らなかったのは、あなたの魅力はルギャール・エロワ何とかだからよって言われたときだ。ルギャール……？　コワ？　リリーさんはにやっとして、「どこを見てるのか判らないような目付きってことよ」それじゃバカってことじゃない。でも黙って、にこっとしてみせたが、いまだに意味がよく判らない。練習曲のほうは、どうせニュー・カレドニアの音楽なんて知らないんでしょ、という訳で、「上海リル」の他に「タブー」や、浅草でも踊ったことのある「アラビアの唄」などなるべく異国情緒のものやハワイアンが中心になった。いま上海の主要ホテルは全てボール・ルームを備えてるからね。真面目にレッスンを受ければ、仕事はいくらでもある。心配しないで、と言う。マーマーフーフー（どうでもいいとかいい加減というような意味で、馬馬虎虎と書くのだそうだ）なことも多いが、さすがに振付のセンスはいい。リリーという名前はあくまでも愛称で、本名はヤン・ピーイン。漢字では楊佩英となるようだ。ほかに彼女はあだ名も持っている。「ミッドナイト・ラヴァー　真夜中の恋人」。素敵なあだ名だ。

　リリーさんの他にときどき振付を教えてくれたハンサムな男性が居たが、これがリリーの愛人兼ダンスパートナーのユウ氏。余漢民《ユウハンミン》というのが本名だが、業界では「盗人ブラック・イーグル」というあだ名のほうが通りがいいとか。名前の由来は、上海で大ヒットしたルドルフ・ヴァレンチノ主演の映画「イーグル」から来ているそうだが、毎晩黒いタキシード姿でホールに顔を出し、リリーさんが他の男にベタついていないかどうかを鋭い目付きで監視している姿が鷹のイメージにぴったりだというところから、あだ名になったようだ。

この二人、リリーとイーグル・ユーは最強のダンス・ペアーとして、大変な人気だそうだ。あるときたまたま、自宅で二人の練習ぶりを見学する機会があつた。タンゴだったが、余りの素敵さに痺れた。三十年代、上海文化の中心はキャバレーやダンスホールだと言われるから、まさにこの二人は、中心のそのまた中心ということになる』

リリーは何でも彼女に打ち明けたようです。例えばキャバレー「ブラック・キャッツ」を辞めた理由は、キャバレーが踊り子全員を黒猫集団に仕立てるため、透けて見えるような薄い黒タイツで全身を蔽わせようとしたからだとのこと。パリのキャバレーの真似なんかして、と吐き捨てるように言ったところに、彼女のプライドと気の強さが窺がえます。

リリーが一時付き合っていたフランス人が、国籍によるダンサーの特徴を彼女にこう解説したと言います。「ロシア女は肉体的に素晴らしいが、金遣いが荒すぎて、相手が高級将校クラスでもなければ、とても付き合いきれない。日本女は快活だがどこか抜け目がない。その点朝鮮女が一番優しくて感じがいい。ただ失われた祖国を悲しんで、いつもメソメソしているのが残念だが」そこで彼女が中国女は？ と聞いたら、彼はこう答えたとか。「中国女はテクニックは抜群だが、うっかりすると、金目の物を根こそぎ持ってドロンするな。一旦身内になると、今度はとたんに牙をむくんで、恐ろしくてね」この人、よほど私に懲りたのね、とリリーは笑いながら付け加えたそうです。それから、銀行屋とか海運業、鉄道業といった公的企業の連中は上から目線でやたら威張ってるから、敬遠したほうがいいね、とも言ったとか。

もっとも、「真夜中の恋人」リリー自身の告白によれば、毎晩のように酔っぱらっては、相手が客だろうが誰だろうが、構わず言いたい放題、やりたい放題にしているから、周りのひんしゅくを買うことはしょっちゅうだとか。確かに、自宅でもかなり飲んで荒れるようだとはリルの観察です。

リルが暫くタイガーを休んで、リリーの家に泊まり込み、上海デビューを果たすべく練習に励んでいるとき、大きな変化がありました。

『久しぶりにアパートへ戻ったら、キリコとマミエがせっせと荷造りをしていたのでびっくり。急に帰国が決まったとのこと。ミツコに知らせようと思ってたところだった。理由は客とのイザコザだけど、詳しいことは後でゆっくり、と言う。「これで南京虫ともオサラバね。ミツコはタイガーに残ると思ったんで、未払い給料はそのままにしておいたわ」「ダスカはどうしたの？」「完全にドロン。説明なんかしてたら、辞められなくなるからね。前借があるけど、ダスカも私達で随分儲けたんだから、オアイコよ。五日後にこっそりバイバイ。でも絶対内緒よ」

また一人ぼっちか。でもそれが私の運命。桃花宮に上海リルの未来を賭けよう』

絶対秘密なので、送別会も開けないまま、一行は逃げるように帰国してしまいました。でも、めげてるわけにもいきません。タイガーに籍を置いたまま、上海リル・デビューを目指して練習が続きました。
ところがデビュー間近の一〇月になって、またまた問題発生。リリーがホールのマネージャーのピンハネに憤慨して、大衝突、突如桃花宮を辞めることになったのです。さあ大変。肝心のデビューが怪しくなりました。

『リリーさんは、呆れたマネージャーだと未だにプンプン。会社は愛人のユー氏にも辞められると困るので、必死に引き留めを計ったけど、二人一緒に辞める意思は固いようだ。「他に働き口はあるんですか？」「ウイ。ア・ラ・メゾン・ダンモ」「メゾン・ダンモ？　セ・コワ？」そう言つたら、彼女はマッサージのジェスチャーをした。「アンモ。チュ・ヌ・コネ・パ？」「アンモ！」　そうか。按摩さんのことだ。そう言えば、誰かが言っていたが、フランス租界に突然「按摩ハウス」がいくつも出現。蒸風呂の中で、客相手に怪しい商売をするのだそうだ。「オオ・ノン」と首を振ったら、「冗談よ、本当は赤い軍隊に入ろうかと思ってるの」「赤い軍隊！？」「ウイ。そういう遠足好きの軍隊があるの。去年の秋、北を目指してロイチンから一年もかけて大旅行してさ。いまはドンパチもなくって、イェンアン辺りで落ち着いてるらしい。地元の女の人も沢山協力してて、演芸も盛んだし、面白そうだつて知り合いが言ってた」「そんな……」「隊長のマオって人が素敵なんだって。蒋介石はマオを目の敵にしてるらしいけど、会つてみたいな。だって、ここだけの話だけど、国民党なんて全然人気ないんだから」「でも、それは……」「赤い軍隊の連中はさ、みんな長旅で疲れてて、もっと娯楽が欲しいから、芸人は大歓迎されるらしい。お金にもなるって。アンモやるよりいいじゃない。彼と二人で出かけようかな」「いくらなんでも軍隊だなんて!」「ハッハッハ。リルって何でも本気にするんだから。上海じゃね、そんなウブは修道院にだっていないよ」と大笑いされた。彼女ほどの腕前なら、引く手あまたで少しも困らないから、こんな呑気な冗談を言えるのだろう。こちらは、そうはいかない、という顔をしたら、向うはすぐ判って、ちゃんと就職先を探すから心配しないでと言われた』

リリーは約束を守りました。何と新しい勤め先は桃花宮とは目と鼻の先の楊子《ヤンツィ》ボールルーム。女優の阮玲玉が自殺する直前に立ち寄ったホールですから、リルもドキッとしたようです。なかなか就職が難しい一流ダンスホールにすぐ決まった理由は、ヤンの仲良しのダンサーで、これまたリリーの名前が付くベイピン・リリー(北京リリー)に話を通したこと。なぜなら前年度の「ダンスの女王」に選ばれた北京リリーこそ、上海アンダーワールド最大の顔役、泣く子も黙る杜月笙《ドゥユエシェン》の愛人だったからです。杜月笙の自宅からも遠くない楊子飯店のボールルームは、杜の大のお気に入り。彼が誰かを雇えと言えば、それはオーナーにとって絶対の命令になるとのこと。

『「リリーさん、あなたは?」

「うん。楊子は杜がよく来るみたいだから、敬遠して、ラヴ・レインの聖アンナ・ボール・ルームに行くことにした」

初めて聞く名前だった。

「ラヴ・レイン！」

「小路の名まえにしちゃあ気が利いてるわよね。いつも道端でフィリピンのバンドが演奏してるんだけど、これが結構聴けるんだ」

「いいとこなんでしょうねえ、聖アンナって」

「たいしたことないない。メカケからダンサーに早変わりした奴がゴロゴロ居てね。でもテーブルに座っただけで七百元呉れるって言うから、まあ悪くないかな」

「ふーん」こちらは溜息ばかり。

「笑っちゃうのは、杜のお声がかりで、変に中国づいてさ、ボール・ルームの大扇風機を仏の顔にしたのよ。後ろに射してる後光に、「金儲けばかり考えていると、悪臭が一万年消えぬぞよ」なんて書いてあるの。悪趣味ねえ」

リリーさんは大口を開けて笑ってから、真顔になった。

「一つだけ言っとく。上海じゃ、女は阿片や煙草と同じで消費されるだけの存在だからね。絶対消費されないように気を付けて。もう一つ、男は高まると本音を漏らすから……そこからうまく情報をキャッチすること。」彼女は私をきつく抱いてビーズした。

「ボン・クラージユ（頑張ってね）、リル」

ボン・クラージユか。ようし、こうなったら、相手を次々に高まらせて、本音をじゃんじゃん手に入れなくっちゃ』

なんて言ってますけど、本気かなあ。ともかく、上海リルこと八木みつ子は、二〇歳になって初めての年明けを迎えた昭和二一年一月、決意も新たに、楊子ボールルームから踊り子としてデビュー、波瀾万丈の人生を再スタートすることになりました。

＊　＊　＊

一方、上海に上陸した鹿地はどんな運命を辿ったのか。父の記述で見てみましょう。

第三章　仮面都市の魯迅と完造

『若し列強にして真に支那の平和を希望する程の真意があるならば、先づ支那に於て彼らの獲得せる利権を放棄することが必要である』（安部磯雄「戦争は支那の痼疾、利権獲得は日本の慢性病」九六頁より。雑誌『改造』一九二四年一一月号掲載）

魔と炎の河

鹿地が上陸した昭和一一年（一九三六）以前、すでに多くの日本人が上海到着直前の情景を綴っているが、ほとんど例外なく、長江の黄濁あるいは赤錆びた水の色に驚いている。

「翌朝一四日。水漸く平なり。小史大に喜び走て船頭に立て望む。怪哉海水盡く黄色。乃水夫に問ふ。曰く是揚子江吐く所の濁水の為めなりと。……右方是楊樹浦左方これ浦東と稱し共に荻花雪の如く柳絲烟に似たり。奇怪の小船其間を往返す。満目の景物總て奇ならざる無し」（永井荷風『上海紀行』明治三一年、一八九八）

「始めて見る長江のあか泥水に先ず驚き、さらに見渡す限り一望千里的に際涯のない大平野にまた驚きの目を見はり、黄浦江という一支流が三千トンの春日丸を自由に上下させる怪物的な偉大さに三度驚いている中に蘇州河の入口にある郵船会社桟橋（三菱公司碼頭と云う）に横付けされた」（内山完造『花甲録』昭和三五年、一九六〇）

「私を載せてゐる上海丸は、黄色く濁った黄浦江の中心を滑るやうに廻つてゐた。上海が近くなるとゝもに上下する船舶の数が多くなる。両岸の光景が手に取るやうに見える。葭あしの生へた沼地のやうな處がある。と思ふと、原つぱの真中に江に臨んで瀟洒たる洋館が立つてゐたり、岸邊で大きな四ツ手網を上げ下げしたりしてゐる。幾つもの紡績工場のの建物が現はれて来る。香煙（煙草）廣告が大きな文字を江水に映してゐる。晴れ渡つた空を静かに煤煙が流れて行く。造船所の鉄槌の音がカンカンと脾腹へ響くやうな音を立てゝゐる。間もなく私達の船は碼頭へ横づけになつた」（村松梢風『想ひ出の上海』大正一四年、一九二五）

「長崎から上海への連絡船は、長崎丸と上海丸が、交代して、休みなく行ったり来たりしている。このときの上海ゆきは、また、私にとって、ふさがれていた前面の壁が崩れて、ぽっかりと穴があき、外の風がどっとふきこんできたような、すばらしい解放感であった。狭いところへ迷い込んで身うごきがならなくなっていた日本での生活を、一夜の行程でも離れた場所から眺めて反省する余裕をもつことができたことは、それからの私の人生の、表情を変えるほど大きな出来事である。青かった海のいろが、朝目をさまして、洪水の濁流のような、黄濁いろに変って水平線まで盛りあがっているのを見たとき、咄嗟に私は、「逃れる路がない」とおもった。舷に走ってゆく水の、鈍い光にうすく透くのを見送りながら、一瞬、白い腹を出した私の屍体がうかびあがって沈むのを見たような気がした。凡胎を脱するとでもいったぐあいに、それを見送っている私があとにのこった。上海はわずか二ヶ月ほどの滞在だったが、私たちで通用するのとは全く別なモラルがあることをそこで知った」（金子光晴『どくろ杯』大正一五年、一九二六）

「『ありゃありゃ、海が真っ黄色になっとるぞ」

欄干に鈴なりになって、沖仕たちは不気味な黄色い海を見た。いつどこから青い海が黄色に変化したのか、だれも気づかなかった。……黄色い水はしだいに赤味を帯びはじめた。流れる泥の渦が濃く薄く模様をえがいていて、そのすさまじさはいいようがなかった。日本の河の観念ではまるではかることのできない茫洋たる野放図さ、妖怪じみた支那大陸の入口は、沖仕たちの度肝を抜いたのである。

『おい、土佐衛門が流れて来るど』

一人の沖仕が、頓狂な声で叫んだ。

たしかに人間であった。遠くから見たときには朽木のようであったが、近づくとうつぶせになった屍体であることがわかった。そのまわりを赤い泥がつつんでいて、血が吹き出しているように見えた。たちまち、舷側を過ぎて消えてしまった。

安藤事務長が笑いながら、

『揚子江は魔の河です。…』」（火野葦平『魔の河』昭和七年、一九三二）

最後にもう一人。

「（宮崎）滔天《とうてん》が初めて揚子江をさかのぼって上海に入った時、なんとも知れず感きわまって泣いたと書いてあることは、同感できます。私も最初に上海に入った時の感激は、一生のうちの最大のものの一つです。――楊子よ、お父さんとお母さんと二人で、連絡船ではない船で神戸から出かけたのでしたよ。まだ一等には乗れなくて二等船客でした。英子は船に弱かったので、私ほどこの船旅を楽しんだり張り切ったりはしていなかったようでしたね」（尾崎秀美）

右はゾルゲ事件の尾崎秀美が、朝日新聞の特派員として昭和三年（一九二八）一一月、上海へ赴任した時の感激を、昭和一九年三月、獄中から妻と娘に書き綴った書簡である。因みに秀美はその年の一一月、死刑を執行されている。（尾崎秀樹『ゾルゲ事件』昭和三八年、一九六三よりの引用）

鹿地亘は上海入港の日時や情景を特に綴ってはいない。ただ上陸した日は大雪だったという。旧正月の真っただ中というから、二月頃だったのか。神戸を出航したのが一月一五日だから、おそらく数週間青島で公演していたのだろう。「街々の店という店は、いずれも大戸をおろし、道路は、うず高い爆竹の燃えかすで、紅く埋められて、人気はほとんどなかった」（『中国の十年』時事通信社・昭和二三年、一九四八）

ときおり遠くで響く、豆を炒るような爆竹の音を耳にしながら、彼は遠山満劇団の座員に混じって、降りしきる雪の中を公演会場の歌舞伎座へハイヤーで向かった。彼の記述によると、歌舞伎座の屋根裏の大部屋に自分の荷物を放り出すと、すぐ埠頭に引き返して、劇団の荷物運びを続けたとある。

この時期の上海はどうだったか。四年前の昭和七年（一九三二）一月二八日に勃発した上海事変、日本側の陰謀による日蓮宗僧侶殺害に端を発し、ひと月以上続いたこの事変で、中国側死傷者一万四千余、日本側三千余。抗日ムードが高まると同時に、報復を恐れる意識から日本人居留民のナショナリズムも沸騰した。当時上海公使だった重光葵は時の外務大臣吉沢健吉に書簡を送り、自警団を組織した日本人居留民が中国人をリンチ殺害するなど急速に狂暴化している現状への懸念を報告している（内山完造の著書にも類似の記述が多い）。だが、日本軍の東三省征服から満州国の建設と続く中で、上海の治安悪化を懸念していた重光自身、事変終結直後の四月、上海の虹口公園（現魯迅公園）で開かれた天長節記念式典で、韓国人の投げた爆弾により右足を失っている。

そして同年八月二五日、元満鉄総裁の外務大臣内田康哉は衆議院で、満州国の承認こそが極東における恒久的平和を招来する唯一の解決法である、との見解を述べた後、「たとえ国を焦土にしても、満州国の権益は譲らない」という有名な「焦土演説」を行った。予言通り日本は焦土と化したが、彼が責任を取ったという話は聞いたことがない。この「焦土演説」に続く九月一五日、日満議定書が締結されたが、その夜、満鉄経営の撫順炭坑が抗日ゲリラ部隊に襲われ、日本人数名が殺された。報復として平頂山の部落民三千人が殺され、部落は消滅、抗日ゲリラの数は二一万に膨れ上がった。

さらに翌昭和八年（一九三三）三月、日本は国際連盟を脱退、華北侵攻の拡大を続けた。これに対して、昭和一〇年（一九三五）、中国共産党がパリで抗日救国八・一宣言を出し、中国全土に対日徹底抗戦の機運が一気に広がった。だが神国日本はめげない。同年一〇月、時の外相広田弘毅は、「広

上海歌舞伎座（後に永安電影院）

田三原則」の承認を中国側に求めた。即ち（1）排日運動の停止と欧米依存政策からの脱却、（2）満州国黙認、（3）共同防共。事態はさらに悪化する。鹿地の上陸直前の昭和一一年（一九三六）一月、遂に日本はロンドン軍縮会議からの脱退を通告。日本ファッショ化への懸念が急速に高まる中で、広田外相は、軍縮会議脱退直後の国会で、「日本は真の世界平和の確保に貢献するため専心努力している」と高らかに「平和宣言」を行い（高田和夫『一九三〇年代の日本』法律文化社、一九八九）、今も繰り返される、懲りない政治家の偽言に先鞭をつけた。鹿地が到着したのは正に、中国軍と日本軍、中国人と日本人の睨み合いが一触即発の様相を呈している、そんな緊迫した上海だった。

ところで、蘇州河北側の虹口地区に大正一三年（一九二四）開場した上海歌舞伎座（当初の名称は上海演芸館）は、階上四百人、階下六百人を収容する花道付き純日本式劇場だという。当時の地図によると、同座は、虹口のメインストリート北四川路をひたすら北上し、兪涇浦に架かる横浜橋を越えた右手にあり、三階は、川島芳子が夜な夜な現れた有名なダンスホール「ブリューバード」となっている。川島は満州建国の際、溥儀妃に同道して新京に移ってしまったが、数年遅れれば、鹿地と出会っていたかもしれない。

埠頭から歌舞伎座まではかなり距離がある。途中日本の駐屯部隊の検問があったと思うが、連絡済みのはずだから、パスしたのだろう。遠山満劇団の公演は、浅草時代を考えれば、当然チャンバラ大衆芝居ではなかったかと思われるが、残念ながら演目の紹介はない。

余所者《よそもの》こぞりて

鹿地は歌舞伎座への荷物運びが一段落すると、すぐさま内山書店を目指した。別に主人と面識があったわけではない。彼が知っていたのはただ、著名な作家魯迅が上海に居るということと、内山完造が彼と昵懇の間柄だということだけだった。内山書店は北四川路が左へカーブする角にあり、歌舞伎座から遠くない。出たとこ勝負で出かけてみたら、旧正月ゆえ店は閉まっていた。どうして自宅を知っていたのかは不明だが、彼はすぐ書店の裏手に当たる千愛里の内山宅を訪ねた。

(付言すれば、内山書店を北四川路沿いにもう少し行くと、海軍陸戦隊本部のどっしりした兵営にぶつかる。入口で銃剣付きの衛兵が往来を睨んでおり、居留区の人々は目を伏せるように、或は丁寧にお辞儀をして前を通り過ぎたという)

幸い内山は在宅していた。知らない日本人の突然の来訪に面喰った様子だったが、いきなり魯迅への紹介と仕事の斡旋を頼む図々しさにも怒ることなく、親切に対応してくれたという。

このとき内山は五一歳の誕生日を迎えたばかり。明治一八年(一八八五)岡山県に生まれた彼は、丁稚奉公や行商などで貧乏な一家を支えながら、明治四五年(一九一二)二七歳でキリスト教に入信、翌年の大正二年(一九一三)三月、大学目薬の出張員として上海へ向かう。以後、昭和二二年(一九四七)の無念の引き揚げまで三四年続いた上海滞在がスタートした。三一歳で結婚のため

多くの著書に掲載されている魯迅と内山のツー・ショット

日本へ戻り、新婦を伴ってUターンした上海で、激しい反日デモに遭遇し、驚いている。大正六年（一九一七）目薬販売の傍ら開設した内山書店の名前は次第に浸透し、遂には谷崎潤一郎、佐藤春夫など上海訪問の日本人を中國知識人と結ぶ「文化の窓口」の様相を呈するまでになった。その延長線上に、昭和三年（一九二八）一〇月、四三歳の内山と、広州を脱出して上海へ到着したばかりの四七歳の魯迅との運命的な出会いが待っていた。

内山は幾つかの著書でこの出会いを述べているが、後に毛沢東から「新中国第一等の聖人」とまで讃えられた魯迅も、内山にとっては、いつもぶらっと立ち寄って本を買い込んでゆく顧客に過ぎず、当初はまったく気づかなかったという。ある時、大量のため自宅へ届けてほしいと言われ、届け先を聞いて、初めて素性が判り、びっくりしたと書いている。

（因みに竹内好の『魯迅』（未来社、一九六一）によると、毛沢東は魯迅を、「植民地、半植民地国民として最も貴重な性格」であり「新中国第一等の聖人」だと、かなり高く評価していたようだ。彼が魯迅の属性のトップに「政治的遠見」を挙げているのは、毛沢東の分析の鋭さを表している。「遠見」とは、レヴィ・ストロースが著作集のタイトルに付けた『Le Regard Eloigné ル・ルギャール・エロワニェー＝引いた眼差し』（邦題の『はるかなる視線』、みすず書房、新装版二〇〇六、は誤訳）と同じ態度であり、対象の全体像を知るために少し引いて見る、という魯迅の「離見の見」を見事に言い当てている。また夏衍の『上海に燃ゆ』（東方書店、一九八九、阿部幸夫訳）によれば、

一九三八年五月に毛沢東が延安で行った講話の中で、党員が魯迅を正しく評価、尊重しなかった過ちを彼は鋭く指摘している）

以後魯迅は、毎日のように書店に立ち寄っては、内山のことを親しみを込めて老板《ロウペエ》と呼ぶようになり、お茶のサーヴィスを受けながら、何でも気楽に話し込んでいった。わけても内山にとって印象的だったのは、中国人の国民性に対する鋭い批判。「老板、支那人は媽媽虎虎《マーマーフーフー》（いい加減）な国民性を直さなきゃ、この国の未来はアラビアの沙漠だ」としょっちゅう言っていたとか。そうした魯迅に内山はぴったりと寄り添い、魯迅が官憲に追われるたびに、隠れ場所を探すのが仕事のようになった。ある時は中国の官憲から日本のスパイと疑われ、あるときは日本側から中国のスパイと見做された内山だったが、魯迅への敬慕は終生変わらず、最後の瞬間まで親身の付合いが続いた。

写真右：魯迅、許廣平、海嬰
写真左：魯迅故居（千愛里の里弄）

岩波書店の『魯迅選集』などによって魯迅の経歴を簡単に紹介すると、明治一四年（一八八一）、浙江省紹興に生まれた彼は二二歳で日本へ留学。東京牛込の弘文学院卒後、仙台医学専門学校に入学。東京へ戻り、本郷西片町の元漱石宅に寄宿して文学の勉強に打ち込む。明治四二年（一九〇九）帰国後、三一歳で南京臨時政府の教育部員、三八歳で北京に移り『狂人日記』を執筆。大正一〇年（一九二一）、四一歳のとき『阿Q正伝』の連載がスタート。翌一一年、エロシェンコ『桃色の雲』訳了。

大正一五年(一九二六)、教え子がデモ中に殺傷される三・一八事件がきっかけで北京を去り、厦門文化大学教授に。翌年の一月、広州の中山大学主任、同一〇月、広州を脱出して上海へ移り、教え子だった許広平と同棲。四九歳で長男海嬰誕生。

鹿地が内山を訪ねたのは、当局の監視下にあった魯迅と内山が、内憂外患の中、薄氷の思いで日々を過ごしている、ちょうどその時だったが、内山は誠実な人柄そのままに鹿地に対応した。知人から鹿地の経歴に偽りがないことを確かめた彼は、魯迅に連絡を取ったうえで、歌舞伎座の鹿地に電話をくれた。という訳で、暫く経って魯迅と鹿地との対面が実現した。

しかし、そのことに触れる前に、一五年ほど針を戻し、魯迅がしばしば言及しているエロシェンコとの成り行きについて述べてみたい。ロシアの盲目の詩人エロシェンコは、大正一〇年(一九二一)、日本当局から、危険人物として、国外退去処分を受けた。以下は主に『エロシェンコ全集Ⅲ』(高杉一郎編、みすず書房、一九五九)及び『エロシェンコの都市物語』(藤井省三、みすず書房、一九八九)に基づいて、彼の来日以後の軌跡を追いかけてみる。

大正一三年(一九一四)四月に来日した彼は、東京盲学校に近い雑司ヶ谷界隈が散歩コースだったが、一年後のある日、生活苦を逃れて鬼子母神の森を彷徨っていた劇作家秋田雨雀に偶然出会い、以後二人は親友になった。雨雀から神近市子を紹介されたエロシェンコは、知的ではきはきした彼女がたちまち好きになったようだ。二人に連れられて中村屋を訪れた彼は、その縁でやがて中村屋の裏のアトリエに寄宿するようになった。アトリエの最初の住人は後にエロシェンコの肖像を描くことになる中村彝だったが、相馬愛蔵・黒光夫妻の長女俊子との仲を両親に裂かれて転出、次の住人ビハリ・ボース（後に俊子と結婚）もまた国外退去命令を逃れるため、別の隠れ家に転居。三番目の住人がエロシェンコだった。

二年後の梅雨どき、エロシェンコのアトリエを訪れた雨雀と神近に彼はインド行きの計画を告げた。私もそのうち行きたいという神近にエロシェンコは同行を勧めるが、雨雀が、いま彼女は大事なことがあるから無理だろうと口を挟んだ。「大事なこと」とは無論大杉栄とのこと。そのころ既に大杉、野枝との三角関係は世間の噂にのぼり始めていた。その泥沼から彼女を救い出したいという愛情から出た誘いだったのだろうが、同行の話は立ち消えになった。

一〇日後、彼は一人でシャムへ旅立った。暫くして現地から神近に長い手紙を書いたが、返事はなかった。彼女は、彼が旅立った四か月後の一一月八日に大杉を刺し、手紙が届いたときは入牢中だったのだ。

（中村屋で、前列左から秋田雨雀、神近市子、相馬国光、一人置いてエロシェンコ）
（『エロシェンコ全集』3、みすず書房、1959年より）

シャムからインド、ビルマと彷徨ったエロシェンコは三年目の大正八年（一九一九）七月三日、飄然と日本へ舞い戻った。そして一〇月、彼は雨雀と二人で、二年ぶりに出所する神近を八王子監獄へ迎えに行った。二人は結婚するのではないかと噂されていたようだが、彼女は翌年、別人と結婚して、彼を落胆させた。

エロシェンコ自身の運命もまた急変した。大正一〇年（一九二一）五月二八日、中村屋から引きずり出されて、淀橋署へ拘引され、強制退去令を受けて敦賀警察に護送、次いで六月四日、ウラジオストック行きの鳳山丸に乗せられた。

しかし、運命のいたずらというべきか、ソ連への入国を拒否された彼は、ハルピン経由で一〇月に上海へ到着した。同地の語学校でエスペラントを教えていたと思われるが、翌一一年（一九二二）二月、魯迅兄弟の口添えのお蔭で、北京へ向かうことになった。到着してすぐ、魯迅兄弟宅に迎えられ、北京大学でのエスペラントの講義がスタートしたが、当初は大変な人気ぶりだったという。

魯迅とエロシェンコ（『エロシェンコ全集』3より）

魯迅は、エロシェンコが日本から追放されるまで、同氏のことはまったく知らなかったそうだが、エ氏の上海時代には、すでに彼の幾つかの文章を翻訳していたものと思われる。北京到着後に手に入れた日本語版第二創作集『最後の溜息』からは、エ氏が最も好きだという童話劇『桃色の雲』を中国語に翻訳しているが、大正一一年（一九二二）四月付けの本作品序文で、魯迅は、中国語にすると日本文の美しさの半分は失われることは判っていたが、著者のたっての要望なので、あえて翻訳を試みた、と記している。

ちょうどこの頃、エ氏の分析通り、目上の言うことを従順に守る日本の官憲が総力を挙げて取り組んだ事件が起きた。大正一一年（一九二二）一二月、ベルリンで開催される国際アナーキスト大会に出席するため、大杉栄が行方を晦ましたのだ。真っ先にエロシェンコの手引きが疑われ、エ氏の身辺にしつこく捜索の手が伸びた。結局、エ氏は関係ないことが判明したが、大杉自身は翌一二年五月、パリでフランス警察に捕まり、その四か月後、配偶者の野枝、甥の宗一と共に甘粕に殺されている。

大正一二年（一九二三）、エロシェンコのエスペラント創作集『ある孤独な魂のうめき』が上海で出版されたが、そこに収められた『落葉物語』で、彼は白人の上海支配を「財貨を貪る強盗たち」と痛烈に非難しており、その中の短詩『ゆりかごのうた』では、震えている坊や・中國に、「お前が怖がっているのは銃を手にした日本人なのか、それとも、お前をぶち壊そうとするヨーロッパの白んぼなのか？」と問いかけている。こうした、人種による支配に対する違和感は、「モスクワ第一盲学校の思い出」（『エロシェンコ全集Ⅰ』高杉一郎訳、みすず書房、一九五九）ですでにはっきりしている。その記述によれば、彼は四歳で失明し、九歳でモスクワの盲学校へ送られた。学校では先生に「人類は白、黄、赤、黒などいろいろな色の人種にわかれていて、そのなかでいちばん文明の進んだ人種は白色人種であり、いちばん野蛮なのは黒色人種と赤色人種である」と教えられたが、授業参観に来た中国外交官を見て、有色人種である彼が我々より野蛮だとどうして言えるのか、と根本的な疑問を呈している。

一方魯迅もまた、いわゆる優秀人種とされている存在への反感（彼の基本的姿勢を表す用語「掙扎＝抵抗」の中に、この傾向も含まれる）が強い。岩波書店の『魯迅選集』（村松茂夫・竹内好編）から幾つか拾ってみよう。例えば「人＋獣性＝西洋人」などという長谷川如是閑の等式を紹介したり（「中国人の顔について」）、「私はコーヒーを飲まない、私はどうもこれは西洋大人の飲むものだという気がして、好まない」（「革命喫茶店」）と述べたりしているが、映画好きの彼の次の一文は、痛烈な皮肉が効いていて面白い。

後列右からエロシェンコと米田少年（カール・ヨネダ『がんばって』より）

「私が上海で映画を見るようになった時分には、もうとうに「下等華人」になってしまっていた。階上席には白人とお偉い方々が座り、階下には中等並びに下等の「華冑」（貴族の意）が並び、銀幕には白色の兵士たちの戦争、白色旦那の金儲け、白色令嬢の結婚、白色英雄の探検が現われて、観客を感心させ、羨望させ、恐怖させ、自分にはとても出来ないことだと思わせる。ところで白色英雄がアフリカ探検をやる時には、いつも黒色の忠僕が道案内をし、服役をし、命がけで働き、身代りになって死んで、主人を恙なく家に帰らせる。彼が第二期の探検の準備をする時になって、忠僕はもはや得られないので、死んだ者を思い出して、顔を曇らせると、銀幕の上に彼の記憶にある黒色の顔が現われる。黄色い顔の観客たちも大抵うす暗い光の中に顔を曇らせている。彼らは感動させられたのである。」（「映画の教訓」松枝茂夫訳）

おそらく魯迅のこうした感性はエロシェンコに通底するものがあるだろう。

最後にエロシェンコと日本の少年との交情を藤井省三著『エロシェンコの都市物語』（みすず書房、一九八九）などに基づいて紹介したい。広島中学の学生米田剛三がその人である。エロシェンコに憧れた米田少年は、会いたい一心で、道すがら日雇仕事や埠頭人足などをやりながら、大正一二年（一九二三）二月中旬北京に辿り着いた。それから二ヶ月、周作人（魯迅弟）宅でエ氏との共同生活が始まり、米田は、彼の出現にヒントを得たと思われるエ氏の最後の作品『赤い花』の口述筆記に取り組むことになった。ついでながら魯迅一家は、次弟の周作人と末弟の周建人が、共に日本人の姉妹を夫人にしているため、家庭で日常的に日本語が使われていたことも、エロシェンコや米田の滞在を容易にしたものと思われる。この米田少年、後のカール・ヨネダは自伝『がんばって——日系米人革命家六〇年の軌跡』(大月書店、一九八四)の中で、一五、六歳の自分に最も影響を与えた人物として、ルソー、クロポトキンと並んでエロシェンコの名を挙げている。

写真右：左からスメドレー、バーナード・ショー、宋慶齢、蔡元培、魯迅)
写真左：はスメドレー(いずれも　スメドレー『中国の歌ごえ』みすず書房、1972年より)

『紅い花』の口述筆記が完成した四月、帰国の途に就くエロシェンコの見送りを兼ね、米田は天津まで列車に同乗している。エロシェンコの行動は、上海駐在内務事務官木下義介により逐一監視されていたが(クリストファー・ニュー『上海・下』、平凡社、一九九一)、米田も同様に見張られていたらしい。

この作品の中で「坊ちゃん」は、「私」との別れ際、「私」の手から「坊ちゃん」に乗り移った紅い花、革命精神を暗示する紅い花を、絶対に返さないと宣言する。その宣言通り、「坊ちゃん」こと米田少年は、四年後アメリカへ移住、共産党に入党して、カール・ヨネダと名を変え、赤狩り旋風に苦しめられながら、支えてくれた白人女性と結婚、日系人強制収容所から入隊志願して、ビルマ戦線へ向かっている。

ついでに、魯迅周辺のもう一人の余所者として、アメリカ生まれ

ゾルゲと尾崎秀美

の作家・ジャーナリスト、アグネス・スメドレーに触れたい。
明治二七年(一八九四)、ミズーリ州生まれのスメドレーは、その後ニューヨークからドイツへ渡り、昭和三年(一九二八)末、三四歳で中國へ。彼女の『中国の歌ごえ』(高杉一郎訳、みすず書房、一九五八)によると、魯迅との最初の出会いは、魯迅の五〇歳を祝う集まりだった。祝賀記念会が開かれたのは昭和五年(一九三〇)九月一七日。会場になったのは、フランス租界にあるオランダ人経営のレストラン「スラバヤ」だが、その場所を選んだのがスメドレーである。会ってもいない魯迅のための会場をなぜ彼女が選ぶことになったのか。実は記念会への招待が予定されている百人はみな「危険思想」の持ち主と見做されているため、知人の中国人教師から、逮捕の対象になり難い彼女の名前で、どこかレストランを借りてほしいと依頼されたのがきっかけだった。
おそらくそれが引き金となって、昭和七年(一九三二)なかごろ、民権保障同盟が発足、蔡元培総裁、楊詮総幹事、宋慶齢議長、林語堂と魯迅が執行委員になり、スメドレーは二人しかいない外国人の一人として同盟に参加した。
それより前の昭和三年(一九二八)、スメドレーは上海で朝日新聞特派員の尾崎秀美と知り会い、以後親しく交際を続けた。彼女の初の自伝『大地の娘』(一九二九)を『女一人大地を行く』(改造社、一九三四)の邦題を付けて翻訳したのも白川次郎こと尾崎秀美である。秀美をゾルゲに引き合わせたのも彼女だと言われている。

ゾルゲ事件の被告の一人で共産党員だった川合貞吉は、『ある革命家の回想』（谷沢書房、一九八三）で、満州事変勃発直後の昭和六年（一九三一）一〇月、上海・四馬路の料理屋「杏花楼」の奥まった一室で、尾崎、スメドレー、ゾルゲの三人と打ち合わせをした時のことを回想している。尾崎とは会ったことがあるが、後の二人とは初対面だった。スメドレーは「怖い顔をした背の高い外国婦人」であり、ゾルゲは「面長な顔、深い皺、鳶色の髪、鋭い眼」をした中年男との印象だったという。ゾルゲとスメドレーはドイツ語で会話し、尾崎とは英語だった。その場で川合はゾルゲから、直ちに華北、満州へ出発せよとの指令を受けて、異常な緊張と興奮から「料理の味も酒の味もわからなかった」。また、「赤狩りのウイロビー」として有名な連合国諜報部員チャールズ・ウイロビーは、戦後、ゾルゲ事件を集大成した「ウイロビー報告」（一九四九）を発表、続いて、GHQ情報部のトップとして、鹿地事件もまた指揮している。という訳で、私の父がゾルゲ事件の被告の一人、久津見房子の弁護人だった関係もあり、後章でこの事件の関連事項をもう一度取り上げてみることにしたい。

魯迅との出会いと別れ

昭和一一年（一九三六）二月の鹿地に戻る。六日、魯迅が病気の体をおして会いに来てくれるとの連絡を内山から受け、鹿地は歌舞伎座から内山書店に駆け付けた。まだ冬の最中、かじかむ手を火鉢にかざしながら、ひたすら主人公の到着を待った。それまで魯迅の顔写真も見たことがなかったが、大男（後に作家の胡風と判明）と連れ立って時間通り現れた人物を見て、本人だと直感した。今ならさしずめ、オーラが出ていたと書くところだろうが、魯迅以外の存在とは考えられない、辺りの空気を鎮まらせるような特別の雰囲気を漂わせていたという。とりわけ魯迅の「あの眼は対者の良心を呼びさます」と鹿地は書いている。（『魯迅評伝』、文連文庫、一九四八）

魯迅は驚くほど日本の事情に詳しかった。多喜二はもちろんのこと、蔵原惟人や中野重治といった左翼文学者の名前がポンポン出てきて、鹿地を嬉しがらせた。胡風もまた、鹿地たちが日本プロレタリア作家同盟（ナルプ）のメンバーとして、さまざまな弾圧を受けていた昭和の初めごろ、慶応の文学部に籍を置いていたとかで、身近な同志たちの名前を親しみを込めて出してきて、自分たちの運動に自信を失いかけていた鹿地を奮い立たせた。

「どうか、なにごとも自分の眼でゆっくり見てください」というのが、別れる時の魯迅の言葉だったという。実は、その時魯迅は何も言わなかったが、ないないに内山と相談した結果、中国文学の紹介の仕事を彼に与えようと決めていたらしい。また内山が保証人になることで、日本官憲の監視も緩む効果があった。何の当てもない一介のフュージティヴとして上海に逃れて来た鹿地としては、まことに恵まれたスタートだったと言えるだろう。

彼が到着したころ、中国の対日感情はどのようなものだったのか。作家茅盾が編纂した『中国の一日　１９３６年5月21日』（中島長文編訳、平凡社、一九八四）は、それを知る一助になるだろう。何でもないある一日を選んで、その日、何があったのかをテーマに作品を全国募集し、その結果を一冊に纏めたこの本で、中国人の本音を垣間見ることができる。

「十四日の『新聞報』が載せている北平電によると、日本商社大林洋行は日本軍の兵営の建造を請け負い、長城の煉瓦をとりはずして使っている。十二日には煉瓦一個をとりはずし、それに『快修快走』という四語（さっさと造ってさっさと進撃）を刻み、承徳の軍本部へいそいで送った云々、とあった。……わたしはさっそく、詩らしくない詩を一首したためた。その題は、「長城の謡」という。

「鬼、鬼、鬼だあ、ペッ、ペッ、ペッ！
万里の長城よくもこわした、どこのどいつだ？」
あまりの無体に長城の煉瓦が口きいた。
「営舎をたてて、いつまで居る気か。
さっさと修してさっさと失せろ、こら、こら、こら！
おまえの住居は東の海、かえれかえれ東の海に、
万里の長城にゃ主がござる！」（陳子展の『馬日』）

「小学校の教科書は、春の新学期から、もう完全に改められてしまいました。新しく取り換えられた教科書は、「満州国」小学校教科書を底本として編集しなおしたものです。その内容は、中日「満」の共存共栄の鼓舞を主要精神とし、中国人の民族意識消滅を終局目的とするものです。これが亡国人民の受ける教育なのです。（亦民『一通の来信』）

「教室に入る前に聞いたところによると、今日、さる要人が参観に来るとのことだ。・・・午前の国史の時間、授業に出ていた学生はみなびっくりした顔つきをした。教師が、まっ青な顔をして、教壇に上ったのだから！　開講の第一句がこうである。「墨と筆を出しなさい！　教科書を開けて——第——」と言って声がつまる。「——第三章、民国初年の外交。第五章、欧州大戦後の外交、さらに南京事変、済南事変、万宝山事件、九一八事変（満州事変）の勃発、日本の東三省占領と国際連盟の態度、——それに、一二八事変（上海事変）と最近の日本の侵略行為、——これらの課の下に、『削除』という二字を書きなさい！……」（劉士引『永遠に忘れられない授業』）

「祖国の辺鄙な地にある唐山は、今や祖国の管轄からもぎとられた一塊の土にすぎない。この地に充満しているのは、我々が恥辱とし、痛恨とし、悲憤とすることのすべてなのである。……この日の朝、「バリバリバリ」という機関銃の音で目をさまされた。これは帝国軍隊の朝の操縦であり、つづいて偽翼東政府保安隊のラッパがそれに呼応する。……しばらくすると飛行機がやってきた。「翼東第一号」機が飛んで来て、たくさんのビラをまく。一枚切れはしを拾ってみた。なんと、天津日本租界にて五月二十五日衛生展覧会開催、老舗ライオン歯みがき粉、値下げ断行、大廉売、とあった。（元旦『五月二十一日の唐山』）

なお茅盾自身は昭和七年（一九三二）作の「林商店」（『現代中国文学全集』第三巻、松井博光訳、河出書房新社、一九五八）の中で、一人の店員にこう言わせている。「上海の閘北はきれいに焼き払われて、何十萬の人がやっと丸裸で逃げたんだそうだ。虹口一帯はね、焼かれこそしなかったが、人はみんな逃げちまった。日本人は全く残忍で、何も物を運び出させないんだ」

さて、魯迅が鹿地に託した仕事は、中国の新しい文学作品の日本への紹介だった。翻訳が完成すると、魯迅が丁寧な正誤表を付けてくれたが、病状の急速な悪化のため、三回目からは、胡風が正誤表を引き継ぐことになった。内山の『魯迅の思い出』（社会思想社、一九七九）に再録された昭和二七年一二月一〇日衆院法務委員会での氏の証言によると、鹿地は氏の斡旋で五回ほど「改造」に翻訳作品を紹介した後は、中央公論など幾つかの雑誌に翻訳を載せて、生活の糧にしていたらしい。

鹿地が翻訳に関わった『大魯迅全集』第二巻（改造社、一九三六）の解題に、内山完造が彼に語った言葉が紹介されている。「魯迅さんは日常の談話でも、中国の現状に深い絶望を持っていた。不思議だな。あの絶望の中で、ところが確乎とした希望を失ったことはなかった」

魯迅の希望は、全体に同化しないという信念に裏打ちされているようだ。

「……私の幾人かの学生も軍隊に加わっているが、もし彼らが全体に同化しないなら、勢力を占めることはできないし、同化したなら、勢力を得るにしても将来何の益がありましょう」（魯迅から鹿地宛の昭和一一年三月三一日付書簡）

ところで鹿地の『自伝的な文学史』（三一書房、一九五九）によると、出国からの顛末を中野重治に書き送ったところ、中野から、彼が無事国境を脱出できたことへの驚きと共に、「さとごころをおこすな。お前は中国人になってしまえ」との返事が来たそうだ。鹿地ももちろんその積りだったし、そのころ彼と結婚した池田幸子も同じ気持ちだったろう。池田幸子に関する数少ない資料の一つ、『中国語で残された日本文学～日中戦争のなかで』（呂元明著、西田勝訳、法政大学出版局、二〇〇一）で、彼女の経歴を見てみよう。

同書によると、池田は昭和九年（一九三四）春、反ファシズムの運動に参加したことから、日本共産主義青年同盟員と疑われて逮捕される。半年後、出獄したが、明治大学を除籍され、結核の治療のため、青島の親戚宅に身を寄せた。しかし、彼女の激しい反ファッショの言動から、親戚宅を追い出され、帰国の費用稼ぎのため、上海のダンスホールで雑役婦の仕事をしていた時、偶然内山書店で魯迅と顔を合わせ、内山の紹介で知己となる。さらに逃げて来た鹿地と知合い、意気投合して、三か月後に同棲、流暢な上海語を話せたそうだから、言葉の出来ない鹿地にとっては、大変有能な助手だったに違いない。

鹿地亘と中日朋友　1936年
後列：胡風，許廣平，池田幸子，蕭軍，蕭紅
前列：鹿地亘，小田岳夫

昭和一一年（一九三六）一〇月一七日、風の強い寒い日だった。鹿地と胡風は朝から魯迅の『雑感集』の訳出に忙殺されていた。

『文芸』（改造社）の昭和一一年一二月号に、魯迅の死の僅か一一日後の一〇月三〇日に書かれた池田幸子の『最後の日の魯迅』が載っている。記憶の生々しさからくる率直かつ的確なそのリポートによると、午後、ちょっと用をたしてくると中座した胡風が小半時して戻ってきたとき、思いがけず、大きな胡風の後ろから、にこにこと魯迅が入ってきて、幸子を驚かせた。病の身を気遣い、彼女は寒風が容赦なく吹き入る北向きの窓を大慌てで閉めた。

魯迅は、スメドレー編集の英文誌“Voice of China”と一緒に、自らが編選したドイツの反戦画家ケーテ・コルヴィッツの版画選集を二冊、誰かに上げてほしいと池田に差出した。

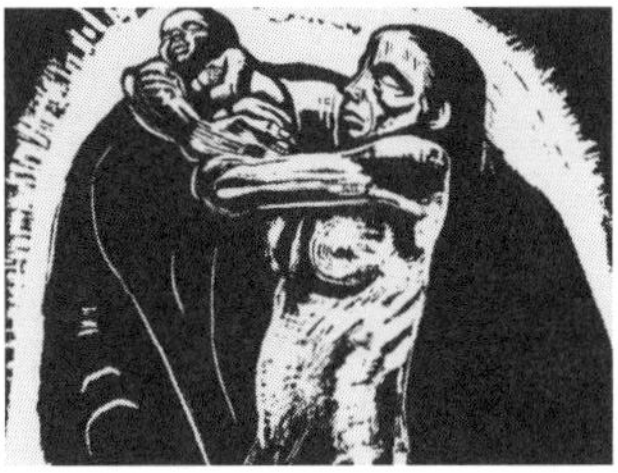

ケーテ・コルヴィッツ版画作品「犠牲」ほか

（魯迅の『深夜に記す』、一九三六）によると、一九三一年、創刊後まもなく禁止された左連の機関誌『北斗』の表紙を、コルヴィッツの『犠牲』が飾った。柔石の死を悼んだ彼が、その追悼に、と提供したもので、これがコルヴィッツの版画を中国に紹介した第一号だったそうだ。第一次大戦で息子を失ったコルヴィッツは数々の版画で戦争の悲惨さを描いたが、魯迅が『北斗』で紹介した画も、悲しげに眼を閉じた母親が息子を差出している図柄だという。以来、彼女の画を紹介することは魯迅のライフワークの一つになったものと思われる。）

版画集のお礼を言う間もなく彼は、「今度は、女の首吊りの話を書きました」と顔を皺だらけにして笑った。先月書いたのが「死」、今度は「首吊り」……池田は、この春魯迅が大病したとき、夏は越せないだろうと医師から聞かされ、スメドレーが大泣きしたことを思い出した。だが魯迅は一向に構う様子がなく、ときどき咳き込みながらも談論風発。古今東西の幽霊の話から首吊りの話――「日本では首を切られた者も幽霊になると首があるでしょう。ところが中国では首がない」——、さらに木版画展の批評に至るまで、いかにも愉快そうに話し続けた。彼によると、中國では首吊りはほとんど女がやるんだという。そして、

『「女は自殺するのに此頃は金（の指輪）などを飲む、金は重いので腸にたまって炎症を起す、つまり、直接でなく、炎症から来る死だから、時間がかかるの、そのうち死ぬのがいやになる、醫者は排泄物と一緒に金を出す方法をとる、そして女は苦しさが止まってから先ず聞くことは、「先生、私の指輪は？」……」

私たちは又も大いに笑った。』

こうして、魯迅の軽妙な語り口を全員が愉しんでいるうちに、かなりの時間が経った。

『「さ、後は仕事をしてください。僕は先に帰りますよ……送る必要はない。」魯迅は冷えかけた紅茶を飲んで、胡風が送ろうと言うのをさえぎりながら立ち上がった。

私たちも戸口に立って「どうぞ御大事に」と言うより外はなかった。鹿地亘と胡風は、すぐに二階へ上がって仕事を続けた。私は戸外へ出てもう一度先生に「さようなら、お大事に」と聲をかけた。もう歩き出していた魯迅は振り向かなかった。

「ありがとう！」優しいまるい聲だけが響いた。

送らなくてもいいだろうか、風は荒れている――成都事件、水兵射殺事件などで、上海には日本陸戦隊の歩哨が増し、私の家の露地を出るとすぐ眼の先は巨大な陸戦隊本部だ。道路の左右に嚴めしく、銃剣と鐵冑の衛兵が見張っている。（中略）

濃紺の長袍の裾を狂暴な風が吹きさらおうとしていた。しかし魯迅は毅然として、振り向きもせずに歩を運んだ。静かな歩調は狂わなかった。私は先生を送らないことを自ら慰めていた。「先生は強いのだ、身體も間もなく恢復するであろう、『忘却のための記念』の中には、殺害された青年作家の一人、柔石が、先生と歩くといつも自動車に轢かれはしないかと気遣い、私も又彼を気遣って、彼の疲れを見ると私まで疲れてしまう――と書かれているではないか！」

心持ち顔をあげて、真直ぐに露地の鐵門を出て曲った小さな先生を、私はじっと見送っていた。これが魯迅にとっては最後の訪問であり、私たちの最後の會見であった。』

（当時聯合通信上海支局長だった松本重治が週刊朝日の記事（昭和一一年一一月八日号）を自著『上海時代』全三巻（中公新書、一九七四〜七五）で紹介しているが、それによると、同日夕刻の内山書店で、朝日上海支局の記者が日中交渉は無事に納まるだろうという呑気な予測を披露したとき、魯迅はそれを否定し、「直感ですが、衝突はありそうですね」と沈痛な声ではっきり言ったという）

自らの死もまた遠くないことを予感していたと思われる魯迅は、九月五日に『死』という短文を書いている。池田幸子による初訳が『文芸』の同じ号に載っているが、その中の魯迅の遺言の箇所を再録したい。（現代仮名遣いに直して引用）。ただし第七項目は、馮雪峯の『魯迅回想』（鹿地他訳、ハト書房、一九五三）に記された、より判りやすい、魯迅の同趣旨の言葉に差し替える。

一、葬儀のために何人からも、一文も受けてはならぬ。——だが旧き友はこの限りでない。
二、すぐ棺に収めて、埋葬してしまへ。
三、どんな記念に関することもしてはならぬ。

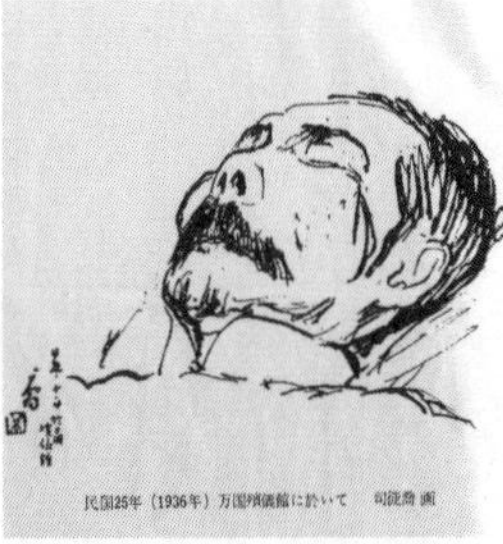

民国25年（1936年）万国殯儀館に於いて　司徒喬 画

（岩波『魯迅選集』第12巻より）

四、私を忘れて、自分の生活に専らなれ。——そうしないものは本当に大馬鹿だ。
五、子供が成長して、もし才能がなければ、何か小さな仕事を求めて生活するよう、決して空頭の文学家や美術家になってはならない。
六、他人が君に物事を承諾しても、決して、あてにしてはならない。
七、歯には歯を、眼には眼をもって報いるなかれ、というような人間は、信じてはいけない』

ここからは、先に触れた内山完造『魯迅の思い出』にバトンタッチすることにしよう。翌一八日は、たまたま日曜だった。午前六時ごろ、許広平夫人が、彼のもとへ夫の寸信を届けに来た。普段と違う乱れた筆先で、喘息が始まったから、至急いつもの須藤先生に来診を依頼してくれとの内容だった。これが魯迅の絶筆になろうとは夢にも思わず、内山は医師に電話をしてから、すぐ自宅に駆け付けた。それから寝椅子に横たわった魯迅の背中を夫人と共にさすりながら来診を待った。その後、複数の医師によってさまざまな手当てが為され、一旦小康状態ということで、魯迅弟の周建人と下で雑談していたが、気兼ねした許夫人から、帰って休んでくださいと勧められ、後ろ髪を引かれる思いで深夜に帰宅。眠れないまま悶々としていたら、翌一九日朝の五時過ぎ、使いが来た。医師や鹿地に連絡し、宙を飛んで駆け付けたのが五時三一分、正にこと切れた直後で、体は未だ温かった。万事休す。没有法子。許夫人が机に凭れて静かに泣いていたが、慰めるすべもなかった。

三日後の昭和一一年（一九三六）一〇月二二日午後二時、「民族魂」と白地に黒く書かれた布に覆われた遺体は鹿地らによって担ぎ上げられ、霊柩車に安置された。静安寺に近い万国殯儀館から出棺、何万という群衆を伴って遥か西に当たる虹橋路の万国公墓に着いたのが四時過ぎ、再び鹿地らによって、赤土の深みへ収められた。一人の僧侶も道士も牧師もなく、数人の葬儀委員によって葬儀が営まれ、内山も短い追悼演説を行った。馮雪峯の『魯迅回想』によると、毛沢東も葬儀委員に名を連ねていたが、国民党の監視下にあったため、公表は控えられ、馮雪峯自身、葬儀に参加することすらできなかったという。

魯迅の死は周辺の人物の仕事にもさまざまな影響を与えた。例えば『胡風回想録』（南雲智訳、論創社、一九九七）によれば、改造社は魯迅雑文選集の出版計画を急遽『大魯迅全集』に切り替えた。顧問は内山、佐藤春夫、許広平そして胡風だった。鹿地が翻訳するための雑文集を選び、解釈と口述訳、さらに簡単な解題を付けるのは胡風の役目だったため、昭和一二年（一九三七）七月七日の日中戦争開始までの八、九か月間というものは、ほとんどの時間をこの作業に忙殺されることになった。

そして昭和一一年一二月、紅軍討伐に逸る蒋介石を張学良が拉致して監禁し、抗日戦線への統一を説得するという、スメドレーも巻き添えを喰った西安事件が端緒となり、日中戦争開始と共に、第二次国共合作が成立。「上海は抗日戦争の熱気に包まれ、会った人は誰もが興奮していた」(『胡風回想録』)

＊　＊　＊

鹿地夫妻が魯迅の死に衝撃を受けていたころ、リルは上海で本格的な活躍を始めています。

第四章　誕生！　上海リル

某国のお偉い総理のことを考えていたら、ふと、父から借りたスメドレー『中国の歌ごえ』（高杉一郎訳、みすず書房、一九五七）の中で引用された詩の一節を思い出しました。蘇東坡という中国の偉い詩人の作品だそうです。

「願わくば　子供は愚鈍に生まれかし。
さすれば　宰相の誉を得ん」

上海リルの一日

さて、昭和一一年（一九三六）一月、仕事始めのリルの日記に戻りましょう。紙質の悪いノートに薄れかかったインクで書かれているので、読むのに骨が折れますが、波瀾万丈の人生を懸命に生きているリルのことを思えば、贅沢は言えません。

『私の一日を書いてみよう。目が覚めるのは昼近く。寝台は硬く、板が壊れかかって歪んでいる。

そのため痛めた腰を懸命にさすっている姿が、目の前の屛風に吊るされた鏡に映っている。近くの市場で買ったロシアパンと紅茶の朝昼兼用食。短髪にしたので涼しくなった頭にブラシを当て、桃花リリーが言う「何処を見ているのか判らない」という焦点の定まらない我が顔に安クリイムをなすり付け、だるまストーブの石炭の火が完全に消えているのを確かめてから、青っぽい中国服の上に虹口の市場で買った黒い半コートを羽織って、お出かけです。近くの日本旅館や商店は、門口に笹を立て、玄関に掛けたささやかな正月飾りで新年を祝っている。相変わらず野菜や果物を並べた屋台から盛んに声がかかる。

さまざまな物売りの声がやかましいのは毎度のことだが、何でも知っている長崎館のハナチャンによると、幼児を籠に入れて売り歩くオバサンも居るとのこと。まさか、と笑ったら、本当ですと真顔になられ、いささかたじろいだ。』

まさかね。この記述を読んだ私の反応もリルと同じでしたが、父にそう言ったら、日本だって昔はそういうことがあったんだ、別に驚かんね。参考までにこれを読め、と文庫本を投げて寄こしました。林京子『上海　ミッシェルの口紅』（講談社、二〇〇一）という本。子供のころ戦前の上海で育った彼女のエッセイですが、読んでみて、なるほどです。

——明静（お手伝いの少女）は二、三歳の頃、担い籠にかつがれて売られて来た子供である。実母は上海の奥の貧農で、畑でとれた砂糖きびと明静を竹籠に入れて、路地に売りに来た。（中略）

竹籠に入れられた明静は、砂糖きびをしゃぶって、おとなしく座っている。色が白く、瞳が黒い露の玉のように光る、美しい子供だったという。それを老太婆が、値切りに値切って、ドンペイ二枚で買った。

リルの住んでいる虹口・厚徳里のアパートから勤め先の楊子飯店ボールルームまでは、徒歩で三〇分以上かかる距離ですから黄包車が便利ですが、行きはなるべく歩くことにしていたようです。しかも時代は上海の黄金時代と言われる一九三六年のこと。全長五キロの南京路に立ち並ぶ百貨店のビッグ・フォー、永安公司・先施公司・新新公司・大雅公司を覗いたり、豪華な宝石店、あるいはディートリッヒの衣装を一手に引き受けている洋服店ボンド・ストリートを冷やかしたりするのが誠に面白く、ちっとも苦にならなかったと書いています。

リルのころ最も賑わっていた四馬路スマルはあまり好きではなかったようです。「三香サンシアン」と呼ばれる三つの匂いが苦手だと書いています。三つの匂いとはアヘンと商売女の安香水と怪しげな食べ物の臭いだとか。娼館や阿片窟が軒を並べていた区域ですから、やむをえないかもしれません。

赤ん坊売り（柏木節『上海みやげ話』上海美術工藝製版社、1936年）

勤め始めは五時ですが、時には早めに出て、フランス租界の中心アヴェニュー・ジョッフル（霞飛路）まで足を延ばしたりするそうです。

さすがにフランス租界は車の数が少なく静か。他の地域だと纏わりついてくる独特な臭いが無く、代りに高級な香水の匂いがする、と感心しています。最新のパリ・モードが並ぶブティック「シレーヌ」、しゃれた「カフエ・ルネッサンス」、知識人の集まることで有名な「リトル・チョコレート・ショップ」などが散歩客を誘惑し、そのすぐ先には、「キャセイ・シアター」の美しいファッサードが見えます。もっともリルがハナチャンから聞いた話では、上海事変のときは、中国兵が六千人もフランス租界に逃げ込んだため、この辺りも大混乱だったよし。当局が全員を武装解除し、匿ったようですが、食事の世話やら治安維持やらで大いに迷惑したと、あるフランス人関係者がぼやいていたそうです。

『見事なプラタナス並木が続いている。この木が支那で一番先に植えられたのが、ここアヴェニュー・ジョッフルだそうだ。今はほとんど裸だけど、夏になれば、さぞ立派な日陰を作るだろう。ブティックの飾りも一般の支那風と違って控えめで、何となくフランスのエスプリを感じさせる。別名リトル・ロシアと言われるだけあって、ロシア語の看板も多く、焼き立てのロシア・パンの匂いが漂ってきたり、通行人もロシア人が多そうだ。なぜ？　とハナチャンに聞いたら、ここは世界で唯一つパスポートもビザもいらない土地だから、ロシア革命のとき、白系ロシア人が続々入ってきて、男はそれまで白人が絶対しなかったボーイ業に進出したり、女は娼婦になったりしたんだと説明された。

楊子飯店のボール・ルームはまだ開店したばかりでピッカピカ。私のほうも入りたてでピッカピカだけど、入口のボーイがお馴染みさんに対するような笑顔で挨拶してくれるのは嬉しい。ダンサーたちもみんな友好的なのは、ひょっとして杜の鼻息がかかっているせいかしら』

写真右：楊子飯店ボールルーム
写真左：専属のロシア人楽団（いずれも前掲 “SHANHAI'S DANCING WORLD” より）

リルの記述や当時の解説書を参照すると、旧競馬場に隣接し、昭和九年（一九三四）に開店したこの楊子ボールルームは、楊子飯店最大の目玉として、当時としては超近代的な造りだったようです。ホールの柱々を囲む鏡はアールデコ調の凝った照明に照らされ、ホールの床面の灯とアーチ型天井のネオン灯が周りの龍の置物を浮かび上がらせるなど、東洋と西洋のドッキングによって限りない幻想を醸しだす工夫が施されていたそうです。

一方で幾つかのデパートが閉店を余儀なくさせられるような不況の真っただ中だというのに、ここは大いに賑わっていたようで、ある専門誌が「いったい彼らは何処からダンスの費用をひねり出せたのか」と驚きの記事を載せたほどでした。繁盛の主な理由は、異様に暑かった昨年の夏、他のホールに先駆けて冷房を入れたのが人気の直接的な理由だということですが、実は、ホテルのパトロン、杜月笙が蔣介石の片腕だったことが大きな理由だったのではないでしょうか。同時に、蔣が主唱した新生活運動にいち早く応じて、中國初の中国人だけの楽団を起用したり、従来ロシア人の専売だったヌードショーに中国人を起用するといった、ナショナリズムに商売を結びつける抜け目のないやり方も功を奏したのでしょう。（もっともリルの観察によると、ぎりぎりところまで露出するけど、完全なヌードではなかったようですが。）

リルがたまたま杜の愛人北京リリーに会ったとき、彼女はこのやり方を大いに批判したそうです。「キャバレーはあくまでもダンスが中心であり、ヌードや大道芸で売るなんて、蛇に脚を描くようなもの、邪道もいいとこよ」と息巻いたとか。ダンスは美と芸術性を兼ね備えるべきだとも主張していたそうですから、なかなかの人物かもしれません。

日記好きのリルは、よく踊っている暇があったと思うほど、ボールルームの観察に集中していたらしく、日記のあちこちに細かい描写がちりばめられています。

『私はニュー・カレドニア生まれの無国籍女で、上海リルのモデルだという宣伝が結構効いて、ご指名が多い。一枚一ドルのチケットで五ダンス。一流どこは一ドルでダンス二回か三回だから、リリーさんが、あんたの処は中の上ぐらいかな、と言ったのは、当たっているようだ。ダンサーは六十人ほど。一列に並んで、喋りながら申込みを待っている。日本人は一人も居ない。一番多いのは当然だけど支那女だ。深い裂け目の入った絹のドレスに濃い頬紅が特徴。ロシア女も結構居る。彼女らは唄も踊りも英仏語も下手だけど、支那女より安く雇えるし、イヴニング・ドレス姿が貴婦人のように決まっていて、白人崇拝の支那人客の好みにもかなっているみたい。

ここでは英語かフランス語しか使えないことになっているので、支那の客が支那のダンサーと外国語で会話しているのは結構面白い。洋行帰りの客が多いので、そう苦労ではないのかも知れないが、あえて支那服で来る客は要注意。ズボンと違って、肉体的な変化が目立たないため、それをいいことに、露骨な接触を試みる客がたまに居る。私も何回かそういう目にあった。その時はホステス同士が目配せして、注意をうながし、二度とダンスに応じない事にしている。勿論チップはしっかり頂くけど』

写真右：ロシアン・ショー・ダンサー
写真左：杜月笙

時にはこういうダメ客もいたようですが、一応中上流の客層なので、あまり深刻なゴタゴタはなかったようです。水夫の客が来て、ニュー・カレのことをいろいろ尋ねられたら厄介だ、とリルは心配していましたが、彼らはこんな上等なキャバレーには絶対来ない、遊びに行くのは、四馬路あたりに林立している、もっと下層の遊び場だとリリーに言われ、ホッとしたと記しています。

いま南京路の聖愛娜舞場つまりセント・アンナで働いているリリーは辛口の批評が得意のようですが、そこがリルは大好きだと言い、彼女に全面的な信頼を寄せている感じが窺がえます。

不思議な耳飾り

さて、楊子ボールルームでの順調な滑りだしからひと月足らず、リルに不思議なことが起きました。昭和一一年一月末の出来事です。

リルは客を待ちながら西瓜の種をポリポリかじっていました。皮を軽く噛んでタネを取り出すコツをようやく覚えた頃です。そこへボーイが小さな包みを持ってきました。中年の女性から託されたそうですが、その人は、知り合いから頼まれたので、と言ってすぐ帰ったとのこと。以前もプレゼントを届けられたことがあったので、気にしないでバッグに放り込み、そのまま忘れてしまいました。

思い出したのは下宿へ戻ってから。化粧を落とそうとバッグを開けたら、小さな包みが転がり落ちました。縛っていた紐をほどくと、出て来たのは何の飾りもないただの木箱でしたが、その中に納まっていたのが乳白色の美しい耳飾りだったという記述に、思わず私は、これだ、彼女の遺影の前に置かれていたのは！と叫んでしまいました。なぜか片方だけでしたが、見るからに高価そうな翡翠だと書かれています。箱の底に小さく折りたたまれていた紙片に気づいた彼女は急いで開いてみました。驚いたことにペンで書かれていたのはフランス語でした。リルが懸命に訳した内容は次の通り。

「あなたのお母様からお預かりしていた勾玉の耳飾りをお渡しいたします。ご自分の命が余り長くないと感じておられたお母様は、私に耳飾りの片方をお渡しになり、娘が二十歳になったら、形見として与えて欲しいと私にお頼みになりました。そうすれば、いつか天国で再会できる日まで、この耳飾りがあなたの人生を立派に全うさせるだろうとお考えのようでした。どうやらお渡しすべき日が到来したように思います。この耳飾りを毎日お付けになってください。そうすれば、たとえ寒風が吹きつけようと、邪な手があなたに伸びようと、お母様が必ずあなたをお守りくださるでしょう。

あなたのANNABEL　LEEアナベル・リー」

リルは何のことやら判らず、暫く呆然と乳白色の耳飾りを眺めていたようです。母の形見？　いったい誰が？　何のために？　アナベル・リーとは誰のこと？

頭が痛くなってきたので、考えることを止め、寝ることにしよう、と書いています。ただ、折角の母の願いなので、片方だけの耳飾りは付けることにしたようです。

このボールルームは英米共同租界内ですが、フランス人もよく行く競馬場のそばなので、自然にフランス客の出入りも多かったようです。そんなある晩、

『ミツコ！　と突然呼ばれてドッキリ。私の本名を知っている人間がいるはずはないが？

声の方を振り向いたら、妖艶なマダムがにこにこと手を振っている。暫くボーッと眺めていたら、判った。故郷飯塚で、気管支を患い、父の病院にときどき治療に来ていたフランス語教師の

マダム・リヴィエールだ。いま私が何とかフランス語を紡いでいられるのは、みんな彼女のお蔭なのだ。急いで彼女の方へ歩み寄りながら、でもなぜだ？なぜだ？と問い続けていた。

「ボン・ソワール、マダム・リヴィエール」

「ボン・ソワール、ミツコ」

挨拶のビーズを交はしてから、「メ・プールコワ？（でも・どうして）」と同時に言って、同時に笑い出した。同僚の眼が気になったので、私は大急ぎで、日本人であることは内緒だから、ここではリルと呼んでほしいと頼んだ。マダムはすぐ事情を察したようで、ＯＫとウインクを返した。私の耳飾りに気づいて、オヤ？といふ表情を見せたが、何も言わなかった。聞いてみればよかったたな。

それからの四方山話によると、ジャンヌ（さう呼んでほしいとマダムに言われた）は飯塚の後、パリへ戻り結婚したが、相手がダメ男だったので、すぐ別れた。その後、パリで封切られた『上海特急』を見て、オリエントへの興味が甦り、太平洋の島々を巡りながら数年前にやってきたと言う。今はアヴェニュー・ジョッフルに近いカトリック系の学校でフランス語を教えているとのこと。住まいも学校に近いところらしい。あなた、フランス語が随分うまくなったね、とほめられた。「上海はね、本人が意識するしないにかかわらず、女を性的な存在に仕立ててあげてしまう街だってことが判ったの。その象徴がダンサーね。あなたたちはセクシュエル（性的）と言うより、サンシュエル（官能的）な存在なのよ。だから当局は若者がダンスホールへ行くのを、躍起になって禁止しようとしてるの。でも色町行きは禁止しないんだから、要するにハムレットね。「アレ・オ・クラック」ってわけよ。じゃ、また」
ジャンヌが帰ってから悩んだ。「アレ・オ・クラック」の意味が判らない。周りを見ても、判りそうな人物の顔が浮かばない。本人に聞くのも恥ずかしいから、アナベル・リーと合わせて、後の宿題にとっておこう』

ジャンヌ・リヴィエールとの思いがけない再会のほかに、もう一つ画期的なことがありました。楊子飯店が杜月笙の統制下にあることは前にも記しましたが、彼の来訪が伝えられた時のスタッフの緊張感は並ではないようです。リルの日記から引用してみましょう。

『杜の来訪が決まると、先ず彼のテーブルを確保するため、彼や取り巻きが座りそうなテーブルに居た客は殆ど強制的に移動させられる。次に先遣隊がキチンからクローク・ルームまで隅々をチェックし、それが終ると、全てのドアや廊下に張り付いて王様の到着を待つ。暫くして防弾装置付き大型リムジンから、まず武器を手にした大勢のボディガードが降り立つ。すぐ続いて後続の車からも守備隊が到着。杜自身はボディガードが彼を完全に取り囲むまで、決して降り立つことはないらしい。やがて、両側からぴったり寄り添われて、杜が室内に入り、席に着く。彼の座席の隣りや背後にガードたちが立ち並び、武器をみせびらかすように睨みを利かせる。まるでアメリカ大統領も顔負けしそうなものものしい警備体制を、私たちはただ茫然と見守るだけ。これでは愛人が何人いても、楽しくないような気がするけど、その辺は一ダンサーの想像範囲を超える世界なのだろう』

リルにとって、杜月笙は近づきがたい遠い世界の人間にすぎませんでしたが、杜の方は早くもリルに眼を付けていたのかもしれません。というのも、ある時こんなことが起きたからです。

『私が一曲、ダンスの付合いを終えてテーブルに戻ったとき、一人のがっしりした体格の男が近づいて来た。一見外国人風のその男に見覚えはなかったが、ダンスの申込みだと思い、チケットを受け取ろうと手を出した。ところが男は手を振り、杜月笙に頼まれて来たと言う。えっと驚く私に、男は声をひそめた。「あなたが日本人だということは知っている。……いや、誰にも言わないから、心配しなくていい。ただ狙われやすい立場だろうから、それとなく身辺を警護したり、相談に乗るようにとボスから言われた」そう言ってから、ジョゼフ・シーだと名前を名乗った。肩書きはフランス租界警察の政治担当刑事。杜をボスと呼ぶところに、早くもフランス警察とマフィアとの密接な関係が浮かび上がる、などとは一言も言わず、私はメルシー・ボークーとにっこりした。

ジョゼフは面白い人だ。租界警察や行政、暗黒街の内幕など、何でもあけすけに話してくれる。そんな内幕まで喋っていいの?と聞いたら、職業柄、信用できる相手かどうかは一目でわかる、とニヤリ。「たまたま私の勤めている職場は、フランス租界です。ではフランス租界とはどういう処か。即ち一万六千人の欧米人の豪華な生活と四十六万五千人の支那人のみじめな生活が隣り合わせになっている場だ。これも宿命ですね。そう思うでしょ、お嬢さん」彼は何もかも見通している人間特有の皮肉な目付きで私を見た。

私はこの時とばかり、蒋政権と密接に結びついている謎の人物杜月笙のことを詳しく教えてほしいと頼み込んだ』

リルの日記には、続けて、杜月笙に関するジョゼフからの詳しい聞き書きが紹介されています。それによると、秘密組織青帮（チンパン）の主、杜月笙は一八八七か八八年、黄浦河右岸の浦東生まれ。もともと揚子江北からの移民受け入れ組織として発展し、次第に闇の世界を支配するようになった青帮に早くから接触し、一九一一年に、厳格な入門儀式を経て、正式会員として認められた。

では入門儀式とはどのようなものだったか。杜の話だと、まず旧市のバンド（外灘）に沿った西門をくぐり、軍神を祀ったグアンジ寺の門前で、暫く平身低頭を続ける。やがて導師から心の用意を確かめられた後、導かれて本堂に入る。奥の礼拝堂に、四海を司る四尾の龍に支えられた三つの玉座が鎮座し、天と地と青帮創設者の三体が祀られている。蝋燭と香の焚かれた祭壇の前を進み、玉座に向かってひれ伏す。次いで小さな香木がうやうやしく手渡される。押し頂いた瞬間、膝まづけ！　の大音響。やがて導師によって運ばれた水鉢で諸式通り口を漱ぎ、手を洗う。導師が祖霊を呼ぶ読経に合わせて蝋燭と香木で十字を切る。さらに並いる先師たちの前で、ひれ伏しながら、入門は自らの意思で行ったことを誓い、最後に右腕に青インクで印をつけて終わり。

杜が入門した上海最大の阿片密売組織青帮の親分は、一九一七年に大世界を造った黄金栄《フワン・ジンロン》、それ

杜月笙故居

に杜月笙《ドゥユエション》、張嘯林《チャンシャオリン》を加えた三人が青帮を牛耳っていた。一九二七年に黄金栄が杜月笙を蒋介石に紹介、その後杜はめきめきと頭角をあらわし、遂に黄金栄を抜いて、国民党はもちろん、フランス租界当局、その下の警察、さらに財界からメディアまでを金と暴力で支配する暗黒街最大のボスにのし上がった。

一九二九年、数々の名建築で名高いフランス人のレオナールとヴェセールの設計による豪邸をフランス租界の一等地に建設。更に一九三一年六月、敷地のそばに杜家の祖先を祀る聖堂を建造し、蒋介石を始め続々と参列した政財界の大物に、伝説の皇帝ヤオに繋がる家系図を進呈した。しかも数年後、聖堂の地下に阿片精製工場を建設したのだから念が入っている。ジョゼフ・シー曰く……杜は本物のワルだが、信用はできる。ただ彼の誘いに乗ったら確実に破滅するよ。

ジョゼフ自身は黄浦江沿いの家に生まれ、父親は綿花工場の責任者でカトリック信者。教会で知り合った母親はイギリス人との混血だというから、彼の風貌は母親を濃く受け継いだのだろう、とリルは推理しています。

『ジョゼフがよく言う言葉は二つ。先ず、上海はパンドラの箱をぶちまけたように、あらゆる悪が解き放たれた街だということ。二つ目は、蒋が日本軍より共産軍を敵視しているのは、日本軍は単なる皮膚病にすぎないが、共産軍は心臓病だといふ確信を蒋が頑固に持っているからだということ。二つとも余り実感がないので、キョトンとしていたら、ま、そのうち判るようになるよ、とまたまたニヤリ。

このところ杜月笙の姿はあまり見かけないが、ジョゼフによると、キャバレー・リドの十八歳の子に手を出したことが北京リリーにバレて、おおもめにもめたので、忙しくなったのではないかと言う。とにかく阿片商売の独占で金が有り余っているからね。金がありすぎるのも大変ですよ、などと言われても、これまた全く実感がない。彼の説明によると、蒋が一九二七年に仕掛けた共産党一掃運動に杜が組織をあげて協力したため、すっかり信頼され、阿片取引の独占を目指して蒋が設立した阿片撲滅局！のヘッドに杜を据えた。結果、莫大な独占利益は、一部をフランス領事館と警察に分け、残りを杜の組織である青帮と国民党とで折半する仕組みだとか。聞いていて頭がクラクラする。

「三十年代の上海で、警官が正直でいるなんて絶対不可能だね」

彼はそう言って澄ましているが、このままで済むとはとても思えない。先日、ニューヨーク・タイムズの記者になったバートンさんから長文の手紙が来た。そこに中国通の知人の分析が書いてあった。共産軍の長征が昨年十月に終り、彼らは着々と実力を蓄えている。日本軍の華北侵入も激しさを増し、蒋介石軍との衝突も頻発している。このまま行けば、間違いなく近い将来、本格的な戦乱が巻き起こるだろう。くれぐれもご用心、ご用心。追伸・あなたの瞳が忘れられない、とあった。私の瞳はともかく、戦争は怖い。それなのに、ここの同僚たちは、まるで呑気。租界は治外法権だから大丈夫よ、とのんびりしたもの。ま、無理はないところもある。今は第二次キャバレー・ブームとやらで、不況をよそに、どこも結構繁盛している。キャバレーに行かなければ現代人ではない、踊りを知らなければエリートではないというようなダンス依存症的風潮が広がり、今まで余り外へ出なかつたマダムたちまで午後のティー・ダンスに凝りだした。ある地元紙に、「アメリカがアフリカのニグロから盗んだソヴァージュなチャールストンやシミー、ブラックボトムを上海人までが夢中になって踊っている。けしからん」などという憤慨した記事が載っていたけど、お蔭で楊子ボールルームも押すな押すな。私もご指名が多くて、チップだけでもたんまりという現状だ。上海は地獄の上に建てられた楽園だ、と以前リリーが言ったけど、儲かればそれでいいのかなあ』

三〇年代の上海では踊りを知らなければエリートじゃないみたいなダンス依存症的風潮があるとリルは言っていますが、これと対照的な記述がスメドレーの『中国の歌ごえ』(筑摩書房、高杉一郎訳、一九九四)に出てきます。時は昭和一三年(一九三八)一月、場所は延安、共演者は素朴な共産軍幹部のメンメンです。

『あるとき、延安で高級軍司令官たちの会議がおこなわれたとき、私は彼らにダンスを教えようとしたことがあった。その反応の仕方で、それぞれの性格が実によくわかるのである。この世のなかにあるものならなんでも覚えようと思っている朱徳は、自尊心のためにひっこんでいるなんてことは絶対にしなかった。彼は、まっさきに私の相手になって、公開実験の皮切りをやった。

そのつぎには、周恩来が踊った。しかし、彼のダンスには数学の問題を解いているようなところがあった。(中略)

私は延安の婦人たちのあいだですっかり評判をわるくしてしまった。彼女たちは私が紅軍を堕落させていると思ったのだ。あんまり評判がわるくなったので、私は朱徳にダンスのつぎのレッスンを教えるのをことわったくらいである。すると、朱徳はこう言って、私をなじった。「わたしは、いままでずっと封建主義とたたかいつづけてきたんです。いま、それをやめようとは思いませんね！」そこで私は起ちあがって、民主主義の名において、彼につぎのレッスンを教えた』

周平《シュウピン》とのやるせない日々

「ある日、ジョゼフと無駄話をしているとき、彼が警官にもいろいろな人間が居ると言いだした。

「仲のいい同僚が、以前清のヤオ帝にユニュックとして務めていたことを告白したんだ。ユニュック、判る？　つまり男の機能を失った存在だな。驚いた私が証拠を見せろと言ったら、素直に下半身を私の前に晒した。納得したね。その男の話によると、彼の役目は夜のお伽の準備から始まる。先ず皇帝から指名された女性を素裸にする。次いで仰向けにして、大きな毛布でくるむ。これは彼女が胸に短剣などを隠し持っていないことを安全検査官に確認させるためだ。そして皇帝のベッドまで運ぶ。翌朝、彼女を同じような方法でもとの所まで運ぶ。それから朝食の儀に参列する。皇帝は一人で食事をするのだが、毎日二十七種類の皿が用意されることになっており、どの皿も完全に冷え切っている。と言うのも、食事は遠く離れた場所で調理され、しかも一皿づつ慎重に毒見されるためだからなんだ」

私は、お殿様が毒味のため冷めた料理しか食べられないという落語「目黒のさんま」をすぐ思い出し、これは正に「北京のさんま」だなと悦に入った。ユニュックはEUNUQUEと書いてもらい、辞書を引いたら、「宦官」と出ていた。この同僚はヤオ帝の死後、さらに満州国で溥儀にも仕えたが、日本支配のもとで働くのが嫌になり、旧知の国民党員を通じて、この仕事に就くことになった……

ここまで聴いて、ハッと閃くことがあった。

「お願い！　その人、私に紹介して」

「え？　どうして？」それから、超丹チャオタンのことを説明した。実は彼を探しに上海へ来たのに、余りいろいろなことが起きて、バートンさんから尋ねられるまで忘れていたと言うのが実情だ。申し訳ない気持ちが私を駆り立てた。その人物のネットワークを通じて、何とかチャオタンの行方を突き止めたい。

「だったら、他にも適当な人が居るよ」

「でも――私は言い渋ったが――その人、宦官でしょ。それなら、親しく付き合っても、心配ないじゃない」

ジョゼフが笑い出した。

「オー・ラ・ラ、お嬢様はそんなことまでご心配でしたか。もう大人でしょ。いい人を紹介してあげるから、任せておきなさい。ただ、あなたが日本人だとは伝えておきます。大丈夫。心配しないで。大人でしょ」

私が間もなく二一歳を迎えようとする一九三六年四月に、ここ楊子ボールルームで、「百華の女王」を選ぶダンスコンテストが開かれ、私もジョゼフから熱心に出場を勧められた。一度女王に選ばれると、ダンサーとしての格がピンと跳ね上るという。だが実際は、ジョゼフのボスが取り仕切る、商売がらみの話だとの噂なので断ったが、多様な国籍の応募者が三百人も集まり大変な熱気だったそうだ。そんなこんなで、早くも上海へ来てから一年以上が経った。このところあまり雨も降らず、かなり暑い。楊子はいち早く冷房を入れたので、客もダンサーもオーケストラも大いに助かっている。暫くリリーに会ってないけど、仏の顔をした聖アンナの扇風機はちゃんと動いているかしら。

ジョゼフが約束してから二週間、何の音沙汰もない。一ドル五曲の決まりを破って、うるさく迫ったり、しつこく口説く客をあしらうのもうんざりしてきた。ハッカ入りサイダーにちょっぴりコニャックまがいを垂らした楊子カクテルもあきた。ソファに凭れて寝たふりをしていた瞼の奥に、長身の男が映った。入口で誰かと話をしてから、真直ぐこちらへ向かってくる。私は慌てて目を閉じたが、相手はお構いなく声をかけてきた。あなたが上海リルさんですね。綺麗なフランス語だった。やむなくウイと頷いた私は、相手の流暢な自己紹介の言葉を、独特の匂いの中で、ただ夢うつつに聴いていた。

Fig. 15. Paramount ballroom exterior view. Source: Zhongguo jianzhu 2, no. 1 (1934

いずれも前掲 “SHANHAI'S DANCING WORLD” より

「だからチャオタンと言う人物をお探しなんですね――相手の言葉にハッと居住まいを正した。彼はニコリとして――軍関係だったら、必ずわかります。そうでなくても、伝手を辿っていけば見つかりますよ。ただし交換条件があります」

「交換条件！？」

「あなたは日本語ができると聞きました。日本軍の情報が欲しいんです。あなたなら、取れるでしょう、その魅力で」

私は肩を竦めてキョトンとしてみせた。スパイになれってこと？　男は高まると本音を漏らす。そこから情報をつかめということなのかな？』

どうやらリルは彼の魅力にいっぺんで参ってしまったようです。男の名はシュウピン習平。国府軍の参謀で、最近フランスから戻ってきたばかりというピッカピカのエリート。打ち合わせをしたいとの理由で、タクシーを捉まえ、静安寺路を一路西へ。連れていかれたのは、パラマウント・ボールルームです。

資料によると、ここは千人がいっぺんに踊れる上海第一の舞踏場で、一八人のロシア女によるコーラス・ライン「パラマウント・ピーチェス」が売りだとか。限界ぎりぎりの衣装で踊るダンサーたちの腰布に強烈な照明を当てるのが人気の秘密だそうです。シュウピンは顔らしく、すぐ三階の個室へ案内されました。二人きりになるや否や彼女は抱きしめられ、あっという間もなかったということです。

トルネードに巻き込まれたようなひと時が終わり、正気に戻ったリルが、どう考えてもスパイの能力はなさそうだから、チャオタンのことも諦めると正直に告白したら、シュウピンが笑い出した。実は私も日本語ができるんだ。あれはリルと二人きりになる口実だった。本当は君の瞳に参っただけさ、とバラしたそうです。腹が立ったので、本気でつかみかかったが、ゴメンと真剣に謝られ、赦してしまったと書いてあります。こんな目付きのどこがいいんだろう、何処を見ているか判らないと言われたのに、とリルは本気で不思議がっているようです。

チャオタンを探すためだったのに、シュウピンとの関係が新たに始まり、リルは相当混乱したと思われます。シュウピンとの快楽が深まれば深まるほど、チャオタンへの済まない思いも強まり、どうしよう、どうしようと乱れた筆致で書いています。それでも、やはり好きだったのでしょう。シュウピンが借家を引き払い、パレス・ホテルに一室を構えたら、彼女も虹口厚徳里の安アパートを出て、いそいそと引っ越しました。無理もありません。何しろパレスはバンドに面した煉瓦造りの最高級ホテル、上海で初めてエレヴェーターを備えたビルで、いつも羨ましげに見上げていたのですから。リリーに言ったら、国民党政府の給料でそんな贅沢ができるはずはないから、よほどのお坊ちゃまか、汚職でもしているか、どっちかだね、と言われたとか。ま、快適に暮らせるなら、どっちでもいいや、とリルは腹をくくっています。床まである白枠のフランス窓が一対、黄浦江を臨むバルコニーに続いていて、冷暖房完備、水洗のある暮らしですから、それまで床が傾いでいるようなボロ家にいたリルはさぞかし頬っぺたを抓ったことでしょう。

そういえば、シュウピンは耳飾りのことを最初に気にした人物のようです。リルを抱きしめ、暫く耳飾りに触れていましたが、これは間違いなくシャンシー（陝西省）の石だな、と言ったそうです。どうして？　と聞いたら、あの辺りの翡翠は特徴のある乳白色をしている、母が翡翠好きで随分集めていたから、自然に詳しくなったとのこと。西安に行けば、ずらりと宝石店が並んでいるが、勾玉の形は珍しいから、両方揃えば高く売れただろうに、と残念がったとか。リルは、母の形見だと言っただけで、手にしたいきさつは話さなかったようです。いろいろ探られるのは面倒だと思ったのかもしれません。

シュウピンは南京詰めが多く、上海にはせいぜい一週間という感じですが、居るときはリルもなるべく仕事を休み、サーヴィスに専念しているようで、幸せな感じが日記の行間から伝わってきます。


「久しぶりに楊子でジョゼフ・シーに会った。宋姉妹がらみでいろいろ忙しくてね。彼はそれ以上説明しようとせず、さりげなく話を変えた。この間突然、私がちゃんと務めているかとボスが尋ねたそうだ。未だあんたに気があるんだろう。ジョゼフはそう笑ってから、ところでシュウピンはチャオタンの件で協力してくれてるかと聞いた。答えの代りに指で丸を作ったら、軽く頬を叩かれ、知ってるよ、パレスホテルだろと言われた。すべてバレバレみたい。

そこで私は反撃に出た。前々から、蒋と杜の蜜月関係はただ者ではないと思っていた。阿片の儲け以外にも、何か蒋の弱みを杜が握っていることがあるのではないか。例えば、そのおこぼれをあなたも頂いて、不正に目を瞑っているとか。などと私がしつこく聞いたので、遂に、極秘だぞ、と脅かしてから教えてくれた。難しい漢字ばかりなので、書いてもらったが、それによると、先ず宋三姉妹とは、大富豪と結婚した長女の宋靄齢、次女の孫文夫人宗慶齢、三女の蒋介石夫人宋美齢の三人だが、他に兄弟が居る。その末の弟で、特別に宋美齢から可愛がられていた宋史良は大変な不良だった。その彼が、中絶を拒否したダンサーの処置に困っていたとき、彼女のアドヴァイスで杜に相談した。そこで杜はダンサーを監禁して殺し、長江と黄浦江の合流点に「蓮の花を植えた」蒋一家には表に出せないこうした弱みがあるのさ。どうしても話せというから話したけど、もしこの話が漏れたら、犯人はリル、あなたということになるからね。そう言ってギロリと睨まれると結構怖い。私は言わない言わないと夢中になって首を振った。ものごとには知らない方がいいこともある」

「真夏に入り、酷暑が続く。大通りの溶けかかったアスファルトが靴の裏に粘りつくほど。心配なのは暑さと共にシュウピンの上海へ来る機会がめっきり減ったこと。愛人でもできたのかと疑ってしまう。久しぶりに来たとき、思ひ切って聞いてみたら、国内情勢がどんどん悪化してるせいだとのこと。「とくに共産軍の急速な進出に蒋は神経を尖らせているんだ。こっちとしては日本軍の攻勢のほうが心配なんだがね。去年の八月一日に共産党宣言が出たのは覚えてるだろう。全ての内戦を停止して、抗日闘争に一本化せよというあれだ。それに呼応して、反日デモも激化してるんだが、蒋は一切耳を貸そうとしない。ますます反共に凝り固まっているんで、この先どうなるか心配だよ」うーん、私も心配だ」

「私が鬱々と耐えていた夏も漸く終わろうとしている頃、思いがけなくジャンヌ・リヴィエールが若い紳士を連れて来た。あなたが日本人だとは言ってないからね、と片目を瞑った。二人とも日焼けしているのは、いかにもバカンス帰りで羨ましい。私はたった一度、リリーに誘われて、近くの海岸へ遊びに行ったが、風が強い上に、警備の人間が多く、波が岸壁を打つその先には各国の軍艦がうろうろしていて、あまり楽しめなかった。こんないい男が居たら、もっと楽しめたんだろうけど」

ジャンヌの連れて来た若紳士アンドレ・ジャスパーは海軍学校出身で、フランス外務省のお役人さま。リルによると、シュウピンに負けない好男子だそうです。フランス租界の文化事業を管轄しているとのことなので、ジョセフとは違う視点でいろいろ聞いてみるつもりだと書いていますから、また日記に登場するかもしれません。

昭和一一年(一九三六)一〇月二二日の午後、リルはいったんフランス租界のアヴェニュー・ジョッフルで買い物をしてから、聖アンナのリリーに会うため、タクシーで北へ向かったら、静安寺路で長い長い葬列の先頭にぶつかりました。思わずあっと叫んだのは、棺の後ろを歩いている頭の薄い中年の男性に見覚えがあったからです。必死に記憶を辿って、思い出しました。バートンさんに連れていかれた内山書店のご主人だったのです。参列者の中には、外国人らしい姿も多く見かけられたが、その中に、あのとき話題になったロジンという作家が居たのかどうかは判らなかった。後でリリーに聞いたら、じゃあロジンさんが死んだんだ、病気だったから。でも惜しかったな、とあっさり。後で長崎館のハナチャンに会ったら、やはり亡くなったのはロジンで、とても悲しかった。彼女も葬列に参加した、と答えたそうです。

シュウピンの足はますます遠ざかり、もう忘れられたのかとリルが覚悟した一二月初旬、彼から大きな包みが届きました。中にクリスマス・プレゼントがぎっしり。「どうしても時間が取れない。心からの祝福を贈る」というカードが入っていました。中には香水やネックレスなど高価なものがぎっしり。でも心の空隙は埋まらないと嘆いています。

「昨日はクリスマス・イブ。フロアは華やかな飾りでいっぱい。客も舞女も刹那的快楽に酔っているようだが、どこか乗りが悪く、無理している感じもした。頭が痛くなったので、申し訳ないけど、早めに失礼した。そしたら今朝、ジョゼフの電話で起こされた。興奮している様子だ。彼はひとしきり謝ってから、ビッグ・ニュースを届けたいから、お邪魔していいか、とのこと。未だ少し頭が痛むけど、いろいろ世話になっているから、ＯＫし、居間で会うことにした。彼はいい部屋だとほめ捲ってから、昨夜は呑み過ぎて頭が痛いと前置きして、

「実は昨夜、ボスがメトロポール・ガーデンに遊びに来ることになっていたんだ。そう、あの静安寺路にあるボールルームだ。それで事前の手筈の取決めに出かけた。のんびり飲んだり踊ったりしている連中を横目に、こちらはクラブの係と手順の打合わせさ。そうしたら突然、演奏を止めろ、と叫びながら一人の男が入ってきた。驚いて演奏もダンスも止まった。何故だと詰問したフィリピン人のバンマスに、彼は手にした紙切れを差出し、これを読めと言った。バンマスは

ちょっと驚いた表情になってから、声を出してメモを読み始めた。客から一斉に歓声が沸き起こり、やがて国歌の合唱になった…。メモには、こう書いてあったんだ。西安で張学良に拘束されていた蒋介石が解放され、いま南京へ向かっているところだって」

それを聞いて私もびっくり。蒋が十二月十二日に拘束されたことは連日大きく報道されていたが、理由もよく判らず、いったい支那はどうなるんだろうという重苦しい空気が楊子ボールルームにも流れていたからだ。

「よかった。安心した。でもどうして解放されたの？　いえ、その前に、どうして拘束されたの？　どうして？」

「ま、ま、落ち着いて。そもそも蒋が張学良に拘束されたのは、共産党と戦うのを止めて、抗日のための統一戦線を組むべきだと蒋を説得するためだったんだ。というのも、日本は支那駐屯軍を一方的に増強してて、こちらの抗議を全く無視しとるんでね。今や危険度がグンと高まっとるんだが、それでも蒋は張の要求にウンと言わなかった。それで拘束が長引いた。そこまでは私も知ってたんだけどね。昨夜、ボスに聞いたら、どうやらクレムリンからの指示があったらしい。このままでは張に殺されると感じた蒋がついに統一戦線の結成に賛成した。そこで周恩来も参加して、公式に国共合作が成立することになった。で、解放されたということのようだ」

「じゃ統一戦線を組むんだ」

「そう簡単には行かんだろう。何しろ向こうは娼婦上りの女傑がナンバー・ツーとして実権を握っているからね」

「娼婦上り？　毛さんのパートナーは女優だったんでしょ？」

「女優も娼婦も同じようなものさ。どっちみち女優じゃ食えないんだから。ところが、彼女を延安まで連れていった愛人が、毛親方に彼女を紹介した。親方は真面目一方の男だったから、彼女の簡単な手練手管にコロリと参って、女房を邪魔にし始めた。とまあそんな訳だから、大事なことは、相方の意向一つで決まるのさ」

「まさか！」

「まさかじゃないの。そういうことなの。そんな訳でどうなるかは判らんが、万が一、統一戦線が組まれることになれば、お宅の彼氏はますます忙しくなるから、ますます上海へは出てこられなくなるだろうね。日本との戦争はもう避けられないから、リルも覚悟しておいたほうがいい」

「その辺のこと、誰に聞けば、一番判るかなあ。杜さんかなあ」

「そりゃあ張学良がベストだな。今は話をするどこじゃないだろうけど。これは絶対内緒なんだが、彼が溺れてるのは阿片だけじゃない。女にも溺れてるんだ。彼は上海に来るたび、必ずソワレつまり女の子との一夜を要求する。そこでクラブ・リドの個室を押えておいて、複数の女の子を待機させておく。これが私の役目だから、もう長い付合いさ。どうせ今の騒動が治まれば、また腰をむずむずさせて、やって来るだろうから捉まえて様子を聞いておくよ。もちろん私のボスだって、国内事情はかなり知ってるとは思うが」

「杜さんは昨夜来たの？」

「ああ。かなり遅かったけどね。彼が入ってきた瞬間、それまで西安ドラマで盛り上がってい

た客も ダンサーも、蒋のことなどきれいさっぱり忘れて、ワッと群がってきた。大変なモテモテぶりで、やはり上海租界の真のヒーローはボスだって改めて判ったな――ジョゼフは嬉しそうにそう言ってから――ボスは女に関してもスゴ腕だが、君には手を出させないよう守ってくれとシュウピンに頼まれてるんだ。その方向でよろしいですかな、マダム・リル？」

私は肩をすくめただけ。これはリリーのお得意のポーズだ。彼女なら何て言うかなあ。急にリリーに会いたくなった。リリーの話はいつも面白い。この間もそう。聖アンナの客は洋行帰りが多いそうだが、帰米組と帰仏組では雰囲気がまるで違うから、すぐ判ると言う。即ちアメリカ帰りは、ヤンキー・アクセントに鼈甲ぶちの眼鏡、金歯でガムを噛む。旧社会のモタつき・無秩序・不潔に手厳しく、明快で優越感に充ち溢れ、時は金なりの精神で旧社会を切り捨てる。水しか飲まず、箸と茶碗・マージャン・レストラン・阿片にオサラバし、モダンガールにしびれる。一方ブール・ミッシュつまりパリ帰りは、大きな蝶結びのネクタイを好み、だらしない服装がお気に入り。冷笑的懐疑主義を表すひねくれた言葉を勿体ぶって喋り、生噛りで意味不明な哲学用語で相手を混乱させ、変だな？ と思われる前に逃げ出し、よじれたズボンで狂気のチャールストンを踊りまくる。どう？ 判る？

思はず腹を抱えて笑ってしまう。同時に、こんな話がフランス語で判るようになった自分に、改めて時の流れを感じる。なぜか突然、母の顔と共に、忘れてた父と妹の顔が浮かんだ。

シュウピンからは連絡がなく、チャオタンの行方は判らず、最近ジョゼフも来ない。バートンさんからだけは、楊子ボールルーム気付で、心配だ、心配だといふ手紙がせっせと来る。君に会いに行きたいが、どうしても時間が取れない。そして最後に必ず「Dis bonjour à tes yeux!」と書いてある。君の瞳によろしく、でいいのかな？　私の方はあまり手紙を出さないのに、どうして彼がそこまで？』

＊　＊　＊

やっと楊子ボールルームに腰を落ち着けたリルが、迫りくる戦火の臭いに気づかなかったはずはないが、鹿地夫妻のほうは、もっと直接的な影響を受けていました。次章は父の文章から。

第五章　アデュー上海！

「アデュー上海
ガーデンブリッヂ　　スマローの灯よ
アデュー上海
霧の雨　忍び泣く夜空　　……（中略）……
アデュー上海　　また会うは
何時の日ぞ　　何時の日　　ああ」
（「アデュー上海」藤浦洸作詞、服部良一作曲、渡辺はま子唄、一九三八年）

昭和一二年（一九三七）八月一二日午後六時過ぎ、虹口居留民団の男が連絡に来たのは、鹿地夫妻が虹口ダラッチ路（多倫路）の寄宿先で、家主のローゼンタリ一家とつましい夕食を共にしているときだった。食卓に載っているのは、白いご飯と沢庵だけ。それも、中国人の阿媽が逃げ出したため、食べるものがないとの家主の訴えを聞き、鹿地が内山完造に頼み込んで、特別に分けてもらった食糧だ。そのとき、慌しい靴音に続いてノックの音がした。オリガ夫人が開けてみると、カーキ色の服を着た三十絡みの男が息を弾ませながら中を覗き込み、居留民は至急呉淞路の日本人小学校へ集合してください、と早口でまくしたてた。ごくろうさま、すぐ参ります、と返事はしたものの、決心がつかず、鹿地の心は揺れに揺れた。

私の手許に、第二次上海事変勃発時の情景を記した鹿地の著書が四冊ある。古い順に『中国の十年』（時事通信社、一九四八年）、『脱出』（朝日書房、一九五四年）、『上海戦役のなか』（東邦出版社、一九七四年）、そして『「抗日戦争」の中で』（新日本出版社、一九八二年）。同じことを説明するにそれぞれ内容が微妙に異なるが、こちらには判断のしようがない。やむなく、一番詳しく書かれた『脱出』の記述を主な拠り所として振り返ってみることにする。（彼が一九六〇年に三一書房で出した『心の軌跡』も上海時代を扱っているが、こちらは小説仕立てで、主人公は高村真吉という名前になっている。仮名にした理由は不明だが、本名でない以上、参考資料扱いにせざるをえない）

集合要請の来るひと月あまり前の七月七日、北京郊外盧溝橋で北支事変（日中戦争）が勃発。以来、『上海ではたちまちにして、空前の規模での抗日救亡運動が盛り上がりました』（夏衍『上海に燃ゆ』、東方書店、一九八九年）。目抜き通りでの反日デモと日本人への暴行。一方下宿の周りは、戦乱への恐れから、殆どの住民が退避したため、辺りはガランとしている。

どうすべきか迷っているところに、二番目のノック。向かいのお年寄りの奥さんだった。鹿地たちを誘いに来たのだが、彼らがすぐ出そうもないと察すると、お先に、と急ぎ足に離れて行った。さらに三番目のノック。開けたら、鹿地の先妻河野さくら（原作では咲子）が立っていた。彼女は彼が市ヶ谷刑務所を保釈で出所した直後に、離婚を申し立て、成立しているが、彼が離日した五か月後の六月、追いかけるように上海へ渡航、上海毎日新聞社に勤務していた。彼女は社からまっすぐここへ来たといい、楽しげにはしゃいでいる。

そして四度目のノック。先ほどの男が顔を出し、未だ残っているのか、みんな集まっているぞ、と舌打ちせんばかりの叱責口調で引き上げた。もはや時間の余裕はない。そこへ工部局警察のトラックが、避難民を大量に載せて通りかかった。彼らは治外法権の外人租界を目指して必死なのだ。工部局の車なら、戒厳令で通行止めになっている蘇州河を越えて、外人租界へ脱出することができる。池田幸子は一人で先へ行くと告げて、トラックと交渉した。同行しようとする鹿地を押しとどめ、生まれたての子猫一匹と下着類の小包を持って、さよならも言わず、さっさと乗り込んだ。後に鹿地とさくらが残された。

なぜ幸子はわざわざ夫と前妻を残し、一人で先へ行ったのか。三人の間に何かわだかまりがあったのか。そこは判らない。そして鹿地はさくらのアパートに一泊、さくらから延安に連れて行ってほしいと懇願されたが、断ったと記している。

鹿地の残りの三冊に、さくらは登場しない。一方さくら自身も、『ドキュメント昭和五十年史3』(汐文社、一九七三年)に収められた『戦火は上海に』というエッセーで、この日のことを書いているが、それによると、勤めの帰りがけに寄った内山書店で初めて鹿地夫妻に出会ったことになっている。だが話は弾まず、すぐ別れたさくらは一人でアパートに帰っている。

こうした記述のズレは随所にあるが、無視して先へ進むことにする。

翌朝、鹿地が内山書店に寄ってみると、すでに書店は日本軍に徴用され、内部は、ふんぞり返った軍人と色めきだつ御用報道班員とで満杯だった。

一〇時過ぎ、「ざるいっぱいの豆をくつがえしたような一斉射撃」の音が響く。どこだ、どこだ？浮足立った報道員が我先にと駆け出す。「わしは逃げない。ここの土になります」げっそりと眼の落ちくぼんだ内山完造が悲壮な微笑を浮かべ、鹿地に御餞別をくれた。押し頂いた彼は、折よく書店に立ち寄った居留民義勇隊の自動車に飛び乗り、ガーデン・ブリッジを越えることができた。

バンド（外灘）でトラックを降り、電車に乗り換える。群衆の波は普段と変わらず、川向うの戦争は、一見ここでとは無縁な出来事のように思えた。フランス公園の裏手に住む作家仲間、蕭軍・蕭紅夫妻のアパートで幸子夫人と再会。懐かしい友人同士が楽しく食卓を囲む準備に取り掛かっていたそのとき、轟音と激震が走った。慌てて窓に走り寄り、息をのむ。眼前に展開していたのは、黄浦江に停泊中の三十余りの日本軍艦が一斉に火を吐いている光景だった。港に面した中国領土に向けて艦砲射撃が始まったのだ。凄まじい炸裂音に、吹っ飛ぶ肉片が目に浮かんだ。全員が食欲を失い、食事はお流れとなった。午後一一時になっても轟音は止まず、彼らはマットの上で眠れない一夜を過ごした。

（これとは別に、多くの資料が中国機の誤爆による惨事を描写している。例えば *Christian Henriot et Alain Roux*, Shanghai anées 30（三〇年代の上海）, Edition Autrement 1998. によると、正規に訓練を受けた武装兵は日本が二九万人だったのに対し、中國は二万五千人しか居らず、爆撃の技術もかなり未熟だった。八月一四日、外灘に停泊していた日本の戦艦「出雲」爆撃のために出動した中国の軍用機が、誤って、南京路入口に並ぶ豪華ホテル、キャセイとパレスの近くに二発の爆弾を落とし、七百人を殺した、さらに他の爆撃機も、「大世界」に近いチベット・ロードとエドワード七世路の交差点に爆弾を落とし、三千人の犠牲者を出した、とある。

他の資料によると、中国機による誤爆はそれからも何回かあったらしく、租界の住民は日本軍の砲弾より中国軍の爆撃機のほうを恐れていたという。その一つ、ジャーナリスト、アーネスト・オー・ハウザーの生々しい臨場体験を、彼の『大帮の都上海』（佐藤弘訳、高山書店、一九四〇年）から引用する。

『それはランチ・タイムであつた。爆弾は、あの蜜蜂のむれている様な人ごみの中に落下した。先旋デパートは命中の破目に會ひ、永安公司は脇腹に穴をあけられた。両方の店とも客で満員であつた。破片であたり一面さながら屠殺場の光景となつた。天井は落ち、エレベイターはひっかかり、ガラスの粉はブンブン散亂した。陳列棚や死體の間をドタバタと群衆は戸口に逃げ出した。子供は床に踏みつけられる。男も女も気狂ひの様に恐怖で泣き叫んだ。死體が街頭に通ずる手摺の上にグロな形でぶらさがってゐた。帳場に列をなして、賣物かなんかの様に人間が転がつてゐた』

ハリエット・サージェントの記述（『上海〜魔都１００年の興亡』浅沼和子訳、新潮社、一九九六年）も同じようにおどろおどろしい。

「爆発した建物の三階と四階から吹き出した水が、犠牲者の遺体の上で跳ね返って赤く染まり、下水溝に流れ込んでいた。ガラスの破片が水晶のカーペットのように路上を覆っていた。そのキラキラと輝く表面に見えるのは、胴体から切り離された手足や、缶詰のトマトペーストをこぼしたような血だまりだった。頭上には、ベトナム人の警官の血まみれになった残骸が電話線にぶら下がっていた。

……負傷者は、救急病院に様変わりしたナイトクラブに運ばれた。ダンス・フロアには寝台が並び、カウンターは薬局になり、オーケストラ・スタンドは看護婦詰め所になった。ホステスは髪を愛国的な飛行機の型に結って、女性ならではの優しさを男性に振りまいた」

当時フランス租界の警察に勤務していたJoseph Shiehの*DANS LE JARDIN DESAVENTURIERS*(冒険家たちの庭で), EDITIONS DU SEUIL, 1995.にも同様の記述があり、さらに続けて、一一月二一日の上海陥落まで続いた市街戦を通して、中国兵の死者は二五万人にのぼったが、日本兵の死者は四万人に過ぎなかったと記している)

(ついでに書けば、この壮絶な上海市街戦の前後に日本から取材に訪れた有名無名作家たちのルポルタージュを大量に読んだが、そのほとんどが、裏街で女を買ったとかダンサーを口説いたとかいう猟奇的な話を嬉しそうに載せていて、こちらをうんざりさせた。彼らが低劣なのか、読者が低劣なのか、あるいはその両方なのかは知らない。ただ高崎隆治『上海狂想曲』(文芸春秋、二〇〇六年)の一節に納得した。それによると、取材を終えた何人かの作家たちは、上海航路の客船ではなく、日本の駆逐艦に便乗して帰路についた。そのとき、一人の海軍士官から次のように批判されたという。

「僕らは小説は好きですよ。大抵読んでいますが、しかし何故日本の小説家たちは、芸者や、女給に惚れたことばかり書いているのですか？ いったい日本人の生活は、そんなに女にばかり惚れているのですか？」

私にとってただ一つの救いは、「改造」の昭和一二年（一九三七）一二月号に載っていた高田保の「支那海往復記」だ。彼はこの戦争が齎した現実を善悪の彼方で凝視し思索し、失われていく自然を静かに悼み慟哭していた）

当時、租界とその周辺は、くっきり三通りに分かれていたようだ。即ち闇黒に閉ざされた虹口日本人街、戦火の下で苦吟する南市と浦東地区、そして、変わらず煌々たる電飾に照らされた共同租界とフランス租界。そのフランス租界にある蕭軍家の鹿地夫妻に対するもてなしは快適だった。だが、根本的な問題は一向に解決されない。許広平のところから帰ってきた蕭軍が蕭紅に何か囁いた。彼女が恐怖の表情で叫んだ。「あんたたち、もう絶対に出られない！ 日本人を殺せ殺せって街中で喚いているそうよ」

蕭軍の補足はこうだ。群衆が気違いになったように、あっちこっちでたたき合っている。誰かが日本人らしいといっただけで、わけもきかずに襲いかかる。何も知らずに引き裂かれる目に合っている。そんな場面を何度も見た……。
鹿地夫妻が見張られていることはすぐ判った。これ以上迷惑はかけられない。だがどうすれば？受け入れ先を見つけるのが困難な理由は、戦時中のため、受け入れ側の住居が安定しないことに加え、蕭軍の話で明らかなように、日本人を泊めていることがバレると、「東洋鬼子《トンヤンクイズ》を殺せ」といきりたった群衆に取り囲まれ、どんな悲惨な目に遇うか判らないという事情もある。受け入れ先を求めて夫妻がとぼとぼと歩く道筋には、数十万人といわれる難民がひしめき、家々の屋根の上すら、彼等のねぐらになっている。戦争が必ず難民を伴うことは、今も昔も変わりはない。押し寄せる難民の群れに音を上げた租界当局がバリケードを築き、難民の流入を防ごうとしたこともあったが、流れを止めることは不可能だったという。

「租界と難民区では十万の人間を収容する能力しかなかった。そこで五十万を越すあぶれた人間が歩道、街路を始め、住宅や商店の戸口、窓の蔭、町工場の廃墟といった所で、なけなしの財産を小さな青い布でくるんだのを枕に、ぼろと紙を寝具にして眠った。……横丁のいたる所に、空地さえあれば何処にでもうずくまり、立ち止り、或いは横になる受難者の姿が見られた」（エドガー・スノー『アジアの戦争』森谷巌訳、みすず書房、一九五六）

さらにスノーは、多くの富裕外国人が、難民には無関心なくせに、迷い猫や迷い犬の処遇には大騒ぎする風潮を批判的に報じている。かつて租界の公園にあった「犬と中国人入るべからず」の規定に関し、現実には、中国人は犬以下に見られていたんだ、と吐き捨てるように言った人が居たが、このスノーの記事を見ると、まんざら誇張とも言えないかもしれない。

鹿地夫妻が蕭紅に伴われてまず訪ねた先は、同じフランス租界の一角で、当時、霞飛坊と呼ばれていた里弄にある魯迅未亡人許広平の住まい。この里弄（リーロン）というのは、今でも市内のあちこちに散在する裏通りの一帯を指すが、長屋と違い、一つ一つ独立している。

現存する里弄の一つ

夫妻は、難民救済の仕事から戻ってきた魯迅未亡人から大歓迎を受けた。彼らの寝所として、魯迅の蔵書に囲まれた三階の図書室が充てられることになった。本来なら、漂う魯迅のオーラに摂まれ、うっとりするところだが、光線が漏れないようにと注意され、慌ててスタンドを黒い布で覆うなど、そう興奮ばかりしてもいられない状況だった。

しばらく落ち着くつもりだったが、恐ろしい情報が家族の耳に入った。日頃監視の対象になっている未亡人宅が、こともあろうに日本人を匿っているという噂が近隣に漏れ、今夜襲って殺してしまおうという計画が固まったという。何が何でも今日中にこの家を出なくてはならない。さりとて咄嗟に頼るべき知人も思いつかず、二人は頭を抱えた末、一か八かで、一、二度しか会ったことのないグラーニッチを訪ねてみようということになった。

この辺りの情景を、作家夏衍の自伝『上海に燃ゆ』（阿部幸夫訳、東方書店、一九八九）は次のように記している。

「(上海を離れるため)内山書店でたまっていた書籍代を返済しました。この時、偶然、鹿地亘夫妻に出遇いました。彼らはわたしを捉えて放しません。なぜかというと北四川路一帯では、日本人がみな二人を反戦、親中国分子と知っていて……彼らとしてもこれ以上、日本人区域に住んでいるわけにもいかず、しかも貧乏しているので部屋を借りる費用がないのでなんとかしてほしい、そして安全な場所に住みたいというのでした。これには本当に参りました。……怒り狂った一般民衆は日本人と見さえすれば殴ろうとします。だれが敢えて一組の日本人夫婦を受け入れてくれるというのでしょう。……幸いなことに内山がわたしにヒントを与えてくれて、外国人の友人のなかに手伝ってくれるのが居やしませんかというのです。……そんなわけで、なにはともあれ、タクシーを呼び、彼ら夫婦を連れてフランス租界の『ボイス・オブ・チャイナ』のグラーニッチの家へ行きました。二人の苦境を知るとグラーニッチとその太った夫人は二つ返事で、気持ちよく「じゃわたしたちのところに住んだらいい」というのでした。鹿地と池田は涙を流して、わたしと別れました』

鹿地の自伝のこの件りに、夏衍は一切登場せず、鹿地自身の思い付きでグラーニッチを訪ねたことになっている。双方とも記憶違いがあるだろうから、ここはそのままにしておこう。

グラーニッチはアメリカ人の左翼系ジャーナリスト。会話も噛み合った。白人は中国人の使用人を奴隷扱いしているとの憤慨も、中ソ不可侵条約は素晴らしいニュースだとの喝采も、両夫妻の話の種になった。とはいえ、不穏な世情は変わらない。相変わらず艦砲射撃や空爆は続いており、炸裂音がしばしば建物を震わせた。さらに、共産党員であるグラーニッチ夫妻もまた、当局の監視の対象になっていることを考えると、いつまで居られるか判らない。

何時の間にか滞在がひと月を越えた。帰米を間近に控えたグラーニッチ夫妻が遂に音を上げ、孫文夫人宗慶齢に直訴したため、ここも出ざるをえなくなった。作家夏衍に連絡がつき、彼の知人に紹介された怪しげな小部屋に宿を移した。隣りは二部屋とも白系ロシア人の売春婦が商売に使っていた。時折、客と衝突が起き、男女の罵り合う声やグラスの割れる音、平手打ちやら悲鳴やらが賑やかに聞こえて来たという。

そろそろお金が尽きそうなとき、作家の馮雪峯が救援会から預かったカンパ金を届けに来た。顔が日に焼けているのは、長征二万五千マイルに参加した名残だろう。かれの話では、十月十九日に万国公墓で行われた魯迅の一周忌は、知人のほとんどが上海を脱出したため、寂しいものだったという。墓は綺麗に雑草が取り除かれ、一束の菊花が供えられていた。一体誰だろうという話になり、間違いなく内山老板だろうということで三人の意見は一致した。

日本軍による上海制圧が次第に迫るにつれ、アパートの周りに彼らを見張る不審者が増え、ここの滞在もそろそろ終わりに近いことを感じさせた。鹿地は変装のため以前からオキシフルで髪を染めていたが、漸く効果が現われ、幸子から紅鬼《ホングエイ》と呼ばれるほどの色になった。一見日本人とは見えず、脱出するには都合がよさそうだった。

そして昭和一二年（一九三七）一一月一一日、早朝、ものすごい轟音が轟き始めた。

『それはいっせい射撃とかつるべ落しとかなどのことばで表現できるようなものではない。一列に布いた長蛇の砲門が、ゼロ距離射撃で間断なく火を吐きつづけているのだった。租界から柵一重隔てた向う側がその戦場になっていた。窓硝子が今にもはり裂けそうにびりびり震えた。（中略）わたしたちは暖炉のまえに向いあったまま、息をつめ、身をちぢめた。往来には人影一つない』（『上海戦役のなか』）

砲撃は刻々北から南へ移っていき、正午を過ぎても止む気配はなかった。バンドの西南、豫園のある旧い城塞都市・南市が一面炎に包まれているのが見える。遅くなってようやく砲声が止み、上海最後の時は、夕闇と共に初日を終えた。

翌日、南市は陥落。数日後、鹿地夫妻の隠れ家を明記した逮捕・引き渡し要求が日本側からフランス租界当局に出されたことを知人から知らされた。期限は三日以内とのこと。切羽詰まった彼らが相談に行ったグラーニッチ家で、偶然、ニュージーランドの老社会主義者レウイ・アレーに出会った。（彼のことは、スノーの『アジアの戦争』に詳しい）もう駄目だから覚悟していると告げた夫妻を、それでもサムライか、と叱りつけたアレーは、情報を探ってくると、背を丸めて家を飛び出し、数時間後に帰宅。明日の午後六時、香港行きのフランス船「プレジデントD」号が出航するそうだ、と告げ、二枚の切符に二百元を添えて、夫妻に差出した。グラーニッチが聖書を渉猟した結果、ストーリーを創り上げた。鹿地はメキシコ生まれの華僑混血児で牧師のピーター・ワン（王）、妻は華僑のアンナ・ワン（安那王）。二人は伝道のため故郷へかえってきたが、戦乱で目的を果たせず、急遽帰国することになったのだ。かくして翌日午後四時、彼等の激励を受けた紅毛のピーター王と安那王の二人は、通路でウオッカに酔って寝ているロシア人の見張り二人を撒いて、二台の黄包車に飛び乗った。気付いた彼らが慌てて追いかけて来たが、わざと遠回りをして、やり過ごし、何とか港へ辿りついた。

乗り込んだ船室は二段ベッドで恐ろしく狭かった。これが一等船室？　切符をよくよく見直してみると、「中国人一等船室」と記されていた。なるほど、ここは欧米客を優先するフランス船だ。だから乗客が中国人なら、この程度が「一等」船室ということになるのだろう。二人は改めて租界の現実を知らされた思いだった。

一日遅れでようやく船が出航した。丸窓から外を覗くと、甲板に寝泊まりする「中国人二等船客」用に、古びたテントがびっしり張られている。その『テントのはずれの隙間から、ゆるやかにひろがる黄浦江の水面が見え、その向うに、灰黒色のうす汚れた日本人居留民街が、しだいに後に移りすぎていくところだった』（『脱出』）

＊　＊　＊

鹿地夫妻がやっとの思いで上海脱出を果したころ、リルはどうしていたのでしょうか。

第六章　女一人大地を行く

昭和一二年（一九三七）、楊子ボールルームに勤めて初めての年明けを迎えたリルですが、それらしい記述はさっぱり。いきなり日付のない走り書きで、シュウピン情報が書かれていましたが、それによると、彼は当分帰れないこと、チャオタンが一旦国府軍に居たが、すぐ辞めたこと、彼は三〇年代の初めに満州の奉天に居たことなどを突き止めたということでした。奉天と聞いてドッキリしたのではないかと思いますが、記述はそれだけです。

昭和一二年は日中戦争が始まったり、続けて第二次上海事変があったりで、リルにとっても大変な年だったはずですが、それについてはほとんど何も触れていません。日本人と思われていなかったようですから、引き揚げ勧告も来なかったのかもしれません。ただ九月一五日の日付のところで、あっという間に二二歳になってしまったけど、上海は私の性分に合っているから、何とかこのまま住んでいたいが、そろそろお金が心細い。邪魔する戦争が憎たらしい、などと書いてあり、さらにジャンヌ・リヴィエールが訪ねてくれたことも報告しています。外出すると何が起きるか判らないため、もっぱら閉じ籠っていたらしいリルにとって、友人の訪問は嬉しかったのでしょう。ここはドンパチも届かないし、フランス公園に近いし、今は閉まっているけど近々再開予定の揚子飯店にもそう遠くないから、いい処を紹介してくれた。ジャンヌには感謝していると書いていますから、どうやらパレス・ホテルを引き払ってから、彼女の紹介でフランス租界に引っ越したようです。

ジャンヌは、揚子をはじめ幾つかのキャバレーが閉鎖したのを残念がる一方、営業を続けている処は、戦争などどこ吹く風で、連日大入り満員の盛況だと驚いています。ただ、そうしたエリートたちとは対照的に、街の至るところに寝転がっている難民たちがいつ食糧を求めて暴動を興すか判らないので、当局者たちはピリピリしているとも言っているようですが、どうもこの人たちには、そうした底辺の苦しみがピンときていない感じは、日記の文章からも感じられます。

ジャンヌは戦争の最中、競馬場に近いパーク・ホテル最上階の食堂で、淹れたてのコーヒーを飲みながら、「世界最大のショー」（父によると、エドガー・スノーがそう表現しているそうです）上海戦での日本爆撃機のすさまじい空爆ぶりを見学したことが何回かあるとのこと。花火見物の気分だったのかもしれません。

『「そこでひょっこりアンドレに会ったの」

「アンドレ？」

「ほら、一度、揚子で会ったでしょ。アンドレ・ジャスパー、外務省のお役人よ」

「ああ、フランス租界で何かやってる人ね」

「何かじゃなくて、文化事業を管轄してるの。お偉いのよ」

長身で好男子の青年の姿が私の中で甦った。

「ふーん。元気そうだった？」

「元気も元気。こんなご時世なのに、妙に陽気だった。私のことピエ・ジョウヌ（黄色い足）だって言うの。判る？　判らないわよねえ。つまり、アルジェリア育ちのフランス人がピエ・ノワール（黒い足）って言われたので、それに引っ掛けて、支那人と一緒に居るフランス人はピエ・ジョウヌだっていうシャレよ。だから、あんただってそうじゃないのって言ったら、その通りですって澄ましてるの」

「そう言えば、黄色って、フランスじゃ余りいい意味で使われないみたいね。お前はジョウヌだって言ったら、卑怯だって意味でしょ？」

「そうだけど、ブラン・ベック（白い嘴）って言い方もあるわよ。これだと生意気な青二才って意味だから、いろいろよ。

「でも彼、少し調子に乗りすぎて、許せない冗談も言ったわ。誰かから聞いた話だって言うんだけど、例の支那機の誤爆で租界内に爆弾が炸裂したとき、ホテルのバルコニーに立っていた人が、通りから飛んできた片手で頬を殴られたんですって。ふと気が付くと、何とそれは丁寧にマニキュアをした美しい手で、手首にはずっしり重い金のブレスレットがはまっていたので、その男は思いがけないプレゼントでホクホクしたっていうの。ね？　こんな大変な時に、こんな笑い話、許せないでしょ？」

「と言う割には、平気そうじゃないの」

「メ・ノン！　私が真剣に怒ったから、アンドレも体を縮めて恐縮してたわ。そうそう、彼、金髪の凄い美女と一緒だった」

「そりゃハンサムだもの。モテるの当然よ」

「ロシア生まれの画家ですって。ところが彼女が席を外したとき、彼がぜひあなたに会いたいって言うの。何回も揚子に行ったんだけど、閉まってて会えなかった。残念ですって」

「へえ！　信じられない」

「でしょ。真面目な人だと思ってたのに、意外なことを言うから、聞いたの。あんな美女が居るのに、どうしてなのって。そしたら、以前フランスであなたによく似た人に会ったことがあるんですって。で、関係があるかどうか気になったので、一度聞いてみたい」

「関係ないない。それ、よくある口説き文句だと思うんだけど」

「そう思ったけど、彼、大真面目なの。人助けのつもりで、一度会っておあげなさいよ」

なぜジャンヌが熱心に勧めるのか、不思議だなあ』

私も不思議です。彼女がリルに説明したところによると、アンドレは優秀な成績で海軍兵学校を卒業して、まず青島の支那海軍訓練係に就任したそうです。そこで手腕と真面目さを評価されて外務省からお呼びがかかり、海外文化事業の助成金をコントロールする上海部門のヘッドに抜擢されたとのこと。つまり彼の決定に従い、フランスから助成金が交付されるという重大な権限を任されていることになります。そんなエリートがいったいどうして？

どちらが先に声を掛けたかは判りませんが、一一月下旬、リルとアンドレはジョッフル路のフランス倶楽部にある中華料理店で食事をしています。会員制だったようですから、もちろんアンドレが招待したのでしょう。もう砲声は止み、窓からコートでテニスを楽しむ白人たちが見えると書いています。

彼女によると、甘い話は一切出ず、アンドレは今の上海の体制に辛辣かつ冷ややかなコメントを加えたようです。

曰く、上海は国内産業総生産の五〇％、資本の四〇％、労働者の四三％。工場数は六千という支那の大動脈なのに、金は金持ちや権力者にしか行き渡らない。だから彼らにとっては楽園かもしれないが、蝋燭や石油ランプ、あるいはコードにぶら下がった一四ワットの裸電球の下に蠢く貧困階級にとっては地獄そのものだ。

曰く、蒋介石は娯楽やリクリエイションのルートをすべて押え、違法な阿片取引を取り締まるという名目で、阿片販売を国の独占事業にした。その下で甘い汁を吸った杜月笙はぐんぐん勢力を伸ばし、青帮の力は先輩ライバルの紅帮を上回るようになった。

曰く、有名な宗三姉妹の不肖の弟宋史良がしでかした醜聞を、杜が相手の女を黄浦江に沈めることで始末したが、こんなことはこの街では日常的に行われていることなのだ、エトセトラ、エトセトラ。

『いささか聴きくたびれたころ、「パルドン」と声がかかり、アンドレの手が左の耳元に伸びた。耳飾りを見せてほしいと言う。急いで外すと、彼は大事そうに掌で包み、暫く撫でていたが、やおら銀色の鎖を目に近づけ、ふっと溜息を洩らした。「やはり」

「やはり？　やはりって？」

「ごらん。ここにアナベル・リーとサインされている」

「えつ！　アナ…な、何て言ったの？」

「アナベル・リーさ。知ってる、この名前？」

「もちろん…知らない」

「そう。アナベル・リーはエドガー・アラン・ポーの最後の詩に出てくる少女の名前なんだ」

私はただポーっと聴くばかり。

「少女のアナベルは詩の語り手と深く愛し合っていたが、その愛を天使に妬まれて、死んでしまう」

「そ、それでお終い？」

「いや、続きがある。少女の肉体は滅んだが、二人の愛が余りにも強く結ばれていたので、その愛は何者も引き離すことができない、というような詩なんだ。どうかしたの？」

「いえ…ただ凄い愛だなって」

「以前、あなたによく似た人にフランスで会ったことがあるとジャンヌに伝えたけど、聞いてる？」

「う、うん」

「例の大地震が日本であつた少し後のことだな。被災者に義援金を贈るチャリティー・パーティーがパリで開かれた。私はその時未だ学生だったけど、手伝いに行かされたんだ」

母はその地震で亡くなったと言いたい気持ちを抑え、私は黙って聴いていた。

「会場で世話係をしていた人たちの中に、日本人らしい人も何人か居たが、その中の一人が貴女の面影にそっくりでしたね。しかもその人が、お手伝いご苦労さまと私に声を掛けてくれたんだ。彼女はきれいな耳飾りを付けていた」

「……」

「私は思わず、素敵な耳飾りですね、と言った。彼女は、本当はこれもチャリティーに出すべきなんですが、主人の遺品なので、これだけは取っておきたくて、と恥ずかしそうに微笑んだ。何の石ですかと尋ねたら、翡翠です、色から見ると支那のシャンシー地方で採れたもののようです、とのことだった。外してくれた耳飾りをよく見たら、鎖にアナベル・リーと彫られていた」

「……」

「話したいことはそれだけさ。ただ余りにも不思議な一致なので、貴女に何か心当たりはないかと思ってね」

「心当たりと言われても……」

「その婦人があなたのお母さまと言う可能性はない？」

「メ・ノン、母は関東大震災で亡くなったもの。一方父は生きてたから、耳飾りが父の遺品であるはずもないし」

「ふーん。とすれば、驚くべき偶然だなあ」』

狐につままれた顔のアンドレを見て、リルはあの出来事を言うべきかどうか散々迷ったようですが、思い切って、彼女に届けられた耳飾りと手紙の件を話しました。彼はますますポカンとし、頭を掻きむしったかと思うと、突然、スフィンクスの謎みたいだ、とうめき、エディップはいないのだから、代りにジャンヌに相談すべきだと大声を出しましたが、途中で発言を止めたのは、リルの唇に口を塞がれたからだそうです。こんな大胆なことをしたのは初めてだと書いています。エディップの意味が不明だったので、綴りを書いてもらい、帰って字引を引いたら、オイディプスと書いてあったそうですが、それでもピンと来ず、なぜアンドレは、あんな訳の分からない事ばかり言うんだろう、と首をひねっています。

しかし話の内容は、やはり気にはなっていたのでしょう。年末をフランスで過ごす準備で忙しいジャンヌを、一一月二五日、漸く捉まえ、これまでの経緯を全て話しました。リルによると、ジャンヌは深刻な表情で考え込んでいたようですが、遂に決心がついたらしく、いきなり、夢にも思わなかったストーリーを話しだしました。

『「黙って行くつもりだったんだけど、思い切って言うわね。実は貴女のお父さまは本当の父親じゃないの。お母さまがパリで学生だったとき、中國の留学生と恋に落ちて結婚し、貴女が生まれたんです。でも、その直後、彼は事故で急逝してしまいました。乳飲み子を抱えて途方に暮れていたお母さまを、医大留学中のお父さまが同情し、母子を引き取って帰国したのが真相なの。お母さまの母親、つまりあなたのグラン・マはフランスとどこかの混血だったらしいけど、お母さま自身、大変な美人だったから、お父さまも気に入ったんでしょうね」

「……」

「お母さまはよほど私を信頼していたのか、全部打ち明けてくれたわ。お父さまとの仲がギクシャクしていたとすれば、その後、二人のズレが次第に大きくなったのかもしれない。彼女も随分悩んでいた様子だったけど」

「母は、母は死んでないんですか？」

「それは判らない。アンドレの話が本当なら、生きているような気もするけど、他人の空似かもしれないしね」

「でも耳飾りは？　私に届いた手紙は？」

沸き起こった疑問を次々にぶつける私の顔を、ジャンヌは両手で挟み、リル、と呼びかけた。静かな声だった。

「落ち着いて聴いてちょうだい。いま世の中は物凄い勢いで動いているの。何が起きても不思議じゃない時代なのよ。その動きに下手に合わせようとすると、ロクなことにならないわ。だから我慢して待って。焦って、早く追いつこうなどと思わないで。私の好きな言葉があるの。『人は変らないことによってのみ、変ることができる』ね？『人は変らないことによってのみ、変ることができる』リルはリルのままでいいの。強いて変る必要ないのよ」

「ジャンヌは何処へ帰るの？」

「南仏のガロンヌ河の近くにカオールって町があるんだけど、うまい白ブドウ酒の産地で、お城も沢山あって、綺麗なとこよ。私を育ててくれた養父母の一家が居て、いつでも帰ってこいって言われてるの。リルも遊びにおいで。大歓迎されるよ」

「うーん、行きたい」

「そう言えばあなた、日本人だってバレて、楊子に再就職できなかったんでしょ。きっとお金に困ってると思ったから、当座の資金、用意してあるの。後で上げる。それから、困ったら、この人に相談してみて。実はフランス語と日本語のできる女性を紹介してほしいって頼まれてたの」

ジャンヌからメモを渡されたとき、入口の呼鈴が鳴った。見たことのある白人女性が戸口から私に会釈し、彼女に何か囁いた。

「うん、判った。リル、ちょっとお隣りへ行ってくるから、留守番よろしく」一旦出ようとしたジャンヌが振り返った。

「南京が陥落したみたいよ。もう支那もお終いね。じゃ」

世の中は確かに激しく動いている。ジャンヌはフランスへ帰り、上海へ戻るかどうかわからない。アンドレはロシア人の愛人に捨てられたうえ、海兵隊に召集され、二、三日以内に任地へ向かう。バートンはアメリカへ帰ってしまった。シュウピンには幾ら手紙を書いても返事が来ず、もちろんチャオタンにも連絡がつかない。仕事もないし、私はまた独りぼっちだ。思わず耳飾りに手がいった。いつの間にか欲求不満のとき耳飾りをいじる癖がついたようだが、この時も、いじりながら、ジャンヌのくれたメモに目を落とした。名前は「アンナ・バラール」。住所は1437・バブリング・ウエル・ロードとある。あのパラマウント・ボールルームのそば！

たちまち、シュウピンと初めて結ばれた夜の情景が甦った。そうか。私は待つしかないのか。どこからか周璇の「何日君再来」が微かに流れて来る。「人は変らないことによってのみ、変ることができる」ジャンヌの残した謎めいた言葉を私はぶつぶつ呟いていた』

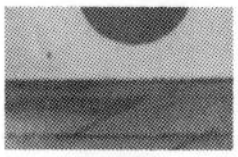

［残照］手許の資料から見る日中戦争

自虐集

＊（昭和六年＝一九三一年、上海）『北四川路の中程の西側に「新雅」という広東料理店がある。……いまこの「新雅」の前に十二フィート四方のポスターが掲げられ、鬼畜の様相をした日本兵が満州で中国の良民を虐殺している絵が行人の目を惹いている。街を歩く車夫も、労働者も、少年少女までが通行する日本人を敵意に満ちた目で見る。宝山路の私の部屋の裏の通0りを毎晩のように学生が隊を作って、口々に「打倒東洋豚肉」とか「打倒穿和尚衣装的日本人」とか絶叫して練り歩く。…（北京）駅頭の正陽門には高々と「打倒日本帝国主義」のスローガンが掲げてある。…上海の排日の波は最高潮に達している感があった。軒々辻々に排日・抗日ポスターがはられ、スローガンが書かれてあった』（川合貞吉『ある革命家の回想』谷沢書房、一九八三年）

＊（昭和七年＝一九三二年　?上海）『広東から戦争をしてきていまついたばかりの殺伐な兵が、往来の左右に居ならび「東洋、トンヤン」と罵り、私たちに唾をかけ、あいてになればいまにもおどりかかりそうなそぶりをする』（金子光晴『どくろ杯』中公文庫、一九七六年）

＊（昭和七年、上海）『便衣隊（＝ゲリラ隊）の方も随分勇敢であつた。…機関銃で撃たれて重

傷を負った者がトラックへ満載されて護送されて行く道すがら「打倒日本」を連呼するといふやうな光景もあつた』（村松梢風『上海事変を語る』平凡社、一九三二年）

＊（昭和七年、満州）『日本人がどっと押しかけた『満州国』、そこで政・軍・財界を牛耳っていたのは星野直樹（総務長官）東条英機（関東軍憲兵司令官）岸信介（総務次官）鮎川義介（満州重工業総裁）松岡洋右（満鉄総裁）の二キ三スケだと言われた。そしてこの〝二キ三スケ〟の下で、まつろはされ（服従させられ）ている満系（中国人）は、その最高の地位とされる参事官でさえ・・徹底的に馬鹿にされていた』『ある日本人高官が漏らした「もし今軍隊が引き揚げれば、日本人は全員殺されるといっても過言ではない」といった言葉にすべてが語られている』（川勝一義『淘げられた歴史』新東京出版、一九九六年）

＊（昭和一〇年＝一九三五年）『南支那に来て、私は満州事変後の排日がこの方面に如何に猛烈であつたかを知ることが出来ました。…どこの町でも日本人が通ると石を投げる』（清澤洌「南支那からの現地報告」『改造』一九三五年四月号）

＊（昭和一二年＝一九三七年）『彼等（中国人）のこの意気情熱はいつたいどこから生れてきたのであらうか。日本人の一人として斯う言はねばならないのは遺憾の極みながら、国を挙げての「反日救国」的精神以外にその動因は見られ得ないのであつた』（小田嶽夫『支那人・文化・風景』竹村書房、一九三七年）

＊（昭和一二年）『柳川兵団に従軍していた「同盟」記者の話によれば、柳川兵団の進撃が速いのは、将兵のあいだに『略奪・強姦勝手放題』という暗黙の了解があるからだ…』（松本重治『上

海時代　下』中公文庫、一九八九年）

＊（昭和一二年一二月一三日＝南京陥落の日の著者によるメモ）『大略奪、暴行ノ噂ハ本当ラシイ』（犬養健『揚子江は今も流れている』中公文庫、一九八三年）

＊（昭和一二年）『日本人には家を貸すな、日本人には物を売るな、日本人には使はれるな。これが抗日會のスローガン』（緒方昇「雲南における英佛の反日戦線」『改造』一九三七年一二月号）

＊（昭和一二年）『反日感情は子供にも植えつけられたとみえ、この年上海、蘇州に赴いた村田孜郎は、「打倒日本！　打倒日本！」と小さな子供たちが拳をふりあげ、目をむいて叫びながら、どこまでも追いかけて来る様子を『支那女人譚』（古今荘書房一九三七年）に書いた。また一九三八年に上海を訪れた野上弥生子は、公園で遊ぶ子供たちが日本人を見るやいなや、急にどこかに隠れてしまうのを目のあたりにする（『私の中国旅行』岩波書店、一九五九年）。…榊山潤は、『抗日画報』に日本人と通じた疑いのある「漢奸」のさらし首の写真が載っているのを、ぞっとしながら見るのだった』（『上海戦線』砂子屋書房、一九三七年）。（和田桂子『言語都市・上海1840～1945』藤原書店、一九九九年）

＊（昭和一二年一二月一三日、南京攻略時、第十六師団長・中将、中島今朝吾ノ日記には次のような記述がある）『大体捕虜はせぬ方針なれば、片端より之ヲ片付クルコトナシタルトモ、千五千一万ノ群衆トナレバ、之ガ武装ヲ解除スルコトスラデキズ。…後ニ至リテ知ル所ニ依リテ、佐々木部隊丈ニテ処理セシモノ約一万五千、大平門ニ於ケル守備ノ一中隊長ガ処理セシモノ約一三〇〇、其仙鶴門付近に集結シタルモノ約七八千人アリ。尚続々投降シ来ル。此七八千人、

之ヲ片付クルニハ、相当大ナル濠ヲ要シ、中々見当ラズ。一案トシテハ、百二百ニ分割シタル後、適当ノ箇所ニ誘キテ処理スル予定ナリ』（東京戦史編集委員会『南京戦史資料集1』偕行社、一九九三年）。なお『ドキュメント昭和五十年史3〜戦火の下に』（汐文社、一九八四年）の「南京虐殺」の項（黒田秀俊）に、昭和一二年一月に南京を訪問した陸軍省幹部に対し、中島中将が「支那人なんか、いくらでも殺してしまうんだ」と言い放ったことが記されており、洞富雄『近代戦史の謎』（人物往来社、一九六七年）では、『（中島は）陸軍大学出身で、フランス留学の経験もあるインテリだったが、たぶんにサディズム傾向をもった異常性格者であったらしい』と注釈されている）

＊（昭和一二年一二月）『十七日、軍司令官松井石根大将以下の入城式が行われたが、その五日間、軍服を着た日本民族は悪鬼羅刹・天魔鬼畜の大群となり、極悪非道、凶暴の限りをつくし、史上空前であろうところの残虐狂態を演じたのである。略奪・強姦はいうもおろか、城外下関《シャーカン》に収容された数万の捕虜は機関銃の斉射によって虐殺され、下関の街は石油を浴びせられ焼き尽されてしまった。阿鼻叫喚、大地をどよもす断末魔の号音、天をこがす紅蓮の炎と石油の黒煙、機関銃の咆哮、死屍の悪臭。名にしおう南京の古城壁は地にまみれ、揚子江の黄濁流も血となって流れた』（西義顕「悲劇の証人」文献社、一九六二年＝前出『近代戦史の謎』より）

＊（昭和一三年＝一九三八年四月＝上海第一兵站病院勤務の軍医による上海派遣軍軍医部への報告書）『支那人強姦例は殆ど数を挙げ得ざる程の多数に上り詐欺、脅迫、強奪、服飾潜用等の如き犯罪をも見るに至れり』（高崎隆治『上海狂想曲』、文藝春秋、二〇〇六年）

＊（昭和一三年）『（香港）市内にある支那の一流ホテルには、日本人は満員だと称してとめてくれません。…ダンスホールなどでも日本人だけは今のところパートナーとなるものがない。…（上海）支那の子供たちは、河向ふから夜となく昼となく我哨兵めがけて石を投げる』（山本實彦『興亡の支那を凝視めて』改造社、一九三八年）

＊『一九三八年（昭和一三年）から翌三九年にかけたこの頃、上海では重慶政府の抗日テロが絶頂を迎えた時期だった。…中心は「C・C団」（秘密結社）と藍衣社（特務工作機関）だった』（平野純『上海バビロン』河出書房新社、一九九〇年）

＊（昭和一六年＝一九四一年香港）『日本軍は占領直後の四一年十二月二十四日、…短期間のうちに強制移住政策を展開した。憲兵隊は、トラックで「乞食狩り」をおこない、併せて「抗日分子」排除を狙ったのである。彼らを移動するとダマして海上につれだし、海につきおとして「処分」したと伝えられる。この結果、占領当初一五〇万人であった香港の人口は四三年一〇月で九八万人にまで激減した』（小林英夫『日本軍政下のアジア』岩波新書、一九九三年）

＊（？年）『私は二日前から十八歳ぐらいの中国の娘を連行させていた。自分の慰みものにしていたのだが、いずれは何とか処置しなければならぬことは分っていた。このまま殺してはつまらない。……私は娘を裸にして強姦し、その後、庖丁で刺し殺し、手早く肉を全部切り取った。それを動物の肉のように見せかけて盛り上げ、指揮班を通じて全員に配給したのである。兵隊たちは人間の肉とも知らずに、久し振りの肉の配給を喜び、携行していた油で各小隊ごとに、揚げたり焼いたりして食べた』（第五十九師団第一一一大隊下士官新井正代「私たちは中国で

何をしたか」中国帰還者連絡会編。野田正彰『戦争と罪責』岩波書店、一九九八年より重引）

＊『（昭和二〇年＝一九四五年）あるアパートメントから、洋装の、白いかぶりものに白いふあーっとした例の花嫁衣裳を着た中国人の花嫁が出て来て、見送りの人々と別れを惜しんでいた。…するとそのアパートの曲がり角から公用という腕章をつけた日本兵が三人やってきた。そのうち一人が、つと、見送りの人々のなかに割って入って、この花嫁の、白いかぶりものをひんめくり、歯をむき出して何かを言いながら太い指で彼女の頬を二三度ついた。やがて彼のカーキ色の軍服をまとった腕は下方へさがって行って、胸と下腹部を…。…私はその兵隊につっかかり、撲り倒され蹴りつけられ、頬骨をいやというほどコンクリートにうちつけられた。…あのときの花嫁は、恐らく一生を通じて、あの晴れの門出のときに、かぶりものをまくりあげられ、頬をこづかれ、また乳と下腹部をまさぐられた経験を忘れないであろう』（堀田善衛『上海にて』集英社文庫、二〇〇〇年）

異邦人の眼

＊『（昭和四年＝一九二九年）日本人の家庭に客となってみて、私は彼らがあらゆる中国人という中国人、あらゆる女という女に深い軽蔑の念を抱いていることを知った』……『（昭和一四年＝一九三九年、ある中国人戦傷兵の体験談）『（攻撃の）目標は停車場でした。…建物はほんのわずかしかなく、日本兵は全部一つの建物の二階にあがっていました。そこで僕は屋根のうえにのぼって、部屋のなかをのぞきこんだんです。十人から十五人ぐらいの敵兵が中国人の娘

たちをまっぱだかにしていました』」（アグネス・スメドレー『中国の歌ごえ』高杉一郎訳、みすず書房、一九五七年）

＊（昭和七年＝一九三二年）『いまや町中で、みんなが上海の惨事を議論していた。若い店員たちは騒ぎに加わって「日本人の恥知らず！」と罵った。ついには通りに出て、「日本製品を買うやつは人でなしだ！」とどなる者もいた。…「上海の閘北はきれいに焼き払われて、何十万の人がやっと丸裸で逃げたんだそうだ。虹口一帯はね、焼かれこそしなかったが、人はみんな逃げちまった。日本人は全く残忍で、何も物を運び出せないんだ。」』（茅盾『林商店』松井博光訳、河出書房新社、一九五八年）

＊（昭和七年）『時はまさに酷寒とあって、十九路軍（福州に誕生した抗日組織）はまだ単衣のまま作戦していましたから、「綿入れチョッキ」を義捐する運動を展開したのです。…「九一八」（満州事変）以来、上海の日本人がなにかというと強く出るので、上海の民衆はとうの昔からむかっ腹を立てて怒っているところで、呼びかけるや否や、「十九路軍に防寒衣料を義捐しよう」の運動は野火のように地を這って拡がり、学生や労働者、勤め人がこぞって立ち上がり、…その勢いの凄まじさ、動員の幅の広さは、多くのものが「五三〇」（一九二五年に上海を中心にはじまった日本商品のボイコット運動）当時の状況をはるかに超えていると感じたのです』（夏衍『上海に燃ゆ』阿部幸夫訳、東方書店、一九八九年）

＊（昭和一二年＝一九三七年）『かの地での日本兵の悪評はすさまじかった。一時期の日本軍は…暴力と残虐行為の一大訓練所でもあった。中国に到着した日本兵がまずうける訓練は、下士

官の命令一下、生身の中国人捕虜に対して銃剣を使うことだった』『南市の事態は、ジャキノ神父を慄然とさせた。彼がまもっていた難民区には軍人は立入り禁止なのに、昼も夜も、略奪し、盗み、強姦しにくる日本兵の急襲に遭っていたからだ。中国人女性の誘拐事件はもはや数知れず、若い娘はすべていなくなり、残っているのは年寄りだけだといわれていた』『昨晩あいつら（日本兵）の巡回に付いて行ったのですがね」と、ある日、レストランのあるじは話し出した。「五、六人のグループだった。そのうち、中国人のうちに押し入って、娘たちをひっぱり出しにかかりましたね。酔って、食べて、その娘たちと寝る。あげくのはて、まだ夜が明けないうちに、何をしたと思います？　暗いなかで、娘たちをクリークに向わせて、岸に並ばせたと思うと、それっ！　どの娘もうしろから足で蹴って、どぶん、だった。首に一発、弾丸をぶち込んでね！』（ロベール・ギラン『アジア特電』矢島翠訳、平凡社、昭和六三年）

＊『（昭和十二年十二月十七日）略奪、虐殺、強姦は相変らず行われ、増しこそすれ減る様子もない。昨日白昼及び夜間強姦された婦女は少なくとも一千人に上った。一人の可憐な娘は三十七回も強姦された由だ』『（十二月二四日）昨夜から二日に亘って七人の日本兵は聖経師資訓練学校に押入って婦女を強姦した。私達の事務所の近くで三人の日本兵が十二才の女子を強姦した。十三才の姑娘も強姦に遭った』『（十二月二七日）昨夜一人の将校と二人の兵隊が金陵大学に乗りつけ、その場で三人の女を強姦し、一人を連れ去った。日本兵は聖経師資訓練学校に数回に亘り侵入し二十数人の婦女を強姦した』（マンチェスター・ガーディアン紙特派員ティンパーレー編著「*What war means : the Japanese terror in China* 中国における日本軍の残虐行

為」London1938）『ドキュメント昭和五十年史3』（前掲）より）

＊（昭和十二年～）『日本軍は一文の金も払わずに中国人の商品や産業を奪った。女の場合とて何の例外があろうか』『日本軍の行動と聖業の理由を更に深く掘り下げると、そこには日本人の不断に悩んでいるインフェリオリティ・コムプレックスがあらわれる』『日本軍のトラックが農民の家具や衣装や穀物で一杯になっていない時には、娘たちで一杯である。これらの少女は町へ連れて行かれ、日本軍のS・S・S（特務機関）によって経営されている淫売屋へ貸し出された』（エドガー・スノー『アジアの戦争』森谷巌訳、みすず書房、一九五六年）

＊（昭和十三年1938）『（虹口）呉淞路の日本人向けの娯楽施設には、いわゆる「国威」を笠に着て酒に乗じて威張り、醜態の限りを尽くす日本人が少なからずいた』（陳祖恩『上海に生きた日本人～幕末から敗戦まで』大里浩秋監訳、大修館書店、二〇一〇年。本文献は「旧上海第四日本国民学校同窓会誌第63号」に転載された文章を、故目黒士門氏のご厚意によりご提供いただいた）

＊（一九三〇年代）『通常、外国人（étrangers）と呼ばれるのは欧米人のことであり、その鋳型に紛れ込んだ日本人は、数は多いが、欧米人からは外国人と思われていない。その復讐を紛争時に発散した、と言えなくもない』（クリスチャン・アンリオ、アラン・ルー *"Shanghai années 30"*『三十年代の上海』Editions Autrement,1998）

＊（日本占領下上海）『日本は「慈善協会」などというもっともらしい名前のついた阿片販売組織を作り、朝鮮人を使って、最下等の品質といわれるモンゴール製の阿片を揚子江の南部地域

に売りさばき、同時にフランス租界に隣接する華界に造った何百という阿片窟にもおろした』『この時期、中国マフィアのゴッドファーザーたちはどう対処していたか？　まさに最大の密売人、最低のゴロツキである日本人に保護されていたのだ』『南京事件では二万の婦女が強姦され、武装解除された一万三千の中国兵が殺害され、一万二千の市民が殺され穴へ放り込まれた』『日本の中国占領がいかに恐ろしかったかは誰も言い尽くすことができないだろう』『日本は清国時代の恐怖のシステム・バオジアを採用、地域を細かく分割することで占拠地全体を刑務所化した。完全な監視下におかれ、個人の自由がゼロと　いうひどさは文化大革命下を思い起こさせるほどだ』（ジョゼフ・シー〝*DANS LE JARDIN DES AVENTURIERS*〟『冒険者の庭で』Seuil,1995）

＊（昭和一六年＝一九四一年、香港で、敵兵が若い娘を捜しまわっているときは金物を叩いて知らせるという通報手段が考えだされた）『そのため鍋や洗面器を叩く音が聞こえるたびに、わたしたちもバルコニーに出て洗面器を叩いた。一が十、十が百と広まって行き、抗議の交響曲のようになった』（『胡風回想録』南雲智監訳、論創社、一九九七年）

＊（昭和一九年＝一九四四年、南京）『中国人の若い娘が日本人将校につかみかかり、声を張り上げて、身体を売った料金を約束どおり払うように求めていた。将校はこれを一笑に付し、自分の腕を引き離した。…いまや娘はひざ立ちになり、男を逃がすまいと両脚に腕でしがみついて、金を払うよう嘆願を続けていた。男の帽子が脱げ落ちて舗道を転がっていった。突然彼の顔に怒りの色が表れ、目がどんよりとかすみ、歯がくいしばられた。彼は娘を蹴り飛ばし、一

歩退いて剣を抜いた。彼女は大声で叫ぼうとしたが、彼はその胸に刃を付き立てた。赤いしみが彼女の服に広がっていった。男は剣をおさめ、帽子を拾い上げて、ホテルのほうに歩いていった。…この殺人を見守っていた人々はその場から立ち去った。…十五歳そこその娘はすでに事切れていたのだ』（ビアンカ・タム『阿片茶』内野儀訳、集英社、一九九五年）

＊異邦人の眼の最後に、前出『中国における日本軍の残虐行為』の中国版（昭和一三年＝一九三八年？）に書かれた郭沫若の序文を紹介する。

『かくの如く半開化の民族（註＝日本人）が僥倖にも西欧文明の恩恵を受けたのであるが、統治者が理智の力を以て統制に当り得なかったので、文明の利器を逆用してかかる人類空前の罪行を犯すに至ったのである。この罪行は野蛮な行為であると非難される。しかし実際には単純素朴な野蛮人にも、この様な残酷性、残忍性はない。これこそ十分に人類社会の危機を表現している。文明にして理智の統制なく、文明の利器を逆用されるなれば、その結果は疑ひもなく人類の滅亡を招来する』（前出『近代戦史の謎』より）

＊　＊　＊

何とか上海を脱出した鹿地夫妻のその後を、父は次のようにまとめています。

第七章　波濤を超えて

（鹿地夫妻の上海から香港への脱出行については、鹿地の絶筆となった『「抗日戦争」のなかで』（新日本出版社、一九八二）の記述が一番整理されている。ただ時間が経ったせいか、整理されすぎていて心の揺れがあまり感じられない。そこで脱出から一〇年後に書かれた『抗戦日記』（九州評論社、「一九四八」）なども参照して、その後の足跡を辿ってみたい）

昭和一二年（一九三七）一一月二七日朝七時、鹿地夫妻は、日本海軍の主力艦「出雲」が辺りを睥睨している上海港を、フランス国籍の一千トン足らずのボロ船で脱出した。（たまたま郭沫若も同じ船で脱出したらしい）夫妻は、途中さしたることもなく、五日後、無事香港へ到着した。内山書店で顔を合わせたことのあるあるカップルが、偶然船のデッキから室内を覗いて夫妻に気づき、合図をしたが、逃亡中の身とて、夫妻はあえて無視した。結局、活動の本拠地で再会することになるこのカップルのドラマチックな経歴については、後に詳報する。

甲板は下船のための検疫を待つ乗客でごった返していた。うっかり知り合いに見つからないよう、夫妻は指定のハシケを避け、さっさと手近の小舟に乗り込んだ。かなたにユニオンジャックの旗を掲げた航空母艦や駆逐艦が見える。若い船頭は四方八方に散らばる小舟の群れを縫って、北岸を目指し、到着すると、石段の上の鉄柵にひょいと船を繋ぎ、荷物を持って先に上がった。石垣の上が海岸通りになっていて、行き交う男女は薄物の上下を軽々と身にまとって、颯爽と歩いている。

船頭に連れていかれた宿屋が如何にも怪しげだったため、断ると、今度は法外な料金を請求してきた。王八蛋《ワンパタン》（＝ばかやろう！）と怒鳴って追い返し、夫妻はあてどもなく旅館を求めて歩きまわった。変装用の綿入れで膨れ上がった北方服の内側を汗がだらだらと流れる。結局飛び込みで安ホテルに入ったが、そこは一部屋を板で仕切っただけ。どうやら麻雀宿だったらしく、一晩中続く麻雀の騒音と、当てのない未来への不安とが相まって、まんじりともできない一夜を過ごした。

見込みのない職探しに数日を費やした後、たまたま上海時代の知人で実業家の章乃器が九龍島の対岸へ渡った。講演会は満員だったが、終了後、何とか相手と対面できたのが幸いだった。その出ＹＭＣＡで講演することを知った。これを逃したらチャンスはない。急いで水上バスに飛び乗り、会いから、次々に新しい知り合いとの繋がりが生まれ、みすぼらしいなりに、部屋もみつけてくれた。ただ相変わらず収入のない夫妻にとって、どうすればこの閉塞状況から抜け出せるかは未だ見当が付きかねた。

香港政庁筋からの不安な情報がそれに加わった。東京から送り込まれた大勢の特高が、目下、香港の出入り口を水も漏らさず封鎖し、その捜査網を刻々絞り始めた模様だという。

このままここに留まっていたら、確実に捕まる。身も細る思いの夫妻のところに、作家の夏衍がやってきたのは昭和一三年（一九三八）三月一七日。香港に来て、四か月近くが経っていた。彼はおもむろに上着の内ポケットから一通の電報を取り出した。「こんなものが来ました」 折り重なってのぞき込む二人の前で、彼は一字一字指で押さえながら説明を始めた。電報の送り主は中国軍事委員会政治部長陳誠、宛先は華南警備総司令部長、電文は「二人の日本人（註＝鹿地夫妻）が日本軍閥の侵略戦争に反対し、今回の『正義の行動』に出たことは、まことに感激にたえず、因ってかれらをわが国政府の『客郷』（註＝客分の亡命者）として迎え、これに旅費を贈って、鄭重に武漢に護送せよ」（『郭沫若自伝　6』丸山昇ほか訳、平凡社、一九七三年、によれば、郭が陳誠に鹿地夫妻を推薦した由）。

ポカンとしている二人を見やって、夏衍はポケットから手の切れそうな厚い札束を取り出した。旅費の五百元だという。ただし武漢まで旅費がかかるわけではないから、当面の小遣いにされたしという夢のような話。出発は明朝九時だから、急いで新しい服に着替えてほしいとのこと。感慨に耽る暇もなく、準備と買い物と興奮と祝宴のうちにバタバタと一夜が過ぎた。

翌三月一八日、すなわち脱出の日は奇しくもパリ・コミューンの記念日だから、鹿地にとっても覚えやすい。早朝、ボディー・ガード役を務める国民政府の下士官らと共にタクシーで駅前に降り立つ。安心はできない。用心深く辺りを見回すと、改札口の柵外に立っている一人の男に気づいた。がっしりした体格と鋭い目つきに見覚えがある。デモや集会で見かけた公安の顔だ。鹿地は夏衍や下士官に知らせ、さりげなく男の行動を監視した。男はしばらくキョロキョロしてから、仲間を呼びに行ったのか、大股で駅舎の裏に姿を消した。今だ！　下士官の合図で、乗り込むべき汽車をめがけ全員で走った。列車はがら空きだった。座席に体を埋めるようにして外の様子に気を配っているうちに、景色が動き始めた。間もなく山峡に入り、やがて大鵬湾の静かな内海が右側に開けた。

さらに緑の山中を出たり入ったりしている間、何かに気圧されるように、全員が口を噤んでいた。そして国境の駅深圳に到着。ここから中国の領内に入ることになる。

列車が動き出したとき、初めて全員の顔が緩んだ。夏衍があけっぴろげの表情になった。「さあ、もう大丈夫！　ここから先は僕らの領分です。大声で日本語を話したってかまいませんよ」笑い声が起きた。夫妻も笑顔で顔を見合わせ、久し振りの安堵の表情で頷いた。

広州から武漢そして武昌へ。途中駅に停まっていた空き車両の横っぱらに「津浦線」と大書されている。鹿地が尋ねると、現在津浦線上で激しい戦闘が行われているため、日本軍に車輌を奪われないよう、あらかじめ南方地域へ疎開させてあるとの説明だった。他の地域のマークが入った車両もたくさん見かけたところを見ると、かなり広範囲にわたって車両の疎開が行われていたことが判る。「いかに中国が踏みにじられていたかの証拠だ。これを見るたびに悔し涙がこみ上げる」と案内係は怒りに震えながら説明したという。

夫妻は中国側が用意してくれた幾つかの旅館やアパートを、日本軍の爆撃に追われながら転々としたが、三月下旬、ようやく武昌の南湖湖畔に寓居を与えられた。夫妻の警護のため、直ちに護衛兵が派遣された。もともとは蔣介石政府の軍人たちだが、皮肉なことに、国共合作の産物として、かつては「紅匪」として目の敵にしていた共産軍の周恩来が彼らの長官に就任することになった。護衛兵の一人が、親しくなった幸子夫人に語ったところによると、周恩来長官が駐屯地に出入りする都度、門営に立って「捧げ銃」をしながら、昨年だったら、あの首が五十万元になったが、今はうっかり敬礼を忘れたらこっちの首が飛ぶなあと思うと、複雑な心境になるそうだ。

日本が徐州攻撃を強めつつあった昭和一三年（一九三八）五月一八日未明、突如漢口から長崎に飛来した中国の爆撃機が、爆弾ならぬ数万枚の反戦ビラを撒いて飛び去った。ビラは「日本の商工業者に告ぐ」「日本の労働者諸君に告ぐ」「日本の農民大衆に告ぐ」「日本政党人士に告ぐ」「日本人民に告ぐ」の五種類。日本ではいっさい報道されなかったが、漢口放送によると、漢口飛行場で開かれた飛行士歓迎集会で孔祥熙は、「我々が日本に飛行しても爆弾を投下しなかったのは、人道的見地からである」と胸を張っている。ほとんどのビラに鹿地夫妻の署名があったそうだから、このころ夫妻は反戦ビラ作りに精を出していたものと思われる（『淘げられた歴史』）。

ところで武昌（武漢）の滞在もそう長くは続かなかった。一三年八月、度重なる空爆で神経を痛めている妊娠三か月の幸子夫人が、心身の安全のため、まず長沙へ移った。直後に宿舎が日本機の猛爆を受け、間一髪助かった鹿地は、幸子が引っ越した後でよかったと、ひとまず胸を撫で下ろした。一方幸子の移転先も危なくなったので、彼女は郭沫若夫人らと桂林へ、さらに南の湖南省衡山へ移った。一行の度重なる移動には、周恩来の獅子奮迅の活躍があった。例えば、夫人たちの車が停滞し、このままではいよいよ危ないと判断したときは、自分の車と夫人たちの車を取り換えてまで、安全を図ってくれたという。

前述のごとく、彼女が武漢を離れた直後に自宅が爆撃を受けて半壊したが、鹿地が急に武漢を離れることになったのは、そのせいではない。日本軍側が鹿地の首に懸賞金をかけた写真入りチラシを、武漢の地下組織を通じて大量に撒いたが、その現物が上海朝鮮義勇隊から郭沫若のところへ届けられたからだ。金額は聞かなかったそうだが、生け捕りの場合は幾ら、殺した場合は幾らと二段階に分けて書かれていて、おそらく巨額だったろうと彼は推定している。

一三年九月三〇日、鹿地は武漢を離れ、湖南省常徳へ向かった。そこに日本兵捕虜の収容所があったからだ。途中、路傍に置き去りにされたまま横たわる傷病兵の姿を何回か見かけた。停車中を利用して警察官を呼んだが、お手上げだ、どうにもならないとの返事。何事もなかったかのように進む列車に、無力の身を委ねるしかなかった。それが戦争というものの実態だった。

常徳の捕虜収容所「平和村」には日本人、朝鮮人に一人の白系ロシア人を加え、一三〇余人が収容されていた。朝鮮人は五〇人ほどで、女性はほとんど慰安婦だとのこと。彼は十日間の滞在中、「国賊」鹿地に反感を抱く捕虜一人ひとりと困難な対話を続けながら、何とか彼らを説得して、「反戦同盟」結成の糸口でも掴もうと懸命の努力を続けた。その後も、中国各地の捕虜収容所を訪問し、同様の試みを続けていた彼のもとへ、重慶の夫人から女児出産の知らせが入ったのは、昭和一四年(一九三九)三月一五日の出産日をだいぶ過ぎてからだった。山のようにやることがあった。捕虜たち自体の説得だけでなく、国民党内部でも、共産党シンパと見られていた鹿地への警戒心やら反戦同盟の主導権争いやらで、絶えずもめ事が発生した。その渦中にあって、すぐ飛んで帰るわけにもゆかず、彼ははやる心を抑えて、子供は「暁」という名前にしてほしいと伝言した。新しい時代の「暁」に生まれたのだから、という期待がそこに込められていた。

鹿地が幸子夫人の居る重慶大田湾の寓居で長女暁子と初対面したのは、ようやく五月一二日のこと。その直前の五月三日と四日、重慶初の大爆撃があった。さらに反共派のクーデターが起きて、幸子夫人が囚われたなどの謠言が飛び交い、彼を青ざめさせていただけに、ぱっちり見開かれた我が子の「精緻な黒い瞳」はたちまち彼を虜にした。

寓居で彼を迎えたのは幸子夫人だけではなかった。劉仁・長谷川テル夫妻も大喜びで出迎えた。実は彼らこそ、昭和一二年一〇月、上海を脱出する際の船内で、いち早く鹿地夫妻の存在に気づいたカップルだった。勇んで合図をした彼らに対し、逃亡中の身がばれることを恐れて、夫妻があえて無視することを選択したため、鹿地にとっては改めての対面ということになった。ここで、幾多の挫折を乗り越えて重慶に辿り着いた劉仁・テル夫妻について一節を設けることにしたい。

反戦エスペランティスト：ヴェルダ・マーヨ

明治四五年（一九一二）、東京市役所土木技師の次女として生まれた長谷川テルは昭和四年（一九二九）、奈良女子高等師範学校の国文科に入学。満州国が建設された直後の昭和七年五月ごろからエスペラントに親しみ始め、誕生したての関連組織に入会した。しかしエスペラントを危険思想とみなしていた公安当局が次々にメンバーを検挙し始め、テル自身は卒業を半年後に控えて、学校から退学を命ぜられた。

エスペラントを嫌ったのは当時の日本政府だけではない。同時代のヒットラーは『我が闘争』の中で、自らのユダヤ嫌いとエスペラントを結び付け、もし他民族がユダヤ人の奴隷になるようなことがあれば、彼らはすべてエスペラントのような世界語を学ぶよう強制されるだろう、と警告を発している。反対に魯迅は、この言語には圧迫されている人々を団結させる力があるとエスペラントへの支持を表明している。(高杉一郎『中国の緑の星』朝日選書、一九八〇)。

テルは東京に戻って、さらにエスペラントの勉強を続けていたが、そのころ、中国からの留学生劉仁と知り合った。同じエスペランティストとして交際を深めたテルは、親の猛反対を押し切って劉仁と婚約。明治憲法では、女性の婚姻は二五歳になるまで親

テルと劉仁

の承認が要るため、劉仁が一足先に上海へ渡り、テルは二五歳の誕生日を迎えたばかりの昭和一二年四月、劉仁の後を追って、上海へ向かった。第二次上海事変の四か月前というタイミングだった。

二人はフランス租界に借りた小さなアパートの一室に落ち着いた。事変直後にテルがヴェルダ・マーヨというエスペラントの筆名(高杉一郎によれば、名のヴェルダはエスペラントのシンボル「みどり」、姓のマーヨは「五月」だから、直訳すれば「五月みどり」ということになる。なお女優の吉永小百合は彼女の遠縁に当るらしい)で書いた「愛と憎しみ」に次のような一節がある。

「砲火と砲煙がこの国際都市をおおい、恐慌と恐怖の叫びがあがっている。おそろしいまでに静まりかえった真昼の大気をふるわせて、砲声が響いている。いま、あそこでは何百人という人々が殺されたにちがいない。……

フランス租界のうそ寒い街角という街角を、難民たちが蟻のようにくろぐろと埋めつくしている。どの通りを通ろうと、しわだらけの手や子どもの手が、道ゆく人にむかってさしのべられ

る。……私はするどい痛みを覚える。私の心は叫ぶ。日中両国人民のために戦争をやめろ！　と。……」（宮本正男編『長谷川テル作品集』亜紀書房、一九七九）。

道すがら難民の苦衷を鋭敏に感じ取った彼女は、一方、日本人だとバレたらどんな目に遭うかという恐怖も同時に味わっていた。しばらくはヴェトナム人とかマレー人とか称してごまかしていたが、それにも限界がある。上海事変の急進展を逃れるための選択肢は限られていた。二人は、偶然鹿地夫妻と同じフランス船で、昭和一二年一一月二七日朝、上海を離れ、一二月一日、香港へ到着した。ただ鹿地たちのような伝手の全くない二人は、エスペラント運動が盛んな広州へ行けば、何か職が見つかるだろうとの淡い期待で、一二月三日、直ちに船で広州へ向かった。

しかし広州でも言語の壁が立ち塞がった。テルは中国語が出来ず、劉仁の北方語もほとんど通じなかった。おまけにテルが日本人ではないかとの嫌疑で、国民政府の公安に付きまとわれ、仕事もなく、鬱屈した日々が続いた。

事態が好転したのは、一三年二月、広州出身の親友丁克の帰国から。テルが日本を離れるとき色々世話を焼いてくれた留学生の丁克は、盧溝橋事件を一か月後に控えた一二年六月、警視庁に逮捕された。理由は「日本のエスペランティスト代表長谷川テルを、コミンテルンの指示のもとに開催された全中国世界語大会へ派遣するために奔走した」から。丁克は留置場でひどい拷問を受け、頭がおかしくなったとの噂が流れた。日中戦争直前からの拘留だから、扱いはさぞかしひどかっただろうと誰もが想像した。拷問でやせ衰えた丁克の幻影はテルを悩ませ続けた。

そして八か月後に釈放された彼との再会。下宿を訪れた丁克の様子はテルたちの暗い想像を快く裏切った。そのくらい健康で溌剌と明るかった。こんな屑籠みたいな部屋に君たちを住まわせる訳にはいかない。彼はそう言って、ガールフレンドの持ち家を丸ごと提供してくれた。かくして彼らのほかに仲間が何人か集まり、エスペラントの普及を目指して「みどりの家」を発足させた。しかしテルへの当局の追及は止まず、通りでハンカチを取り出し汗を拭いた瞬間、上空を飛ぶ日本の飛行機に合図をしたと疑われ、香港へ追放されたり、拘留されたりという災難が続いたらしい。

昭和一三年七月、ようやく武漢での抗日運動参加が認められたテルは、張り切ってマイクに向かい、日本兵士への呼びかけを開始した。「日本の将兵のみなさん！　みなさんは、この戦争は聖戦だと教えこまれ、そう信じているかもしれませんが、はたしてそうでしょうか。ちがいます。この戦争は、大資本家と軍部の野合世帯である軍事ファシストが、自分たちの利益のために起こした侵略戦争なのです。……」

テルの放送が日本軍に与えた効果は、一〇月二七日の武漢陥落後、日本の都新聞に現れた記事で、ある程度推定できる。見出しは、

「『嬌声売国奴』の正体はこれ
流暢・日本語を操り
怪放送　祖国へ毒づく
〝赤くづれ〟長谷川照子」

さらに本文は、

「今夏、わが無敵皇軍が漢口攻略の火蓋を一斉に切るや、今度はこの怪放送が漢口を舞台として毎夕行はれ、日本軍部の誹謗、日本経済に関するデマを紅い唇に載せて毒づき始めた。かくて、去る二十七日午後五時三十分！ 神速皇軍の威力が完全に武漢を圧したその刹那から、この怪放送はハタと止まつてしまつたが、間もなく覆面の女性長谷川照子（＝長谷川テル）の全貌が明るみに曝されるに至つた」となっている。（前出、高杉一郎『中国の緑の星』）

「売国奴と呼ばれても構いません」と公言しているテルにとって、こんな中傷は痛くも痒くもなかっただろうが、武漢戦局の悪化のため、彼女の放送は三か月しか続かず、テルたちはそのまま重慶へ移動したものと思われる。初めは国民党中央宣伝部の宿舎をあてがわれた。そこへ臨月間近の鹿地夫人池田幸子が同居することになったのは昭和一三年一二月二二日のこと。（この日は奇しくも、大東亜共栄圏構想の先駆けと言われる近衛三原則「善隣友好、共同防共、経済提携」が総理大臣近衛文麿によって発表された日に当たるが、この三原則が中国側の不評を買ったため、三週間後に近衛内閣は総辞職している）ただ、宿舎があまりに手狭のため、共同で家探しを始めた。翌一四年一月末、重慶西郊大田湾に大きな洋館を見つけ、二家族が同じ屋敷に住むことになった。幸子はここで長女を出産した。五月一二日、捕虜収容所歴訪からいったん戻った鹿地が長女暁子と対面したのは、この洋館でということになる。新たな生命の誕生は、捕虜反戦組織の結成を目指す鹿地にとって大きな力となった。

＊　＊　＊

一方、リルは魔都の魅惑にどっぷり浸かって、刹那的な日々を送っていたようです。

第八章　未知との遭遇

娘を保育園に送ったあと、劇場へ向かう僅かな時間、上海リルの世界に浸るのが、私の唯一の息抜きです。ところが、彼女の日記は昭和一二年（一九三七）一〇二月一五日で終わり、ザラ紙に書かれた次の日記は、いきなり一四年（一九三九）六月一二日の日付です。一年半まるまる空白というのは、日記を紛失したのか、よほど忙しかったのか、それとも書きたくなかったのか。

その間、世界が激しく動いていた様子は世界史年表からうかがえます。例えば昭和一三年（一九三八）一月、近衛首相が「今後国民政府を相手にせず」という声明を発表、日中双方の大使が本国に引き揚げるなど、日中間がギクシャクしてきました。三月には、ヒットラー政権のドイツがオーストリアを併合します。四月に日本は「国家総動員法」を公布、続いて七月には、一九四〇年に予定されていた東京オリンピックを辞退するなど、戦争遂行のために「一億が総活躍する」時代になりました。九月末のミュンヘン会談で、ドイツによるチェコ・ズデーデン地方の併合が認められます。一〇月に日本は広州を占領、武漢三鎮陥落、蒋介石は政府を重慶に移動させます。さらにフランスの人民政府が崩壊、ナチズムが欧州を覆い、昭和一三年の世界の潮流は第二次世界大戦へと吸い寄せられているようです。

そして翌一四年（一九三九）。蒋政権は日本の「国家総動員法」に対抗して、「国民精神総動員法」

を実施。三月、スペインでフランコが勝利します。日本は招魂社を靖国神社と改名して玉砕賛美。五月二三日、西満州とモンゴルの国境ノモンハン付近でモンゴル軍と満州国軍が衝突、日本陸戦隊の上陸に抗議して、英米仏陸戦隊も上陸し、日本の撤兵を要求。六月七日、満蒙開拓青少年義勇軍の壮行会。六月一四日、日本軍、天津イギリス租界封鎖。九月一日、ドイツがポーランドに侵入。英仏が呼応し、第二次大戦が勃発します。

そのころ上海はどうだったのでしょうか。租界では、日中双方のスパイが入り乱れ、キャバレーを主な舞台に秘密情報をゲットしていました。昭和一三年六月には、日中関係の悪化を憂えていた魯迅の死後二年近く経って、資金難を乗り越え、奇跡的に魯迅全集全二〇巻が発刊されました。一方、日本特務機関の命を受けたテロ集団黄道会の活躍が目立つようになり、反日的な知識人や出版社社長が次々に暗殺されてゆきます。中国も負けていません。九月三〇日、日本が傀儡政権に担ぎ出そうとした国民党の要人唐紹儀が自宅で国民党特務により惨殺されました。

明けて昭和一四年（一九三九）三月、抗日テロ激化の中で、日本軍のテロ組織「ジェスフィールド76号」が誕生。同じ三月、後に「蘇州夜曲」の大ヒットを飛ばす服部良一が中支芸術慰問段の一員として、上海を初訪問。戦争の深まりをよそに、夜な夜な満員のナイトクラブに急増する中国人のダンス狂い。一方、重慶で爆撃を危うく逃れた汪兆銘がいったんハノイに逃れた後、蔭佐大佐の手引きにより、六月、日本船北光丸で上海に到着。蔭佐は汪兆銘政権樹立のための下工作本部を梅花堂に置いたため、梅機関と呼ばれました。日中双方のテロ活動活発化で、黄浦江に浮かぶ屍体は一日十体近くに急増しています。まさに明と暗、光と闇がめくるめく交錯する上海で、いったいリルはどのように過ごしていたのでしょうか?

魔都の一夜

昭和一四年(一九三九)六月一二日の日記は次のようになっています。

『アンナ・バラールは謎の女だ。美女だけど、フランス生まれという以外、経歴など一切不明。年齢は三十から六十の間。第一次大戦前に流れてきたという説があるけど、それもはっきりしない。はっきりしているのは、男性をもてなす館の主として、飛びぬけた才能があるといふこと。店の名前は「La Porte de Chine(支那の門)」。この狭き門を潜ることが出来れば、一流の人物とみなされたことになるから、名士ほど門を潜りたがり、それがまた店の評判を高める。と言っても、入口に門が建っているわけではない。普通の別荘風住宅で、もちろん何の表記もない。

フランス租界のクラブを初めて訪れたのは、平日の午後だった。娼館であることは薄々感じていたが、失うものは何もない、と自分に言い聞かせていた。黒いギザギザの敷石(浙江省の寧波ニンポーで採れるから寧波石と呼ばれているらしい)を踏みしめて行くと、丸い木枠の玄関に突き当たる。呼鈴を押したら、一尺四方ほどの窓が開き、名前を告げると、扉が開いた。ボーイに案内され、突き当たりの部屋へ入る。緑色のソファに座り、辺りを見回す間もなく、女主人が赤いドアを開けて現れた。地味な濃紺のワンピースだったが、大柄なせいか、突然室内が輝いて見えた。

アンナはうまそうにキャメルを燻らせながら、経歴はすべてジャンヌから聞いていると言った。日本人は私一人だから、かえって日本名のほうがいいとも言った。メトレスの大半は支那人だが、ほかにロシア人やフランス人も居るそうだ。客は裕福な支那人か欧米人がほとんどだが、ときたま日本の実業家や政府高官、将校などもお忍びで来ると言う。私に任せてくれれば、悪いようにはしない、あなたなら評判になることは間違いない。そう言って、片目をつぶり、メイドがポットで運んできた紅茶を、色を確かめるように注いで、ぐいと飲みほした。私も口にしてみたら、深いコクの中に、どこかなまめかしい香りの漂う味だった。「おいしいでしょ。これ、エロスっていう銘柄なの」そうでしたか。納得。

そのうち、ここの名物というよく冷えた赤ワインに移った。これも初体験だったが、おいしかった。話が弾んだ。いまフランス租界の人口は四十万人ほどだけど、そのうち一割ぐらいが売春婦ね。もちろん、こんな高級なクラブは勘定に入ってないけど、と澄まして言う。ここのメトレスも国民党派、反国民党派といろいろ居るから、仲間内で政治の話はタブーにしたほうが無難ね。ま、親日派というのは居ないでしょうけど、と片目を瞑った。

親日派が少ないのは、私も身に染みて判っている。リリーやジャンヌからも嫌と言うほど聞かされた。例えばキャバレーでコメディアンが反日ソングを唄ったら、マネージャーが、親日政府の警察から、二度と反日ソングを唄うなと厳重注意を受けたこと。あるいは、反日スパイ容疑で逮捕されたダンサーが何人も居ることなどなど。そうした反日気分が拡がっているせいで、このところ、親日派と見られたキャバレーがよく爆弾騒ぎに捲き込まれる。でも、客もダンサーもちっとも気にしている様子がありませんね。そうマダムに言ったら、上海は戦争のないときの方が珍しいからね、もう慣れっこなのよ。あなたも早く慣れることね、と平然としている。

だんだん打ち解けてきて、話が弾んだ。戦争がこれからどうなるか判らない。だから、もう充分お金が貯まったので、早くフランス・ロワール河沿いのお城を買って、そこで余生を送りたいの。そのために、ここのお馴染みさんのフランス領事に頼んで、城を持っている貴族のリストを手に入れたから、一つ一つ当ってみるつもりよ。よくそんなリストが手に入ったって？　簡単よ。彼を裸に剥いて上に跨れば、何でも言うことを聞いてくれるわ。アッハッハ。

印象的だったのは、彼女が懇意にしているパラマウントのダンサーから聞いた内緒話。それによると、近衛文麿元総理のお坊ちゃまで遊び人として有名な文隆氏がよくお忍びで現れるそうだ。未だ祖父篤麿が設立した東亜同文書院の学生だが、夜な夜な、学校の塀を乗り越えて遊びに来る。その時は必ず、美貌で有名なピンルーという女性を同伴しているとか。階上の秘密部屋を使って楽しんでるんでしょ、とのこと。ピンルーとは知らない名前だが、シュウピンと初めて一夜を過ごした三階の広い個室の思い出がチクリと胸を刺した。

すっかりマダムに気に入られ、すぐ来てほしいということになった。それからの「支那の門」の日々はすべて予想通りだった。ここでの私の名前は本名のミツコ。隠しているわけではないが、上海リルの名を口にするものは誰も居なかった。

柔らかなポピュラー音楽の流れる広間でのシャンパンと葉巻と凝った晩餐、それに意味ありげな会話の数々が、客やホステスの間で交される。言葉は英語かフランス語。意外だったのは、室内の飾りが簡素だったこと。

見たことのある絵が一枚飾られているが、あとは不愛想な白壁。つまりここへ来る客は誰も豪華さを求めていないということだ。

アンナが予言した通り、ミツコつまり私を指名する客が急増した。快適な食事と会話に満ち足りると、別室へ。ここでめいめいが用意された阿片吸引を愉しむ。即ち生阿片に香料や混ぜものを加えて練ったもの（阿片煙膏というらしい）を、係の女性が棒状の白檀に塗り付け、小型ランプで熱する。燃え始めたところで、特殊なキセル（煙槍）に詰めて、どうぞお吸いくださいとベッドの客に渡す。吸えば、成分であるモルヒネの麻酔作用で眠くなり、陶然とした気分に浸される。そのうち暗黙の通電作用が起きた客とホステスは、手に手を取って個室に消える。後はおぼろ、後はおぼろということになり、私も多くの客と閨を共にした』

アンナの厳正な審査を通った客ばかりだから、イヤなことはまず起きない。翌朝黄浦江に浮く心配もない。こちらが誠心誠意尽くせばチップも増える。一歩外へ出れば、通りには難民が溢れ、新たな世界戦争まで予測されているというのに、この中は仮想の楽園。こんな状態がいつまでも続くはずはないと、さすがののんきなリルも気が付いたとは思いますが、次の日記は、なんと同じ年の九月一〇日に飛んでいます。

『今日は驚いた。私に会いたいという人が来ているとボーイに言われた。ここはイチゲンさんはダメなはずだけど、と首をひねったら、マダムが通してもいいと言ったので、とのこと。ドアを開けたら、アンドレがにっこり立っていた。ボン・ソワール、リル。で両頬への猛烈なビーズ。つい最近、以前のポストに戻ったと言う。「世界大戦が始まったからね。私の腕でフランス租界を引き締め直してくれと頼まれたんだ。テンプス・フュジート」

「え？　テンプス……フュジート？」

「つまり、ル・タン・フィル・コム・ユヌ・フレッシュ」

ポカンとしていたら、文句を書いて説明されたので、やっと「光陰矢の如し」のことだと判った。知識を振り回したがるのはアンドレの悪い癖だ。彼によると、必死に私の行方を探したらしいが、楊子飯店のダンサーたちを含めて、誰も私の行先を知らなかった。最後にカオールのジャンヌに問い合せて、やっと突き止めたそうだ。「驚きませんでしたよ。この上海で生きて行こうと思うなら、リルのような生き方が一番賢いのかもしれないから」「私なんてまだ甘くてダメ」「そうでもないさ。ちゃんとハムレットの忠告に従ってるじゃない。アレ・オ・クラック」

私は肩をすくめて、もう言葉の追及はしなかった。阿片吸引室に入り、係の女性が準備しているのを見ながら、彼はふとまじめな顔になった。「私がここに来たのは、阿片を吸うためでも、あなたと寝るためでもない。ただあなたがどうしてるかを知りたかっただけなんだ」「判ってるわよ、そんなこと」「よかった」彼は安心したようにキセルを口にした。私たちは苦い煙を少しづつ血液に送り込み、モウロウとした気分でどちらからともなく微笑んだ。彼の無邪気な笑顔を見て、ちょっとからかってみたくなった。「あなたの大事なロシアの愛人はその後どうしたの?」「ああ、見事に振られたね。ソヴィエト政府お抱えの画家になってほしいと頼まれ、二つ返事で帰国した。所詮愛国心には勝てませんよ」苦い顔になったのは、煙を吸いすぎたわけではなさそうだ。

「愛国心で思い出したが、テンピンルーといふ女性を知ってるかね」と彼がいきなり言い出したのは、やや意表を突かれた。「その名前なら、アンナから聞いたな。いま近衛元総理のお坊ちゃまと付合ってるそうね」「いや、あの二人はとっくに別れたよ、彼の親が心配して、むりむり帰国させたんだ」「あら、詳しいのね」と言つたら。「私はプロですからね」と威張られた。で今ピンルーは、汪兆銘カイライ政権の幹部、ディンモーツンの愛人になってるようだと言う。

(後でアンナに漢字を聞いたら、テンピンルーは鄭蘋如、ディンモーツンは丁默邨とスラスラ書いたのにはびっくり)

写真：右から鄭蘋如、近衛文麿と文隆、丁默邨

じゃ、ピンルーは親日派なんだとアンドレに言ったら、違うねと即座に否定された。「彼女はおそらく蔣政権のスパイだ。そのことに日本側も薄々気付いているらしいから、間もなく捕まって処刑されるだろう」と澄ましている。

私はなんだか切なくなって、アンドレの手を取り、滑るように、阿片室の奥の個室に彼を導いた。ここなら翌日まで二人だけの世界に浸ることができる。

すぐキスしようとする私を彼は押しとどめた。「アナベル、待って。君に頼みがある」（ほーら、おいでなすった）「ここには各国政財界の幹部が来るはずだ。彼らも人間だ。個室で二人きりというようなことになれば、自制作用の縛りが外れ、言ってはならないことまでポロリと漏らすことだってあるだろう。どんな情報でもいい。それを教えてほしい」「ピンルーの身代わりになれって言うの。お断りします。処刑されるなんてまっぴらだわ」「違う。フランスはどの側にも属していない。ただ在住フランス人の安全を守るために、情報がほしいんだ。君もフランス生まれの一人として、ぜひ協力してほしい」　うーむ、フランスには何の記憶もないけど、痛いところを突かれた。ジャンヌが全部しゃべったに違いない。私はよっぽどスパイ向きに見えるのかな。「いいから、いいから」　私はやけくそのように彼に覆いかぶさっていった。今度は彼も情熱的に応え、ジュ・テームを連発した。知り合ったのはかなり前だったが、夜を一緒に過ごしたのは初めてだった』

＊　＊　＊

次章では、上海の秘密クラブ「支那の門」で自堕落な日々を送っているリルとは対照的に、中国内地での鹿地夫妻の真摯な反戦活動を、父が次のように纏めています。

第九章　うねる反戦同盟

昭和一四年（一九三九）五月、重慶で家族と再会した鹿地は、しばし赤ん坊を抱いての家族散策を楽しんだが、それも束の間だった。品切れ気味の粉ミルクを懸命に探し求め、大袋を抱えて帰宅途中、玄関先で捕虜収容所の職員にばったり出会った。重慶郊外楊家林の収容所では、「博愛村」と名付けられた反戦同盟の計画が進行中であり、早く来てほしいとの催促に来たという。一四年六月に入って、鹿地夫妻は暁子をお手伝いに預け、楊家林に出かけた。ここでの幸子夫人の働きぶりに鹿地は感心している。夫人がまず取り組んだのは、捕虜の食事の質を向上させること。男はなかなかこういうことに気づかないものだ。ただ反戦同盟の立ち上げは、組織を自分たちの都合に合わせたいとする関係者の思惑が錯綜して、思ったように進まない。鹿地は悩んだすえ、途中まで進行中の桂林捕虜収容所の組織づくりを優先しようと決心、昭和一四年（一九三九）九月六日、「くもの巣を破って逃れ出す思いで重慶をはなれ」た。ちょうどドイツがポーランドに侵入して第二次大戦が始まる五日後のことだった。また同年五月から満蒙国境のノモンハン付近で日本軍とソ連軍が戦ったノモンハン事件は、九月一五日、日本の敗色が濃い状況で終結したが、以後日本は北方をあきらめ、中国南方での戦いに全力を注ぐことになるという時期だった。

桂林での反戦同盟は、さまざまな紆余曲折を経たのち、ようやく一二月二五日、捕虜一一人の賛同を得て、西南支部成立大会に漕ぎつけた。愚図愚図している時間的余裕はない。一行はそこから直ちにトラックで前線へ向かい、戦場の真っただ中、血の匂いの籠る丘陵地帯を縫うようにして、要害崑崙関に到着した。昼間は日本空軍が完全に制圧し、孤立した部隊に空から救援を続けたが、夜間は反対に中国軍が攻撃を仕掛け、山々が豪華な花火につつまれるような戦闘が繰り広げられていた。

一二月二九日、低地にいる日本軍の真上から声が注ぎかけられるよう、頂上に拡声器が据えられた。手押し発電機とマイクの位置が決まり、いよいよ三百メートル先の日本陣地に向かって、火線工作隊が第一声を放った。先ずは鹿地。

「みんな、戦争をやめよう！　命を大事にしよう！　父や母のために……」

ダダダダダ！　機関銃の弾が頭上を掠めた。彼は思わず首を縮めたが勇気を奮い起こして、話を続けた。

「同胞諸君！　いい月夜だ。しずかな晩だ。どうして戦争をするのか。父や母を、そして故郷を眼に浮かべて、よくものごとを考えてみようではないか！」

今度は全山がしんと静まりかえっていた。工作隊員が次々にマイクを握った。あるものは自分の体験を語り、あるものは故郷の唄を唄った。日本軍の陣地からは一発の弾丸も飛んでこない。早くも弾薬が尽きたのかと心配になるぐらいだった。

日本軍戦死者の遺品には、家族からの手紙や本人の日記が多く含まれていた。日記の中には句も多く書き残されていたらしく、それらはすぐ放送の材料として使われた。鹿地の書き写した句には次のようなものがあった。
『文字わずか五字をかぞえる「とうちゃん」に
すべてはこもり、われは泣きたり』
『焚火消ゆ　瞬間とおき　妻よ子よ』
後で捕虜からの話で判ったことは、この時の部隊は広島第六師団の一部で、ノモンハンでソ連軍にめちゃめちゃに叩かれ、いったん内地帰還ということで広島の宇品まで辿り着いたが、戦力保持のため上陸を許されず、そのまま南方作戦に駆り出された軍団だった由。したがって生き残った者も消耗しきっており、この放送を聴いたとたん、戦意を喪失した兵隊が続出したという。この成功が一時的に反戦同盟の増加に繋がったらしい。
しかし現実はそう甘くなかった。重慶政府の中に左派勢力の伸長を警戒する右派の動きが強まりこれまで反戦同盟を支援していた陳誠政治部長、周恩来副部長、郭沫若庁長などが次々に解任された。
窮地に立たされた反戦同盟は巻き返しのため、昭和一五年（一九四〇）六月、鹿地が急遽書き下ろした戯曲『三人兄弟』を桂林で上演した。内容は、兄弟を次々に戦争にとられた一家が、家族崩壊を防ぐには軍事独裁政権を打倒するしかないと立ち上がるというもの。桂林文化界こぞっての支援で、公演は大成功を収めた。（スメドレーの『中国の歌ごえ』によると、公演の翌日、芝居は革命的だとの理由で弾圧されたという）　この勢いを駆って、七月には重慶最大の劇場「国泰」で上演。これまた超満員の盛況だったが、三日目に中止命令が出された。理由はやはり「革命的だ」。

このころから反戦同盟に対する重慶政府の締め付けが急速に強まり、遂に昭和一六年（一九四一）八月二五日、同盟は、「思想妥当ならざるにより」という理由で解散を命じられた。中国共産党勢力の急伸長を警戒した重慶政府が、共産党のシンパとみなされていた鹿地たちの活動に赤信号を出したものと思われる。

暗い夜の記録

話は上海へ戻る。重慶における鹿地たちへの「赤信号」から僅か数か月後の昭和一六年一二月八日、太平洋戦争が勃発、それまで治外法権として手つかずだった上海租界は実質的に日本軍の管轄下に入った。その後魯迅未亡人許広平に起きた出来事は、彼女の『暗い夜の記録』（安藤彦太郎訳、岩波新書、一九五五）に詳説されている。日本軍の管轄下で、許広平は、逃げるべきか留まるべきかを友人たちと話し合ったが、友人たちの結論は、日本人は魯迅を尊敬しているから、あなたは絶対大丈夫、というものだった。だが、それは希望的観測に過ぎなかったことが、日本軍進駐の一週間後に明らかになった。

魯迅の死後、許広平はフランス租界に移り、アヴェニュー・ジョッフルとアヴェニュー・ロワ・アルベールの交差点に近い里弄・霞飛坊に落ち着いていた。

一二月一五日朝五時、私服の男十数人が入り込んできた。名前を聞かれ、書物を押収され、トラックで蘇州河を渡り、北四川路の日本憲兵隊司令部に連行された。尋問は夜まで続き、九時過ぎ、狭い留置場にぶち込まれた。先住者が四、五〇人居た。

それから毎日尋問が続いた。抗日組織の全貌を明らかにしろと迫られ、知らないと答えると、手や鞭で体中を殴りつけられた。しまいには彼女の強情ぶりに手を焼き、電気拷問にも二度かけられた。これは効いた。心身の後遺症が何時までも続いた。

それからも次々に起きた残忍な仕打ちについては、『暗い夜の記録』に詳しく報告されている。最後に内山完造に迎えに来てもらい、よれよれの状態で釈放されたのは、三月一日の午後。雨が降っていた。かぞえてみれば、七六日間の拘禁だ。その間に、知人に預けていた息子の背はかなり伸びていたと記している。

私を拷問した日本の憲兵の名前は絶対に忘れない！　著書にそう記した女史は、その後も鋭い舌鋒で各種メディアに書いておられたようだが、一九六八年、七〇歳で亡くなられた。

許広平故居

＊　＊　＊

次章では、戦火の中のリルの生活を追いかけてみます。

第十章　センチメンタル・ジャーニー

この前のリルの日記は昭和一四年（一九三九）九月でしたが、その後リルは日記に情熱を失ったのか、思い出したようにポツリポツリとしか記していません。その間に判ったことは、チャオタンが長征の途中に戦闘で亡くなったこと。長崎屋のハナチャンが教えてくれたそうですが、あまりリルが落ち込んだので、ほんとか嘘か判らないけど、と急いで付け足したとか。

それから、情報が欲しいというアンドレの執拗な頼みに負けて、アンナに惜しまれながら、『新世界』の上の『ＭＧＭ・ＢＲ（米高美）』に移ったことです。アンドレに言わせると、ここはテロ組織蛇頭が間に入り、国民党と共産党が頻繁に秘密会議をして、対日戦争の策略を練っている場だとのこと。

リルは、スパイ容疑で捕まったダンサーが数々居ることを知っていますから、初めは断固断ったそうですが、そんなだいそれた情報が欲しいのではない。ここには日本の要人も出入りしているから、何気ないちょっとした話でいいんだと粘られ、根負けしたようです。ＭＧＭはアンドレの推薦なら、とすぐ引き受けてくれたそうですから、かなり信用されているのでしょう。ここで彼女はまた上海リルという名前に戻ったようです。

リルの次の日記は昭和一五年（一九四〇）九月X日となっています。

その間の主な出来事を年表で見てみると、まず一四年一一月一三日に、日本軍が上海の英米共同租界を占拠しています。翌一五年三月三〇日に、汪兆銘を首班とする南京国民政府が成立。六月一〇日にイタリーが英仏に宣戦布告し、同一七日にフランスがドイツに降伏。六月二六日に溥儀が来日しています。九月二三日に日本軍の北部仏印進駐が開始され、九月二七日に日独伊三国同盟がベルリンで調印されるなど、世界戦争への道がひたひたと迫っている感じがします。


「ある日ひょっこり、ジョゼフが訪ねてきた。久し振りだった。まだ租界警察にいるのかな。

『あんたもよく替るねえ。一度「支那の門」に行ってみようと思ってるうちに、今度は「ＭＧＭ」か』

『アンドレに勧められたのよ』

『知ってる。情報の提供を頼まれたんだろ？　ここはお偉方の秘密の会合場所だからな。ダイ・リはここのダンサーからおいしいネタを頂いてるようだ』

『ダイ・リ？』

『ああ、かのダイ・リさ。知らないかね、ダイ・リ戴笠。蒋の親友で、直属の強力テロ組織藍衣社の大親分。蒋からも一目置かれている大物だ。ＭＧＭは完全に彼のコントロール下にあるんだ。でも、あんたが日本人てことはバレてないんだろ？』

『ダイジョブ。私、ニューカレ生まれのアイノコ』

『ほんとにダイジョブかねえ。今、この辺は反日一色だから、バレたら、半殺しの目にあうぞ。マンガだってそうだ。知ってるだろ、『タンタンの冒険』の最新版?』

『うん。『Le Lotus Bleu =青い蓮』でしょ? あの悪名高い阿片窟『青蓮閣』が舞台になってるようだけど』

『ああ。あのマンガがなぜ受けたかというと、日本軍を徹底的に悪者にしてるからさ。という訳で、くれぐれもご用心遊ばせ』

彼は八の字髭を撫でながらニヤリとした。こういう時は、いつもすかさず反撃するのが私のやり方だ。

『ずいぶんご無沙汰だったじゃない。何か悪いことしてたの?』

『いや、しばらく香港に行ってたんだ』

『へー、知らなかった。どうして?』

『話せば長いことながら……』

という前置きで彼が語った話を理解するのは、シャンペンの酔いが完全に醒めてからだった。

ジョゼフが汪兆銘と知り合ったのは、昭和一五年(一九四〇)に入ってから、フランス租界にある彼の自宅にお茶に呼ばれたときのこと。そのときジョゼフは中国人としてはただ一人、フランス警察の特別主任刑事で、フランス人と同じ給料を貰える出世頭だった。

これまで絶えず強者との結びつきを求め続けていた汪は、蒋介石側から日本側に寝返り、一五年三月に親日カイライ政権・南京「国民政府」の長に収まったばかり。その彼が、重慶政府の動きを探る格好の人物として、ジョゼフに目をつけたらしい。

ジョゼフは極上のプーアル茶をゆっくり味わいながら、注意深く汪の話に耳を傾けた。汪の依頼は、宋美齢の弟、宋子良が隠し持っているはずの蒋介石政府の秘密文書をなんとか探し出してほしいということだった。そ知らぬ顔で協力を誓った彼の体を冷や汗が流れた。というのも、その文書は、すでにジョゼフの管轄下にあるものだったのだ。そそくさと退出したが、どうやらその態度が汪に疑いを抱かせたのかもしれない、と彼は推察した。以後、ジョゼフに刺客が付きまとうようになった。あるときは、カフェで背中に殺気を感じ、振り向きざま、後ろのテーブルの男が取り出そうとしたピストルを、間一髪取り押えたことがあった。またあるときは、自宅前に絶えず停まっている黄包車が気になり、早朝に車を取り押え、中を探ったら、車夫の懐から、有毒の麻酔弾を込めたリヴォルヴァーが出てきたこともあった。このまま上海に居たら助からない。ほとぼりが冷めるまで、しばらく香港へ逃げよう。

『とまあ、そんな状況で、香港へ行ったんだ』

『そうだったのかあ。そう言えば、あそこなら杜さんが居るものねえ。彼、もう三年になるかしら、香港に行ってから？』

『上海事変のとき逃げたんだから、その位にはなるかな』

『お元気だった？』

『おっそろしく元気。上海同様、香港でも、政界から闇の世界まで、しっかり牛耳ってたな。滞在中は、何から何まで彼が世話してくれた。あんまり居心地がいいんで、しばらく居ようかと思ったけど、上司から、ポストを用意したからすぐ戻ってこいって電報が来ちゃって、しぶしぶご帰還てわけさ。しかし上海はどんどん危なくなってるからなあ。去年の三月、幾つかのキャバレーのそばで爆弾騒ぎがあつただろ。あのときはまだ「支那の門」に居たの？』

『うん。恐ろしかった。みんなケロリとしてたけど』

『犯人グループは警察が到着する前に、全員逃げ出したんだが、サン・サン・デパートの屋上にチラシが残されていた。それがこれだ』

彼は懐から粗末なガリ版刷りの紙を取り出した。

『何て書いてあるの？』

『要するに、祖国はいま消滅の危機にあるというんだ。前線の兵士が飢えと寒さの中で必死に戦っているというのに、君たちはダンスにウツツを抜かしていていいのか。シャンパンやウイスキーに使うお金があったら、それを弾薬費として差し出せ、とまあ、こんな内容だな』

『説得力あるウ。私がそんなこと言っちゃいけないか』

『グループの名前は「血と精神絶滅団体」となっているが、実際のところ、いま誰が誰と争ってるのか、さっぱり判らないんだ。有名なテロ集団だけでも、蒋直属のCC団だろ、それから蛇頭という名で知られてる戴笠の藍衣社、さらに民間人を装った便衣隊が居て、杜月笙の青帮がデンと居座ってる。それにだな……』

『未だあるの？』

『もちろん。CC団の最大のライヴァルとして、日本側のテロ組織・ジェスフィールド76号が勢力を伸ばしてきた。さらにそこに、急速に力を付けてきた共産党の秘密組織が加わり、小さなグループもどんどん出来てるから、完全な混乱状態だ。どれが敵やら味方やら、誰も信用できないというのが正しいだろうな。香港から帰ってきて、その間の警察の資料を当たっていたら、帰る直前にも、キャバレー関係の大事件が起きていたことが書いてあった。またまたパラマウントが舞台なんだがね』

事件が起きたのは、昭和一五年八月一八日、午後一一時一八分。パラマウントで男性四人の客が一つのテーブルを囲んでいたとき、カーキ色のズボンをはいた上海訛りの四人組がピストルを手に入ってきて、四人の客に手錠を嵌め、うち二人を連れ去った。警察が駆け付けたときは、全員が逃走したあと。その後の調べで、客の一人が戴笠のテロ組織・藍衣社のメンバーだと疑われ、汪兆銘側のテロ組織ジェスフィールド76号の特務員が誘拐を図ったというのが真相らしい。

『この情報は一般には伏せられてたが、これが上海の今さ。事態はますます悪化してるね』

黒人のバンドがセンチメンタル・ジャーニーを演奏し始めた。ミュートを効かせたトランペットが、以前このバンドのリーダーだったバック・クレイトンを思い出させる。彼は報酬の点で折り合わず、さっさとアメリカに帰国してしまった。いまカウント・ベイシーのバンドで売り出してるようだけど、残ったこの連中だって、そう長くは居ないだろう。ジョゼフが踊ろうと手を差し出した。抱き寄せられると、彼の小太りのお腹がこちらにぶつかる。私のセンチメンタル・ジャーニーはどこまで続くのか。いろいろな男が私を抱いた。ノッポもチビも、デブもガリも、白も黒も黄色も。そしてみな、去っていった。チヤオタンもシユウピンもアンドレも似たようなものだ。チョビ髭の満鉄の重役は、日本がアメリカに戦争を仕掛けるのは時間の問題だと確信ありげに言ったが、アンドレと連絡が取れないから、伝えようがない。

『私ってエスケイピストかな?』

『何だい、突然?』

『いつかアンドレに言われたの。君は現実を直視するのが嫌いで、目を瞑りながら、堤防の上を歩いてる人だって。大いなる運命に自らを委ねているから、海に落ちることも怖くないんだ、なんて言うの。怖いに決まってるわよ、もちろん』

『ヘッへ。しかし租界に生きてる人間はほとんどが現実逃れのエスケイピストさ。私もその一人でね。現実に疲れたから、おおいなる運命に委ねようと思って、香港から帰って、青帮に入信したんだ。とたんに偉くなっちゃって、いまじゃ杜も私のことを「Mon Oncle=私のおじさん」て敬称で呼んでるよ。気分が楽になったねえ。どう、あんたも入ったら?』

『何を言ってるの。私のお守りはアナベル・リーなの。いつかきっと救ってくれる』

耳飾りに触りながら呟く私を、ジョゼフは判ったとでも言うように強く抱きしめた。彼にはダイジョブと言ったけど、陰では日本人じゃないかと疑ってるダンサーも居るらしい。何が起こるかは誰も判らない」

次の日記は昭和一七年(一九四二)三月X日。リルは始めに勤めていた虹口のタイガーハウスに戻っています。おそらく第二次上海事変以来の反日気運の高まりの中で、彼女の出自への疑惑から居辛くなったか、あるいは追い出されたか、どちらかでしょう。

「いつものように、タイガーへ出る前に、シェ・ブブールに寄った。ラム酒を一杯ひっかけるのが、くせになっている。『ボンジュール、リルさん！』カウンターのおやじが嬉しそうな声を出した。『ジャポネーズと話したいってダダこねてる兵隊さんが居るのよ。付き合ってくれない。お願い』隅のソファにもたれかかり、ウイスキーを豪快に飲んでいる軍人が居た。三十代後半だろうか。やせておとなしそう。『こんばんわ』声をかけたら、びっくりしたように顔を上げ、すぐ笑顔になった。『日本の人ですか。よかった』そうとたんにしゃっくりが出たため、ごめんなさいと謝ったから、育ちは悪くなさそうだ。音盤の旋律に合わせてハミングしたので、音楽は好きかと聞いてみた。彼は声をひそめた。『ジャズですよ、ジャズ。絶対秘密ですけどね』出征する少し前に、「しぐさ」というジャズ喫茶が野毛にできたという。『与志田君が始めたんだ。若者だけど、いいセンスしてて、通いつめましたよ。当局からかなり睨まれてたようだけど、あいつ、頑固だったからなあ。捕まったかもしれないな』静かに目を瞑った。駐屯地は揚州だが、休暇で上海へ遊びに来たとのこと。名前は神谷さん。芸術家肌の感じだったので、聞いてみたら、本職は横浜の染色デザイナーだが、全然商売にならなかったという。徴兵され、半年前に電信兵として華北へ来たが、帰りたくて帰りたくて、としきりに口走る。部隊内でこんなこと言ったら、すぐ軍法会議にかけられちゃいますからねと首をすくめた。目的は「しぐさ」ですか？　小声で尋ねたら、理由はこれ、と懐から何かを大事そうに取り出した。かわいい少女が写っている写真だった。『六歳になる娘ケイコです。妻が病死して、祖母に育てられていますが、私の似顔絵を描いて、はやくかえってね、おとうさん、なんて、たどたどしい字で書き添えてあって。たまりませんね』彼は涙を流しながら酒を飲み、酒を飲んでは又涙を流した。

話題を変えようと思い､軍隊で何か印象的な出来事は?と水を向けた。別にありませんね。そっけない返事が返ってきたが、そうそう、と話を継いだ。

『行きの船で青い目の二等兵と一緒でした。日本語はペラペラでしたけどね』

『青い目の日本兵……』

『青くなかったかな。でも完全にガイジンぽかった。確か平柳とかいう名前でしたね。彼は湯陰の部隊に配属されたので、新郷で別れましたが、父親がイギリス人だったと言ってました。元の名前は、えーと、そうだ、ハリス、ジェイムス・ハリスだ』

ジェイムス・ハリスという名前には聞き覚えがあった。そう、バートンさんが連れてきた新入社員がそんな名前だった。でも彼が日本の軍人になるなんて、ちょっと想像がつかない。おそらく偶然の一致だろう。

よろよろとした足取りで帰ろうとする神谷さんを戸口まで見送った。『次はどこへやらされるか判りませんがね。無事戻ったら、お会いしましょう。できれば横浜の「しぐさ」でね。ハンサムな神谷をなにとぞお忘れなく』笑顔で手を振った彼に､『お元気で』と小声で告げるのが精いっぱいだった。

暫くして私はタイガーへ向かった。通りは検問所の兵隊さんを除き、ガランとしている。少し前までの活気がウソみたい。日本兵の暴行が原因だと噂され、支那人から刺すような目つきで睨まれると、身の縮む思いがする。神谷さんのような紳士は、軍隊では間違いなく少数派なのだろう。

街は寂れているが、タイガーは日本人客を中心に、相変わらず混んでいる。と思ったら、クラブの入口でキリコが待っていた。うっかり忘れていたが、二、三日前に会いたいとの連絡があったのだ。電話によると、いったん帰国してから、とんぼ返りで大連へ向かったらしい。ダンサーとして活躍していたようだが、ダンスホールが閉鎖になったので、まだホールが開業している上海へ戻りたいということだった。

後でマネージャーに話をつけるから、と、ひとまずフロアのテーブルに案内した。バンドマンたちがぼつぼつ集まり始めている。ここでの私の名前は本名のミツコ。大っぴらに日本語で話すことができるので助かる。キリコは相変わらず明るく元気そうだった。やっと上海に戻れたわあ、とは言ったものの、

『よかったなあ、大連の「ペロケ・ダンスホール」。街の中心の大広場からすぐの処にあるんだけど、ミラーボールの光の中で南里文雄がタイガーラグなんて演奏し始めると、みんな踊るの止めて聴きほれちゃうの。そのくらい素敵だった。私はハンサムなドラマーに惚れて、大騒ぎだったけどね。夜明けまで踊ってるから、次の日はぐったりでしょ。午後、連鎖街っていう賑やかな商店街のお風呂屋さんでゆっくり汗を流すの。なぜかみんなオカッパ頭でさ。浴衣がけで、金盥持って、ぶらぶら店を冷やかしながら帰るのが楽しくって』

という訳で、頭の中は大連へのノスタルジーで一杯のようだった。上海のホールがまだ開業し

てて助かったというが、第二次大戦勃発以来、キャバレーへの締め付けがどんどんきつくなっているから、この店だって何時までオープンしてるか判ったもんじゃない」

次の日記は二か月後の昭和一七年（一九四二）五月X日です。

「アンナ・バラールが突然タイガーに現れたのにはびっくりした。特別に通行許可証をもらったという。連絡先だけは、その都度アンナに連絡していたが、改めて、突然『支那の門』を辞めてごめんなさいと詫びた。オオ、ノンと手を振ったので、左腕の腕章に気づいた。白地にFRANCEという文字が刻印されている。

『セ・コワ（なに、これ）？』

『これね、ついこの間、欧米人は国籍を表す腕章を巻くようにという通達が突然日本軍から出たの。うっかり忘れると、罰金取られるのよ』

『へー、知らなかった』

『おまけに、一切の娯楽施設への入場も禁止されたから、私たち欧米人は芝居も映画も観られない、キャバレーへももちろん入れないっていう地獄的状況なの』

『じゃ「支那の門」も？』

『あたしんとこは大丈夫。キャバレーじゃないし。もともと秘密の隠れ家なんだから』

アンナはそう言って、にんまりしたが、おそらくかなりの袖の下が日本関係者に渡っていることとだろう。

『そんなことより、大事なメッセージをアンドレから預かってたの。連絡先が判らないから、私から伝えてくれって』

『アンドレ！』彼との連絡はいつの間にか途切れていた。

『彼、いま延安に居るの。そこで不思議な出会いがあったって言うのよ』

『延安？　フランス外務省のお役人さまが何で延安に居るの？　いったい何時上海に帰ってくるのよ？！』

『ま、ま、その辺はややこしいから、あまり詮索しないで。何か秘密の役目があるらしいの。早く会いたいって書いてあったわ。それより、肝心なのは、共産党本部で事務を手伝っている女性たちの中に、見覚えのある人が居たってことよ。あの人とは確かにどこかで会ったことがある。彼はずーっと考えていて、はっと思い出したんだって』

『メ・セ・キ？　誰だったの、その人？』

『今から二十年近く前かな。例の関東大震災のチャリティー・イヴェントがパリで開かれたとき、熱心に手伝っていた日本女性がその人だったって言うの。ただ、初めに会ったとき付けていた耳飾りは、付けていなかったって。アンドレが思い切ってフランス語で話しかけたら、彼女は首を横に振るだけで、遠ざかって行ったそうだけど、間違いなくあの時の人だって力説してるの。もしまた会えたら、追加報告するって言ってるんだけど、何か思い当たること、ない？』

無意識に触っていた耳飾りから私は慌てて手を放し、ノンと首を振った。

頭は混乱しきっていた。もしその人が母だったら、どうだって言うんだ。今の私に何ができる。世界がすっと遠くなり、アンナに揺り起こされて、やっと意識がもとに戻った」

ここで上海時代の日記は終わっています。ただ昭和一八年（一九四三）に租界特権が廃止され、日本の傀儡、汪兆銘政権の統治に委ねられることになりましたから、キャバレーそれ自体も、そう長くない時点で廃止されたのではないでしょうか。このあと、どんな運命がリルを待ち受けているにせよ、時代が敗戦へまっしぐらだったのは確かです。

＊　＊　＊

第二部「戦中の闇に潜る」は、戦争終結にいたる鹿地夫妻の航跡を記した父の文章で締めくくることにしましょう。

第十一章 終わらざる旅

新しい頁

昭和一六年（一九四一）九月、重慶政府によって反戦同盟の解散が指令されたため、以後同盟は重慶の鹿地研究室と貴州鎮遠の平和村訓練班の二つに分かれて、非合法的活動を続けた。
同年一二月に勃発した太平洋戦争の進展に伴い、重慶はイギリスに代わりアメリカの進出が目立つようになってきた。ＯＷＩ（戦時情報局）の出張所が重慶に設けられたが、同所の人員不足を補うため、スタッフとして、日系二世の軍人グループが加わることになった。

この日系二世の軍人グループとはいったい何者か。もともとは、敵性人である日本人の血を持っているという理由で、アメリカ各地の強制収容所にぶちこまれた日系人たちだが、その中からアメリカに忠誠を誓った若者を選抜して解放し、陸軍情報学校に入れて訓練した者を指す。グループ結成の狙いは二つ。一つは白人兵士の死亡率を減らすため、危険な前線に送り出す有色兵士の養成。その典型が、「ゴー・フォー・ブローク。（当たって砕けろ）」の合言葉で有名な４４２歩兵連隊だった。彼らはヨーロッパ最前線での命知らずの活躍で有名になったが、戦死率も群を抜いて高かったと言われる。二つ目は、前線の日本兵に向かっての宣伝放送と遺体からの資料収集。この役割を果たすため、アリヨシ・コージ、クリス・イシイら四名の二世が重慶にやってきた。さらに後から、カール・ヨネダ（エロシェンコの最後の作品『紅い花』を口述筆記した米田剛三少年のアメリカ名）もスタッフに加わった。

米軍と鹿地の協力が進んでくると、反戦同盟の解散を命じた重慶政府の政治部も心穏やかでは居られず、もう一度主導権を取り戻すべく、再び鹿地との接触を試みてきたので、彼が米軍と重慶政府の板挟みになるケースも増えてきた。

一方、ＯＷＩと連携した組織ＯＳＳ（戦略情報部）の重慶本部からも、新たに二世たちが加わり、蒋介石の軍統（特務機関）と協力して、中米合作社ＳＡＣＯを設立、大量の謀略員養成に当ることになった。

昭和一八年（一九四三）九月のムッソリーニ政権崩壊を前哨に、年明けの昭和一九年、日本軍の敗色が濃厚になると、戦後処理をどうするかという問題が急浮上してきた。延安では岡野進（野坂参三）の解放連盟が正式に発足し、鹿地の反戦同盟との連携が模索された。アメリカ国務省の秘書官ジョン・エマーソンがアリヨシの仲介で鹿地を訪れ、米軍の日本本土上陸作戦について、彼の意見を求めた。その際エマーソンに、米軍に協力する意思があるかと尋ねられ、共同の目的のためなら協力すると答えたことを彼は覚えている。ひょっとすると、これが戦後のＣＩＡによる鹿地誘拐事件の伏線かもしれない。

九津見房子の暦

そのころの日本はどうか。ゾルゲ事件被告人の一人で、私の父が弁護した九津見房子が、昭和一八年（一九四三）一二月二〇日、東京刑事地方裁判所で、懲役八年の実刑を宣告された。五四歳だった。判決文には、昭和二年共産党員として治安維持法違反で検挙投獄されるなど、階級闘争的な過激思想を持ち続けている危険人物として前歴が紹介され、特に、プロレタリアート独裁を目指す共産主義国際組織「コミンテルン」への情報提供活動（これがゾルゲたちの活動と関連付けられたのだろう）により、顕著な治安維持法違反として有罪とされた。（『現代史資料　ゾルゲ事件（三）』みすず書房、一九六二）。なお『九津見房子の暦』（牧瀬菊枝編、思想の科学社、一九七五）によると、この手の裁判には、通常官選弁護人を付けることになっているが、彼女の場合は、親族の配慮で、猪俣浩三を弁護人に付けたと書かれている。

九津見の活動の中で目立つのは、大正一〇年（一九二一）の第二回メーデー大会に出席するため、山川菊枝、伊藤野枝らとともに婦人団体『赤瀾会』を結成したことだろう。宣伝ビラを撒きに出かけた同志がすぐ捕まったため、証人として検事局へ呼ばれたとき、大杉栄から、「知らない」と「忘れた」以外のことは絶対言うな、とこんこんと注意を受ける。この注意は生涯役立ったという。女性の初めての参加となる第二回メーデーでは、全員長袖をつめて筒袖にして参加した。お堀端を通るときは、

千代田の森に黒旗立てて
いざや歌わんレボリューション

と声を合わせて唄ったよし。また共産主義弾圧の三・一五事件で逮捕されたときは、若き彫刻家高田博厚が二人の子供を預かってくれたそうだ。

九津見はゾルゲ事件の判決後、直ちに和歌山刑務所に収監され、そのまま終戦を迎えた。昭和二〇年（一九四五）一〇月一〇日、思想犯釈放令が出て、刑期未了のまま解放されたが、お金がないので、しばらく房内に留まっていた。毎日、焼け野原の和歌山市内を歩き回っては、進駐軍がトラックから撒くお菓子や食糧に子供が夢中になって群がる姿を、これが敗戦というものかと辛い気持ちで受け止めていたようだ。

一方リヒャルト・ゾルゲは、昭和一九年（一九四四）一一月七日、巣鴨拘置所の刑場で、尾崎秀美と共に、絞首刑に処された。ロシア革命記念日にあたるこの日は、一日中寒かったという。

昭和二一年（一九四六）二月、石垣綾子はニューヨークの知人宅で久々に会ったスメドレーに、尾崎秀美が処刑されたことを伝えた。驚きと悲しみでいったん倒れた彼女は、石垣の手を握りしめ、「あの人は私の夫だった」と何度も繰り返したそうだ（『回想のスメドレー』三省堂、一九七六）。ところで、「私の夫」とは、もともと何という英語だったのか。もはや石垣氏に確かめる由もないが、私の勝手な推測では、「マイ・ハズバンド」ではなく、「マイ・マン」だったのではないだろうか。三〇年代にファニー・ブライスが唄って大ヒットしたポップス「マイ・マン」は、「私の特別な人」

を意味しているのだから。

それはともかく、ゾルゲ事件の被告として終身刑で服役中だったマックス・クラウゼンが、九津見と同じころ釈放されたことを考えれば、ゾルゲや尾崎も、処刑されていなければ、間違いなく釈放されていたはずだ。生と死を分断する刑はそれほど重い。

上海から帰国へ

昭和二〇年（一九四五）八月、鹿地は昆明に飛んだ。戦後における米軍との協同事業の件でOSS（アメリカ戦略情報部＝後のCIA）スタッフと話し合うためだった。昆明到着三日目に米軍が広島に原爆を落とし、さらにソ連の参戦、長崎での原爆投下から天皇の終戦詔勅に至る一連の情報を、彼は「美しい昆湖のほとりの美しい基地の中」で耳にした。米軍との協同事業の件はお流れとなった。

日本の降伏を知ったときの重慶の様子を胡風が伝えている。


「日本が降伏したというニュースが伝わってきた。…嬉しさのあまり観音岩に駆け登ってみると、市民たちが興奮している様子が目に入った。たくさんの人が爆竹を鳴らし、通りは人で溢れ、アメリカ軍のジープがつぎからつぎへと市内の中心地区へ向かって行った。市内全体が喜びに沸き返っていた」（『胡風回想録』南雲智監訳、論創社、一九九七）

しかし今度は、勢力を拡大した共産軍をどうするかという問題が前面に出てきた。重慶政府の政治部は鹿地への監視を強めた。祖国の再建のため帰国の希望を出した鹿地夫妻は、山積する事後処理を終え、昭和二一年三月一八日、ひとまず上海へ戻ってきたが、帰国はすんなりとはいかなかった。四月一〇日に行われる帝国議会の選挙を前にして、「目下鹿地の帰国好ましからず」という秘密電報が、東京のマッカーサー司令部から国民政府外交部に届いていたためだと思われる。

結局鹿地夫妻は二一年五月七日、アメリカの大型輸送船リバティー号で日本の土を踏んだが、その間の上海での動静について、鹿地はほとんど何も記していない。あるいは、上海到着直後に起きた身内の不幸のため、筆が進まなかったのかもしれない。そこで、鹿地と同じころ上海に戻ってきた胡風の回想録の中から、鹿地に関係ある記述を補足的に紹介することにしよう。

『許広平の所から鹿地夫妻が来た、との知らせが届いた。ところが間もなく彼らの息子が旅館の三階のベランダから落ちて死んだ、と聞かされた。なんとも悲しく、特に妻が辛そうだった。…十数日後、許先生から食事に招かれ、鹿地夫妻、内山完造、雪峰とわたしが同席した。内山は相変わらず元気だった。鹿地夫妻は娘の暁子を連れてきていたが、痛々しかった。以前の尊大で自信に満ちた様子はすっかり影をひそめていた。息子の死は、特に男の子を大事にする彼ら日本人の夫婦には耐えられないショックだったのだ。その後、子供の遺骨は静安公共墓地に埋葬したとのことだった。内山夫人がそばにいてくれたので、池田（＝鹿地夫人）もいくらかは気持ちが慰められただろう。その席では彼らとはあまり話せなかったので、別れぎわにうちにも遊びに来るように、と言ったが、とうとうそのまま帰国してしまった』

一方終戦までの劉仁・テル夫妻の動向はあまり知られていない。昭和一六年暮れ、長男が誕生。二〇年末、一家は重慶を船で離れ、漢口に上陸したが、すぐまたそこを出て、南京、上海を経たのち、昭和二一年四月、夫の故郷瀋陽（奉天）に姿を現した。長女はそこで生まれている。昭和二二年（一九四七）一月、テルは中国最東部（旧満州）ジャムスで妊娠中絶の失敗から命を落とした。享年僅か三五歳。棺にすがって号泣した劉仁も、その三か月後、五歳とゼロ歳の幼児を残して、後を追うように亡くなった。

逝去の八年前に当たる昭和一四年（一九三九）四月、テルが重慶で病床にあったとき、故郷の母を想って綴った『なくなった二つのリンゴ』という有名な詩がある。二つのリンゴとは、長い放浪と闘いの中で失われた彼女の両頬の紅味を意味している。長文の詩だが、最後は次のように締めくくられている。

『おかあさん、あなたがくださったリンゴを
あなたの娘が永久になくしてしまったとしても
どうぞ、とがめないでください
それは、この大陸で、日本で、全世界で

永久に美しい赤いリンゴを実らせるために
ときならず落ちた無数のリンゴのうちの
わずか二つのリンゴにすぎないのですから』（高杉一郎訳）

第三部　戦後の闇に潜る

第一章　「私はバカだった」から「日本死ね！」まで

小田急線千歳船橋駅前にAPOCシアターが誕生して七年。翌年生まれた娘が間もなく六歳、卒園式も間近です。最近、我が子を保育園に入れられなかった母親の怒りのメイル「保育園落ちた日本死ね！」が共感を呼んでいます。オリンピック関連事業にあれだけ金を使うなら、もっと保育園を造れというもっともな叫びです。私にとっても、もし娘が運よく公認の保育園に入れなかったら、私立に入園させるだけの余裕はなかったでしょうから、母親の怒りは痛いほどわかります。

戦後七〇年の到着点が「日本死ね！」だとすれば、戦後の出発点はどうだったのか。父から借りた本によると、昭和二一年（一九四六）六月に行われた東宝ニューフェイス試験で読まされたセリフは「私はバカだった、ほんとうにバカだった、バカだった」というものだったそうです。これが出発点の言葉だったのでしょうか。

日本へ戻ってからのリルの日記は、別の束になっているようですが、表に差し込まれた紙に書かれているのは、私の苦手な横文字です。目を凝らすと、〝Après-Guerre〟と読めます。後は辞書で、アプレゲール＝戦後と判りました。ノートは上海時代よりひどいザラ紙で、インクも薄れかかっており、物不足の時代だったことを感じさせます。

舞踏への招待〜クリフサイド物語

初めの日記は昭和二二年（一九四七）四月九日と記されています。

『私の勤めている山手舞踏場――というよりクリフサイド・クラブのほうが恰好いいかな――は横浜元町の代官坂を少し上った、トンネルの手前にある。建てたのは、絹のスカーフの輸出でボロ儲けした人らしい。まだ開場して八か月だから、建物の白さが目に染みる。振り返れば、遠くにマッカーサーの居たニューグランド・ホテルとアメリカ総領事館のほかは、米軍のカマボコ兵舎が並んでいるばかり。その先に、主の替った海が哀しく広がっている。

佐世保に着いたのは二十二年二月。引揚船として最も遅いタイミングらしいが、キリコの勘繰りでは、二人とも素性が怪しいということで、身辺調査に時間がかかったからではないかということになる。十三年ぶりの故国だから、さすがにジーンときたが、運が悪いことに、船内でコレラ患者が発生したため、湾内で一か月も足止めをくった。やっと上陸が許されたのは三月。検疫班のＤＤＴで体中真っ白にされ、やっと解放されたときは、キリと顔を見合わせ、お互いのお化けっぽさに思わず噴き出した。ここでも進駐軍のジープに浮浪児が群がり、アメリカ兵に何かしきりにせがんでいる。募金箱を抱えた義足の傷痍軍人には胸が傷んだが、残念ながら、こちらも恵むお金がない。

いまキリとは、横浜南京町のボロアパートでの共同住まい。まるで浅草時代の再現だが、惜しいことに貧乏まで再現している。上陸した日は、キリを誘い、汽車で横浜まで来た。むかし父の医院で受付をしていた女性が結婚して馬車道に住んでいるはずだった。浅草時代、彼女の処へ遊びに行ったことがあったのだ。残念ながら、彼女はもう居なかったので、とりあえず目の前の壊れかかったＨＯＴＥＬに飛び込んだ。入り口に横文字の看板がかかっていた。「Welcome our friends for the peace of the world」キリに聞いたら、「友よ　世界平和のためにようこそ」とでも言いたいんじゃないの。でもバラックから世界平和を叫ぶあたりは立派よ、と澄ましている。進駐軍専門かと思ったが、にこやかにウエルカムされた。考えてみれば、こんな薄汚いホテルを彼らが利用するはずはなかった。濃い化粧の女たちが出入りしていたから、そちら専門かもしれない。米兵は見かけなかったが、これが噂のパンパンガールかと納得。

上陸の翌朝、キリは東京へ出かけた。船内の新聞に紹介されていた有楽町・アーニーパイル劇場の記事に触発されたのだ。アーニーパイルは進駐軍専用の劇場だが、今年の三月、アーニエットと呼ばれるレヴュー・ガール軍団を新たに抱えこんだ。これがなかなかの評判らしく、キリは絶対これに応募すると大張り切り。前に住んでいた浅草合羽橋に、芸能界に詳しいオジサンが居るから、とりあえずその人に相談してみる、と浮き浮きと出て行った。

私は一人でクリフへ求職に出かけた。といっても、やけに判りにくい場所で、さんざん人に尋ねて、やっとたどり着いた。間もなく三十二歳になろうという大年増だから、面接の際、あまりいい顔されないかと思ったら、とんだ見当違い。上海帰りと聞いただけで、一も二もなく受け入れてくれた。若く見られたのか、それとも異国趣味がガイジンに受けるとふんだのか。

異国趣味にかんしては、日本人も負けていない。ここのホテルばかりでなく、巷は横文字の看板が氾濫し、八百屋でバナナを買ったら、店のお爺さんにサンキュウと言われた。中には、今後、国際時代に生きるため、日本語表記をアルファベットに変えろという極端な説も大手を振っているらしい。英会話本が五十万部も売れるわけだ』

『昭和二十二年四月十日。

キリは東京へ行ったその夜、早くも帰ってきた。元気いっぱいの感じだったから、合格したの？と聞いたら、受けなかったという。なんでもオジサンに猛反対されたんだそうだ。ＲＡＡが去年閉鎖されたから、その代わりの施設じゃないかと言われたとか。

「ＲＡＡ？　なに、それ？」

「わかんない」

「リクリエイション・アミューズメント・アソシエイションの略」

「要するに政府公認の進駐軍用売春施設よ。国営パンパンハウス」

「へー、そんなのがあるの！」

「おじさんの説明だと、戦後三日目に作ったんだって。日本のお役所ってこういうの素早いわねえ。「女の防波堤」とかいっちゃって。一時は東京だけで千六百人も居たらしいわよ。数寄屋橋がパンパン・ブリッジって呼ばれてた時代だもの」

「儲かるのかしら？」

クリフサイド及び開場を告げる新聞広告

「オールナイト二百円だったそうだから、たいしたことないんじゃない。パンパンの間に刺青が大流行りで、「信ずる者は救われん」なんて彫ってるそうよ。笑っちゃうわよねえ」

「でもそのRAA制度は去年廃止されちゃったんだ」

「そうなの。で、代わりの受け皿を探している最中だから、ひょっとすると、ひょっとする恐れがあるっていうの。いくら女の貞操を守るためだって、こっちの貞操もあるものねえ。やっぱりパンパンになるのは抵抗あるなって考えてたら、それよりクリフサイドにお前の好きな南里文雄が出てるそうじゃないか。そっちのほうがいいんじゃないのって言われて、そうするって舞い戻ったの」

こういう切り替えの早いところが、いかにもキリらしい』

『昭和二十二年五月二十四日。

ここクリフサイドの売りは高級感。ダンスフロアは桜の木で、天井は三階分まで吹き抜け。しかも釣天井で柱が少なく、広く使えるから、踊りやすい。二階はフロア全体を見回せる回廊になっている。入口では黒ベストに白シャツのウエイターがお出迎え。一晩に四バンドが交代で出るなど贅沢三昧だから、結構高い。銀行員の初任給が二二〇円だというのに、ダンスチケットが四〇円もする。したがって客はアメリカ人かお金持ちの日本人。ただマナーは心得ていて、お尻を触ったり、ねちねち絡んでくる客がいないのは助かる。ダンサーは二〇〇人も居るが、ヒロポン中毒が多い。あの子、ちょっと元気がないなあと見ていると、さりげなく席をはずし、戻ってきたときは元気いっぱいだから、お手洗いで一本打ってきたことが判る。

私の名前はミツコ。リルとは完全に縁を切っているから、過去のことは誰も知らない。米軍人からよく指名を受けるが、英語がうまくないから、と逃げて、キリコに譲り、私はもっぱら日本人かフランス語のできるガイジンのお相手をしている。キリは、南里が出演するときは、客のご指名を逃げ回り、助手のような顔で、荷物を運んだりしている。ときどき南里に何か話しかけているので、聞いてみたら、大連のペロケ・ダンスホールの話をすると、あの人、嬉しがって、すぐ乗ってくるのよ、と得意顔になるのが面白い』

続いて九月一二日の日記を紹介しましょう。

『一面の焼け野原だった南京町は接収が解除され、関帝廟を始め、どんどん再建が進んでいるようだ。リュックで買い出し姿のおばさんたちに交じって、急ぎ足で歩く。横浜中華学校を過ぎ、橋を渡ったあたりで、子供たちが遊んでいる。男女に別れ、男の子がハウ・マッチ・ダラーと聞くと、女の子がイーチタイム・テン・ダラーなどと答えている。「パンパン遊びね。いま流行ってるらしい」

フロアのテーブルへ行ったら、隅でおにぎりを食べているダンサーが居た。お腹がすいちゃって、と恥ずかしそう。客が入ってくるまでの話題は、殆どが食べ物に関すること。中には、食べ残しをこっそり持ち帰り、翌朝子供に食べさせているというママさんダンサーの報告もある。両親を養っているもの、借金で首が回らないもの。急激なインフレでアップアップしてるもの。高給取りのようで、それぞれ苦労している人が多い。つい神様への当てつけがひそひそ声で出る。

「マッカーサーってさ、軍帽の前がやけにピンと立ってるじゃない。あれをピンとさせるだけの係が二人もいるんだって」「へ、あきれたもんだ」「ねえねえ、アカハタに載ってたんだけどさあ――と、もう一人が続けた――「マッカーサーとかけて何と解く」っていうの。知らない？

答えは「ヘソと解く。心は、チンの上にある」 たちまち爆笑が起きたが、みんな慌てて口を抑える。ついでというふんいきで、手拍子の唄が始まった。

〝アメ　アメ　呉れ　呉れ
ジョーさんが　ジープでお迎え　うれしいな
ピッチ　ピッチ　チャップ　チャップ
パン　パン　パン〟

バンドの連中まで、笑いながら手拍子で加勢し始めた。

〝あれあれあの子は　狩り込みだ
柳の根方で　泣いている
ピッチ　ピッチ　チャップ　チャップ
パン　パン　パン〟

キリは大はしゃぎで唄に加わっているが、私は乗り損ない、離れて日記の整理に取り掛かった。

リル！　低い声だった。はっと顔を上げたら、ガイジンの二人連れ。一人は高く、一人は小柄だ。

「バートンさん！　それに……ハリスさんも！」

感動して二人と抱き合いながら、お願い、ここではミツコなんだから、リルとは呼ばないで、と小声で頼んだ。

「OK、リル……ジャナイ、ミツコ」

バートンさんがニヤリとした。それからはテーブルを替えて、話の洪水だ。まずは私を見つけた苦労話。上海帰りのダンサーが居るかどうか、めぼしいキャバレーを探し回って、ようやくクリフサイドに目星をつけたこと。ごくろうさまとしか言いようがない。

「この人、ニューヨーク・タイムズの特派員だからね。情報を手に入れるのには最適な立場なんです」

ハリスさんが相変わらず達者な日本語で解説してくれる。それにしてもバートンさんがニューヨーク・タイムズの東京特派員とはたいしたもの。

「ぼくだってニッポン・タイムスの記者さまですよ」とハリスさんが胸を張った。

「へー、すごい！」

「アノネ、彼ガ昔働イテタトコ、オボエテル？　「ジャパン・タイムズ・アンド・アドバタイザー」。ソコガ社名ヲ変エタダケナノ」とバートンさんがバラシたので、なーんだと大笑い。

二人ともいま開かれている東京裁判の報道に連日追われているが、たまたま今日は休みが取れたという。東京裁判なんて、なんだか難しそう。あのころ上海でふんぞり返っていた軍人も被告になっているみたいだけど、どこまでが良くて、どこまでが悪いのか、私には見当がつかない。見当がつかなければ、黙っているにかぎる。

「ソウソウ、コノ間、ロッパサンガ家ニ来テ、対談シタノ。「主婦ノ友」ノ主催。ロッパサン、知ッテル？　フルカワ・ロッパ。オモシロイ人」

「え！　エノケンさんだけじゃなく、ロッパさんともお付き合いがあるの？」

「彼、ボクノ親友ヨ。今度、彼ト、デュエットデ唄ウ約束シタ。NHKノ番組デ。「クレーン・ロッパ歌劇団」ヲ作ル予定ナンダ。デモ、ソノ前ニ、ハリスノ出征話、聴イテアゲテヨ」

「出征？　何、それ？」

「コノ人、日本ノ兵隊ニナッタノヨ」

「ウッソー！」

と、突然ハリスさんがすっくと立ち、ポカンとしている私に向かってきりりと敬礼した。

「陸軍二等兵平柳秀夫、ミツコ殿のご機嫌伺いに参上いたしました！」

そこから始まったのは、ハリスさんが、日本の兵隊として支那に出征していたという、まさか、まさか、の物語だった。でも、典型的な西洋人の容姿をしているこの人が、なぜ日本の兵隊になれたのだろうか？

ハリスさんの説明によると、彼が十六歳のとき、ロンドン・タイムズの極東特派員だった父親が肺炎で急死したため、日本人の母親が彼に日本国籍を取らせた。そして一九四二年、彼の処に、突然徴兵検査の通知が舞い込んだ。納得の行かないまま検査を受けたら、みごとに甲種合格。あっという間に二十六歳の新兵が誕生した。直ちに応召が決定。行く先は北支。

「ソノトキ、ボクハ、アメリカニ帰ッテタカラ、ゼンゼン知ラナカッタ。後カラ聞イテ、ホントニ、ビックリシタヨ」

「ぼくもびっくりですよ。日本の兵隊さんになるなんて、夢にも思わなかったからねえ。入ってからも大変でした。変な毛唐の新兵が居るって、他の部隊からもわざわざ見物に来る騒ぎになっちゃった」

北支の湯陰《とういん》に進駐してからも、生死を賭けたドタバタ騒ぎが続いたが、もっともショックだったのは、まる三年に渉る激しい戦闘が終わってからのこと。帰還船の出る上海までは長い長い汽車の旅だった。ある大きな駅に停まったとき、ホームにたむろしている大学生らしい一団を見て、彼は思い切って英語で話しかけてみた。「戦争が終わってよかった。降伏して、これから帰るところなんだ」彼が予想していた返事は、「これまでのことは忘れて仲よくしよう。気を付けて帰りなさい」ところが実際に返ってきたのは、激しい悪罵だった。「おれたちの国をなぜ攻めたんだ。さっさと帰れ、この悪魔め！」そこまで憎まれていたのか！　ハリスさんは茫然と立ちすくんだそうだ』

リルの日記のこの部分を読んで、私は以前、夫の母が満州から引き揚げてきたときの話を思い出しました。日本人の引揚げを見物に来た中国人の態度が、今までとコロッと変わり、「リーベン・

コイズ」（日本鬼子）、「リーベン、スーラー」（日本人死ね）と、憎悪をむき出しにして、石を投げつけてきたということでした。たぶん今も受け継がれているに違いないこうした根源的な憎悪は、日本の教科書だけで歴史を学んでいる私たちには、なかなか判らないことなのでしょう。

花売娘ケイコ

九月一二日の日記は未だ続きます。

『バートンさんが改まった様子で、私に頼みがあると言う。実は日本の少女を一人探している。横浜出身らしいから、顔の広そうな人に聞いてみてほしいとのこと。実家を訪ねてみたが、丸焼けで、影も形もなかったそうだ。いくら何でも、もう横浜には居ないでしょう、とハリスさんが言ったが、とりあえず話だけでも聞かせてもらうことにした。

そのとき初めて、バートンさんが昭和二〇年（一九四五）始めに、ニューヨーク・タイムズから南支那の昆明に派遣されたことを知った。昆明は連合軍の補給基地だったそうだが、そこに集結している米軍の広報部からいろいろ情報を仕入れるのが任務だったらしい。『そのときぼくは、日本軍の一員として、北支で懸命に米軍と戦っていたんですからねえ』というハリスさんの感慨は当然だった。

ちょうどそのころ、ビルマから転任してきたばかりの二世の広報担当官A氏がバートンさんに日本の少女の写真を見せた。この少女を探して、戦死した父親が体に付けていたこの写真を、形見として本人に渡してほしいとの頼みだった。「もうじき戦争は終わる。あなたは間違いなく東京特派員になるはずだ。そうすれば、少女を見つける手立ても見つかるだろう」というのがA氏の理屈だった。

ほら、これがその写真だ。バートンさんから手渡された少女の写真を見て、私はドキッとした。どこかで見た覚えがある。改めて、写真の入手経路を聞いてみたら、激しい戦闘の行われたビルマ北方ミートキーナの戦場だという。部下がそこに散乱する日本兵の遺体の傍らから見つけ、Aに託したが、どの遺体かは確認できなかったとのこと。

それまで工場労働者だったAは日系人だったため、カリフォルニアの強制収容所に収監されていたが、そこから軍に志願して、広報担当兵となり、ビルマに派遣された。ビルマでの任務は、前線で日本兵士への宣伝放送を行ったり、死体から資料を収集することだった。

集めた資料はすべて軍の翻訳センターに引き渡すのが規則だったが、Aはそうしないで、そのまま写真をポケットにしまいこんだ。少女の面影が故郷に残してきた自分の娘に似ており、同時に見つかった家族からの葉書には、早く帰ってきてほしいという娘の願いが、たどたどしい筆跡でつづられていた。そのため、そのまま翻訳センターに渡さず、何とかして直接少女に返したいというのが二世兵士Aの願いだった。

「Aサンハ、美談ニシタクナイカラ、新聞ナドニ発表セズ、コッソリ探シテ、コッソリ返シテホシイト言ッテタ。ボクハ引キ受ケタ。ダカラ、ミツコ、オ願イ、探シテ」

そう言われてもなあ。探偵業なんてやったことないし。でもハリスさんまで、だいじょぶ、あなたならきっと探せますよ、なんて余計なことを言うから、ますます追い込まれちゃう。

そのとき、あれとそっくりの写真を見た情景が浮かんできた。

「その女の子の名前、判るの?」

「チョト、マテクダサイ」バートンさんが内ポケットからハガキを取り出し、ハリスさんに渡した。

「えーと、差出人の名前は……カミヤ・ケイコだ。神谷慶子。住所は、えーと」

「カミヤ!」私は思わず大声になった。バートンさんがびっくりした。

「リル、ジャナイ、ミツコ、何カ思イ当タルノ?」

「いいえ、知り合いにそんな名前の子が居たんだけど、たぶん関係ないと思う。とにかく心当たりを探してみるから、写真とハガキ貸して」

私はごまかしながら、上海の「シェ・ブブール」で出会った日本兵が確かカミヤと名乗っていたことを思い出していた』

次の日記は九月一四日、即ち二日のちに当ります。

『南京町から桜木町まで歩いた。大岡川を渡ると、もう凄い混雑だ。木造のバラックがずらりと並び、ありとあらゆる品物が乱雑に積み上げられている間を、リュックとモンペがひしめきあっている。上海の下町もこれほどじゃなかったな。阿片の臭いこそ感じなかったが、何とも言えない複雑な匂いが街中に充満している。長い行列の先をひょいと見たら、『マッカーサー劇場』という映画館の看板が見えた。公募で付けられた名前だと誰かが言っていた。かかってる映画は…『ハリウッド玉手箱』だって。面白そう！　今度見に行こう。そこを突っ切ると、街角の小さな店に『ジャズ喫茶しぐさ』という標識がひっそりとかかっていた。

　ここだ！　ここが、カミヤさんが常連だった店だ！　ひょっとして、写真の少女の父親は同じ人ではないだろうか。『しぐさ』の場所は同僚に聞いたら、すぐ教えてくれた。オーナーは芳田さんという人だそうだ。彼なら何かの情報を持っているかもしれない。

　ドキドキしながら、扉を押した。真ん中にドンと据えられた蓄音機、壁のぐるりにポスター。店の奥から芳田さんらしい人物が出てきた。するどい眼光でギロリと睨まれ、一瞬すくんだが、実際は穏やかな紳士で、カミヤさんのことをよく覚えていた。昭和八年にこの店を開業してから、すぐ常連になったという。戦死のことは知らなかったらしい。私との最後の言葉が『しぐさ』で会いましょうだったと伝えたら、涙を流して嘆いておられた。ビルマに行かされた連中は、ほとんど還ってこないよ。神谷さんも運が悪かったなあ。

　そこでお嬢さんの写真を見せた。ご存知ですか？　芳田さんは首を振った。店の客にも回覧してまわしたが、ダメ。頭を下げて、とぼとぼ店を出ようとしたら、芳田さんがしばらく写真を預からせてほしい

ヤミ市風景『マンガ戦後史　敗戦の歌』
(金森健生・平凡社、1964年より)

とおっしゃる。この辺のことにやたら詳しい人物が居るから、念のため聞いてみたいとのこと。よろしくとお願いして、帰る』

『昭和二十二年九月二十三日。

ついに目的の少女を見つけた。メリケン波止場近くの路上で、絹のスカーフを被り、小さな花束を手に、ひっそりと立っていた。特に声を出すわけではなく、たまに買う人がいると、静かに微笑んで、頭を下げるだけ。何の確証もないが、少女の切れ長の瞳の奥に、一度しか会ったことのない父親の面影を感じ、カミヤ・ケイコはこの人だと確信した。

連絡は芳田さんからだった。『しぐさ』で少女の写真を見た人が、ニューグランドからメリケン波止場辺りで、似た感じの花売り娘をときどき見かけると言ったという。私はその日から、クリフサイドへ出かけるまえに、海岸通りを流してみることにし、今日それらしい少女に出会ったのだった。

まず私は、残りの花束を全部買うと彼女に告げた。理由は従業員の誕生祝。で、クリフサイドまで付き合ってもらうことにし、私も花籠の一つを持った。店の人はびっくりしていたが、適当に説明し、帰ろうとする彼女を引き留め、テーブルで向かい合った。

相手の話を聴く前に、まず、そもそもを説明しなくてはならない。私は例の写真を取り出し、「これ、あなたでしょ?」と差し出した。彼女は、はっとした表情で写真を見つめ、しばらくして、絞りだすように、「なぜ、これを?」唇がわなないていた。私はできるだけ静かに、かつ手短かに、手に入れたいきさつを話した。少女はまばたきもせず、私を見つめていたが、やがて眼を閉じた。瞼から涙が幾筋も流れてきた。まるで彼女の気高さが涙に化身したかのようだった。

幼き日々の父との記憶は、手を引かれて近くの公園に遊びに行ったときのこと。父は草花の名前を一つ一つ丁寧に教えてくれた。蚊に刺されてむずかると、ヨーチンを塗ってから、インドのおまじないだと言って、トローリトローリ・ヒナタネコなどと言いながら手を奇妙にくねくね動かすから、つい痒さを忘れて笑ってしまったことを覚えてます。画はお手のもの父だから、ビルマのジャングルに咲く蘭の花のスケッチを、早く会いたいという添え書きとともに、せっせと送ってくれました。私を造ったのは父なんです。そのことがよくわかります。少女は話し終わると、唇をきつく噛みしめた。私は、自分もまた孤児であることを伝え、何でも相談してほしいと付け加えた。将来何になりたいかと聞いたら、唄うことが大好きだから、歌手になりたいとのこと。父がジャズ好きだったから、遺伝かな、と初めてはにかんだ笑顔を見せた』

『昭和二十二年十月二日。

ケイコはあれいらい、花売娘を止め、夜と休日は『しぐさ』でアルバイトしている。写真の少女だ、とバートンさんに紹介したら、彼は一発で気に入ったらしく、目の中に入れても痛くないほどの可愛がりよう。私と二人で、ケイコのＰＴＡみたいな立場になった。「しぐさ」に生バンドが入ったとき、バートンさんはケイコに「人生はかない」を教え込み、デュエットしたら、これが絶妙にうまく、今年の暮れ、ＮＨＫで放送予定の「クレーン・ロッパ・クリスマスショー」に出て、デュエットしよう、と今から唾を付けている。バートンさんの話だと、ロッパさんのお嬢さんは、サイレンの音を聞くと、いまだに「クウチュウ！」と叫ぶそうだ。戦争が子供に与える影響は半端じゃない。

もうひとつ、ＧＨＱのお役人さまが私の愛人になったが、これもバートンさんがらみだ。バートンさんは東京裁判や憲法の草案作りで頻繁にＧＨＱの関係者と付き合っており、ときおり彼らをクリフに連れてくることがある。とりわけ熱心なのが二人、Ｊ少佐とＲ大尉だ。Ｊ少佐は実質主義なのか、二度目のとき、大きなクッキーの函を抱えてきたが、確かに同僚たちにはバカ受けした。一方Ｒ大尉は紫色の花束を持って現れ、私の神秘的な瞳に捧げる、とフランス語でうやうやしく差し出した。どちらも二人きりになりたいとしきりに訴えるため、バートンさんに現状報告を兼ねて相談した。バートンさんは聡明な奥様の監視の下でがんじがらめになっているため、私への気持ちを抑え込んでいた。それが判っているだけに、少し残酷な気はしたが、他に適当な人が思いつかなかった。彼は二人とも積極的だなあと驚いていたが、とりあえずＧＨＱの現状について事前情報をくれた。

それによると、ＧＨＱ内部には、タカ派とハト派の二つのグループがあり、互いに激しくせめぎあっているという。タカ派の基調がゴリゴリの反共主義であるのに対し、ハト派つまりニューディーラー派のモットーはあくまでもリベラリズムだそうだ。ニューディーラーなんて意味が判らないけど、聞き返すのは面倒だから、そのままにしておいた。互いに相手の悪口を言い合っているから、どちらの派だかすぐ判るとのこと。ちなみにＪ少佐はタカ派、Ｒ大尉はハト派だそうだ。

それで思い出したが、タカ派のJ少佐がしきりに批判していたのは、確かケーディスという人だった。なんでも日本の某子爵夫人と深い仲になったことがGHQ内部では知れ渡っているが、遠からずスキャンダルとして本国で問題になり、召喚されることになるだろう、と小気味よげに話していた。そういうあなた自身はどうなんだと思ったが、一ダンサーの身としては、黙って聞くしかなかった。

最終的に私がハト派のR大尉と仲良くなった理由の一つは、彼が以前フランスに勤務していたため、片言のフランス語を喋れたということかもしれない。そのせいか、私のちょっとした愛撫で、小太りの体がフロマージュ・フォンデュのようにとろとろとろけるところが可愛らしい。

バートンさんの話では、今のところマッカーサーはハト派と仲がいいが、したたかなウイロビーの攻勢で、いつコロッと変わるか判らない、変わればハト派は全員本国召喚だから、油断はできない、ついでに言えば、私はハト派だよ、と言ってバートンさんがウインクした』

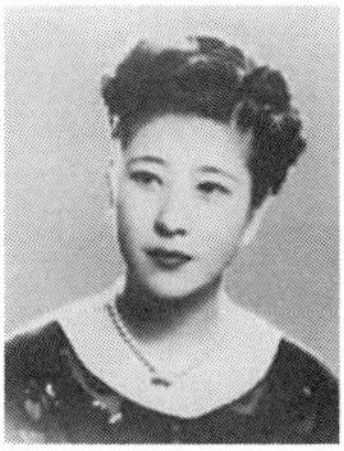
写真左：ケーディス
写真左：鳥尾夫人

ケーディスと鳥尾子爵夫人との関係は、松本清張の「占領「鹿鳴館」の女たち」（『全集』三四巻、文藝春秋、一九七四）に詳しく記されています。昭和二〇年秋、二人は、進駐軍婦人たちが第一ホテルで開いたパーティーで出会い、急速に親しくなりました。ケーディスは真剣に結婚を考えていたようですが、マッカーサーがウンと言わなかったとか。誰かのタレこみで、ケーディス夫人が顔色を変えて来日。半狂乱になって体調を崩し、帰国後、いったん離婚してから亡くなりました。コキュの身となった鳥尾子爵もまた、まもなく急死したといいます。一方、当事者二人は長生きしたようですから、人生は複雑です。

＊　＊　＊

リルはリル、鹿地は鹿地。それぞれの戦後ですが、次章は父の筆による鹿地の戦後です。

第二章　一寸先の闇

鹿地亘は昭和二一年（一九四六）五月、家族と共に、米軍の大型輸送船リバティー号で佐世保に帰港した。市ヶ谷刑務所を保釈中に上海へ逃れてから、一〇年が経っていた。帰国してから、昭和二六年（一九五一）一一月二五日、神奈川県の鵠沼でアメリカの諜報機関に拉致されるまでのことを、手持ちの資料で、できるだけ繋ぎ合わせてみることにする。

佐世保港で大量のＤＤＴを浴びせられ、さらに記者会見を終えた鹿地に、Ｍ新聞の記者が自宅からの電報を取り次いだ。「ハハキトク、マズカエラレタシ、チチ」。彼が大分の田舎に急行したのは当然だ。実家の前に車が停まると、村人がどっと集まってきた。急いで母の病室に入ろうとしたが、記者たちがご対面の写真を撮らせてほしいと付いてきた。ところが、取次によると、母は断固写真を拒否したという。「あいつら、昨日まで何を書いたか？　今日は手のひらを返したようなことを書く。明日は何を書くか？」。戦争中、鹿地を売国奴扱いする記事をさんざん読まされた母親のマスコミ不信は徹底していた。

もともと頑固者の母親だったようだ。小林多喜二の虐殺を知ったとき、涙で顔をくしゃくしゃにして、こう言い放ったという。「私がその人のお母さんじゃったら、警察の門をぶったたいて叫んでやる。息子を返せといって、気狂いになってわめきたててやる！」。という訳で、記者たちが退散してから、ようやく親子の対面が実現した。皺だらけの手で息子を引き寄せた彼女は、いつもの泣き虫顔ではなく、満足そうな穏やかな表情だった。「これだけでいい。何もいらん。これでたくさんじゃ」。そして一週間後、天に召された。

それから三年、結核で倒れるまで、鹿地は各地を講演して回ったが、駅でよく見かけた戦後の飢餓的光景を書き残している。

『食料統制で、駅には弁当など売ってはいなかった。長途の旅行者は三食分もの弁当をかかえて（汽）車に乗らなければならなかった。リュックにつめた芋をはこぶ買いだしの国防服やもんぺの男女の汗で車（内）はいきれかえり、……寝るところも食べものもない孤児たちが、車（内）の便所や洗面所に眠り、腰かけの下のごみの中から、飯粒やりんごの芯をひろって口にはこんでいた』（『もう空はなく　もう地はなく』光書房、一九五九年）

東京に戻った鹿地が食料に次いでてこずったのが子供の教育のようだった。長女は、知らない国、知らない言葉の中で、東京・下落合の小学校に編入することになった。母親は病気で倒れ、父親は生活のため駆けずり回っていて、頼れる存在がなかった。言葉が通じないため、生徒からは「朝鮮人！　朝鮮人！」と苛められた。高熱を出して寝込んだとき、彼女は「おうちに帰ろうよ、お母さん、おうちに帰りたいようー」と泣き出した。母親が問いただしたら、おうちとは住み慣れた中国の家のことだったという。

こうした絶望的な状況が少しずつ改善されてゆく中で、実は密かにある陰謀が進行していたとは、さすがの鹿地も気づかなかった。だが、そのことを解明する前に、命を懸けて「鬼畜米英」と戦っていたはずの日本人が、なぜ敗戦の瞬間から、掌をかえしたようにマッカーサー万歳へと衣替えしたかを少し考えてみよう。

拝啓　マッカーサー元帥さま

昭和二六年（一九五一）四月一六日、トルーマン大統領によって突如解任されたマッカーサーは、羽田飛行場から、専用機バターン号で帰国の途についた。飛行場までの沿道は、別れを惜しむ二〇万人の市民で埋め尽くされた。バターン号がホノルルに向けて飛んでいる午後二時一七分、衆議院は「ダグラス・マッカーサー元帥に対する感謝決議案」を可決、参議院でも賛成多数で可決されている。

その六年前の昭和二〇年八月三〇日、丸腰にコーンパイプをくわえて厚木飛行場に降り立って以来、二千日に及ぶ占領指揮の間、日本国民から彼に寄せられた手紙は五〇万通を超えるという。それらの手紙を分析した袖井林二郎は『拝啓　マッカーサー元帥様〜占領下日本人の手紙』（大月書店、一九八五）の中で、「マッカーサーは多くの日本人にとって父であり、男であり、告白の聴聞僧であり、ついには神の座にあるとさえ思いかねない存在であった」と記している。また相当数の日本女性から「あなたの子供が欲しい」との手紙が寄せられたのは、彼に「男としての魅力」を感じたからだと述べている。

そのことはまた、「アメリカによる日本占領とそれに引き続く諸改革の実施が、少なくとも多くの庶民にとっては、いわば強姦ではなく和姦であったということであ」り、マッカーサー宛の手紙の多さは、「慈悲深い独裁者」への期待からだと分析している。そこから袖井は『占領した者 された者』（サイマル出版会、一九八六）の中で、マッカーサーの占領が成功したのは「日本人の国民性がまことに占領されるのに適していたということである」という結論に達している。

アメリカによる日本占領は強姦ではなく和姦だった、という袖井の分析を裏打ちするような記述が、大森実『戦後秘史6〜禁じられた政治』（講談社、一九八一）に出てくる。

戦後まもなく、人権活動家として著名なエリノア・ルーズヴェルト夫人が占領地視察のため来日した。大森は、彼女に米兵たちの狂態を見せることで米世論を刺激させようとの狙いで、大阪飛田遊郭などの赤線地帯を案内した。視察を終えたエリノア夫人は激怒したという。ただ激怒の対象は米兵たちだけでなく、相手の女性たちにも向けられた。理由は、もし彼女たちが自分の意志に逆らい、売淫させられているのであれば、大きな社会問題になるだろうが、夫人の見たところでは、大多数の女性は自分の意志でこの世界に入り、反省している様子もまったく見られない。これは日本女性の自覚の問題であるだけでなく、それを許容している日本の政治社会そのものに問題があると結論せざるをえない、ということだった。

日本人が占領をいかに歓迎したかは、支配者への対応に現れる。マッカーサーへの感謝を表す幾つかの例を挙げてみよう。

＊アメリカが放出した小麦粉でつくったパンは「マッカーサーのパン」と呼ばれた。つまりマッカーサーは「パンをくれる支配者」だった。（袖井林二郎『日本占領秘史』下巻、早川書房、一九五二）

＊昭和二一年一月、神奈川県民一同の名前で、県知事がマッカーサーに贈った胸像には、「SOLDIER　LIBERATOR　AND　STATEMAN」（兵士・解放者そして政治家）と刻まれていた。STATE（S）MANにSが抜けているのは、うっかりミスか、それとも知らなかったのか。とにかく神奈川県民にとって、マッカーサーは「解放者」と位置付けられていたようだが、何からの解放者だったのかは不明である。（『日本占領秘史』下巻）

＊長崎県民は昭和二一年五月、アメリカ軍人主導のもとに、「ミス原爆美人コンテスト」を開催。（ジョン・ダワー『敗北を抱きしめて』上巻、岩波書店、二〇〇一）

＊昭和二二年から、ピンポン、テニス、軟式テニスを都市対抗形式で争う「マッカーサー元帥杯競技大会」がスタート。昭和二四年、第三回の会場となった広島は、記念パレードのため、一面の廃墟の中に、戦後初の舗装道路「マッカーサー通り」を建設。開会式で歌われたのは、「平和と愛の象徴たり　マッカーサー元帥杯　まことぞ友誼の誓いたり」云々という歌詞だった（『日本占領秘史』下巻」）。

後の二つの例は、いずれも長崎、広島という原爆被災地で行われたことが特に印象的だ。この時点では、原爆の意味するものが何であるか、被害者自体がよく判っていなかったのだろう。

自発的隷従？

以上の事実から、なぜ日本人の考えが、一瞬のうちに「天皇陛下万歳」から「マッカーサー万歳」に切り替わったのかの謎が解ける。要するに大多数の日本人は、原爆投下を仕方がないと受け止め、アメリカによる占領を歓迎した。空気を読むのに長けているから、空気が天皇からマッカーサーに転換したことを、一瞬のうちに察知した。しかも空気を読んだだけで、中身を読んだわけではないから、一瞬のうちに変わっても、ほとんど違和感がない、ということになる。

てなことを考えていたら、たまたま、ある本にぶつかった。一六世紀フランスの法官エティエンヌ・ド・ラ・ボエシが一六歳か一八歳で着想した『自発的隷従論』（山上浩嗣訳、ちくま学芸文庫、二〇一三）がそれ。ラ・ボエシによれば、近代の国民国家発生以後、民衆は、圧政による強制ではなく、自発的に隷従を甘受するようになったという。戦後の日本人の変わり身の早さも、「自発的隷従」の一例として捉えるべきかもしれない。

ただ問題があるとすれば、政策は占領者への白紙委任に近い形にならざるを得ないことだ。そうなると今度は、誰がマッカーサーの下で、実際に占領政策を推進するかが、重要になってくる。その人物によって、具体的な実施方向が大きく左右されるからだ。

ここで、占領政策に関するGHQ内部の軋みを、春名幹男『秘密のファイル～CIAの対日工作』上下（新潮文庫、二〇〇三）などの資料から読み取ってみよう。これらの資料から、実質的にマッカーサーの政策を実行する立場にありながら、実は極めて仲の悪い二つの派が浮かび上がる。一つはタカ派即ちG２（情報局）に属する派、もう一つはハト派即ちGS（民生局）に属する派。タカ派を率いているのは、徹底した反共主義者のチャールズ・ウイロビー少将。対するハト派はコートニー・ホイットニー少将とチャールズ・ケーディス大佐。

この二つの派の対立を最初に報じたのは、マーク・ゲインの『ニッポン日記』（筑摩書房、一九六三）だと言われているが、面白いことに、マッカーサーが信頼していたのはホイットニー、ケーディス組のほうで、ウイロビーのことは嫌っていたという。

写真右：チャールズ・ウイロビー
写真左：ベアテ・シロタ・ゴードン

ウイロビーの率いるG２の総員は一九四八年初めで約三千人おり、彼らによって、ハト派は徹底的に狙い撃ちされたらしい。その一人が、新憲法に男女平等を盛り込むために頑張ったベアテ・シロタ・ゴードン。彼女はG２の作成したリポートで、「GSの中心的な左翼グループの一人で、占領政策に過激な見解を押しつけようとしている」と決めつけられている。

ベアテの上司ケーディス少佐の場合は、ウイロビーと吉田茂政権の間で、もっと緻密に、追い落とし作戦が練られた。鳥尾子爵夫人との密会だけでなく、ケーディスの身辺には、絶えずG２関係の監視が付きまとった。日本側で策謀の中心になっていたのは白洲次郎だったと言われている。

結果、ベアテは昭和二二年五月帰国。ケーディスは二三年一二月帰国、二四年五月三日、退官している。日本がいわゆる「逆コース」路線へ舵を切り始めたのは、このころからだと言えるだろう。

昭和二三年（一九四八）一二月二三日、A級戦犯七人の絞首刑が施行された。その翌日、A級戦犯容疑者一九人が巣鴨プリズンから釈放された。この中には、岸信介のほか児玉誉士夫や笹川良一といった超国家主義者たちが含まれていた。同じように深く戦争に加担していた人間たちの運命が、かたや絞首刑、かたや釈放、さらには首相というような天と地の違いを見せたのはなぜか。理由は簡単。朝鮮戦争勃発直前の緊迫した世界情勢の中で、岸や児玉、笹川らは、日本や近隣諸国の機密情報を提供できる存在として、高い利用価値があり、おいそれと消すわけにはいかなかったのだ。

つまり、初期の民主化一辺倒から、向きを逆方向に変えたと言われる占領政策の転換は、世界情勢の変化に伴い、どの改革が自国に有利かをアメリカ政府がじっくり考えた結果だということになる。

*　*　*

その方向転換が作家鹿地亘の運命にどう作用したかを考える前に、リルのその後を、彼女の日記から見てみましょう。

第三章　運命の再会

「しぐさ」のケイコ

昭和二三年（一九四九）一二月一九日のリルの日記です。

『愛人R大尉がアメリカに帰ったのは、最後のハト派ケーディスとほぼ同じころ。これでハト派は誰も居なくなり、残ったのは、ウイロビーに代表されるウルトラ反共主義者ばかり。「鬼のウイロビーに睨まれたら、もたないよ。あのケーディスだって、いくらマックが支えてくれても、あっちは本国とがっちりつながってるからね。まず勝ち目はない。ましてこの俺さまなんぞ、あっち向いてホイだ」　Rはぼやいてばかりいたが、帰国が決まったら、ケーディス親分に倣ったのか、私に結婚を申し込んできた。残念ながら、フロマージュ・フォンデュにもちょっぴり食傷ぎみの私は首を縦にふらなかった。萎れかえっている姿が気の毒だったので、サービスで「オ・ルヴォワール、マイ・マン」と言ったら、「オー、モナムール！」と熱烈なキスが返ってきた。いい人だったけどね。

ところで、『しぐさ』のケイコは去年大変化があった。十二月のいつだったか、『クリフサイド』

がお休みのとき、『しぐさ』へ顔を出したら、ちょうどケイコが唄っていた。全然知らない曲だったが、軽快な感じが快かった。後で何ていう曲か彼女に聞いてみた。

「『夏が来たら』。トリローさんの曲なの」

「トリロー？　知らないな」

「三木トリロー、若い作曲家なんです。去年の十月にＮＨＫで『日曜娯楽版』という番組が始まったの。知ってる？」

「もちろん…知らない」

トリロー・グループ

「遅れてるぅ。その番組の中に、『冗談音楽』って短いコーナーがあるんだけど、そこで唄われてる唄がめちゃめちゃステキなの」

「ジャズなの、ケイコの好きな？」

「ジャズっぽいけど、ちょっと違う。ほら、今の曲みたいに、ポップスっていうのかな。明るくって、とっても楽しい曲ばかりなんだ。『楽しい日曜日』とか『東京ランデブー』とか。いいなー、いいなー、いつかこんな唄、唄いたいなあってずっと思ってたところが……」

「ところが、どうしたの？」

「ところが……そのトリロー先生が『しぐさ』に来たの、こないだ」

「えっ、まさか」

「そうなんです。その、まさか、なんです。たまたまトリローさんと共演したことのあるミュージジャンがここに出るんで、先生を招待したらしいんです。ケイコ、トリローさん知ってるかって、芳田さんに聞かれたんで、ハ、ハイって言うのが精いっぱいで、ぽーっと突っ立ってました。そしたら先生が、もし知ってる唄があれば、僕がピアノ弾くから、唄ってごらん、っておっしゃるんです。もう頭真っ白。楽譜の束くれたんで、読めるふりして、パラパラめくりました。一番の好きなのは『ゆらりろの歌』なんだけど、むずかしくて唄えそうもないから、もう少し楽そうな『夏が来たら』を開いて、これ、唄いますって。声が出ないかもって思いながら、とにかく唄いました。声がうわずってるのがよく判ったんだけど、先生は何もおっしゃらずに、にこにこと伴奏してくださいました」

ケイコはその時を再現してるみたいに、コチコチに固まったしゃべりだった。しかも驚いたことに、トリローさんは楽譜の束をケイコにプレゼントし、上手だね、どれでも自由に唄っていいよと言ったそうだ。それから先は、何も覚えてないの、とケイコは焦点の定まらない目つきで、窓の外を眺めていた。

それからは、ときどきスタジオに遊びにいって、飛び入りで参加することもあるらしい。『しぐさ』で聴いていても、どんどん唄がうまくなってるみたいだし、もし歌手として売れるようになったら、発見者の私も鼻が高いけどなあ』

トリローさんの唄はよく知らないけど、劇場完成祝いのパーティーで、父が『夏が来たら』を唄ったのは覚えています。確か「夏が来たら　海へ行こう……」というようなのんきな唄でした。もっとも『日曜娯楽版』という番組自体は、政治風刺が強すぎるという理由で、数年後には中止になったそうです。父が唄ったのは、六、七年前の話ですが、彼もその頃はまだエネルギーが残っていたのでしょう。ヨレヨレの今は、娘をハグしようと近づいても、オジーチャマ、クサイなどと逃げられて、がっくり落ち込んでいます。

さて、リルの日記はしばらく空白が続いています。時代が再びキナ臭くなってきて、米兵たちも遊ぶ余裕がなくなってきたからでしょうか。改めて振り返ってみれば、戦前・戦中・戦後という三つの時代を通じて、リルという女性には絶えず戦争の影が付きまとっていたように感じられます。その影が一段と濃くなってきた昭和二四年（一九四九）一〇月七日に、日記が再開されています。

秘密の館

『ついこのあいだ支那で国民政府が負け、共産党が大陸を統一しちゃったとキリコが興奮してしゃべっていた。ああ、とうとう、という感じ。上海時代、私の周りにも、リリーのように、国民政府に見切りをつけている人がたくさん居たもの。こういうことはバートンさんに聞くのが一番いいんだけど、なぜかこのところ来ない。ひょっとしてアメリカに帰ったのかもしれないが、それなら連絡がないのは変だと不思議に思っていた。

共産党勝利の報道に、突然チャオタンのことを思い出した。祖国再興に燃えていた彼は、戦死したそうだけど、この勝利に一役かったのかしら。

楽団『ヨコハマ・ビッグ・ウエイヴ』が大好きな『ブルー・プレリュード』を奏で始めた。物憂いサックスの旋律に身を委ねながら踊っていた私が、ふと薄目を開けたとき、入り口近くで手を振って合図している男の姿が映った。長身でダークスーツの似合う人だと思った瞬間、ドキリ！ 私は曲の終わりを待ちかねるようにして、駆け寄った。シュウピン！ 彼が両手を広げて抱き留め、私たちはしっかり抱き合った。忘れていた彼の匂い！ もう人目なんか気にしてはいられない。もつれるようにテーブルへ戻った。私のことはバートンさんから聞いたという。

「バートンさん、まだ居たんだ！」

「ウイ。ただ東京裁判の後始末と中国取材が入って、めちゃくちゃ忙しいらしい。君によろしくって。そうそう、君のこと、ミツコって呼ばなきゃダメだって注意されたよ。プルコワ？」

「なぜって、有名になりたくないの。それだけよ。それより、どうしてバートンさんと知り合ったの？」

「キャノン少佐に、誰か日本と中国に詳しいジャーナリストを紹介してくれって頼んだら、彼を紹介してくれたんだ」

「キャノン少佐？ 誰？」

「いけねえ。うっかり言っちゃった。秘密の存在だから、絶対名前出しちゃいけない人なんでね。リル……じゃない、ミツコ、君も守ってね。彼はＧＨＱで私の直属の上司だから、名前出したのが私だってバレたら、一発で私がクビだ」

「サ・セ・テリーブル、おおこわ」

シュウピンは少し改まった感じで、私の両手を取った。

「実は、君にとって大事な話があるんだ」

「えっ、なに、どうしたの？　教えて、早く！」

「うーん、ここではちょっとね」

シュウピンの深刻な顔つきをほぐすために、上海のパレスホテル以来の続きは、私の家ですることになった、普通は絶対手に入らない彼持参のシャンパンと共に……。

激しい呼吸の乱れを整えてから、私は催促した。なに、大事な話って？　彼は少しためらってから、ポケットを探り、おもむろに小型の函を取り出した。プレゼントにしてはまじめな顔だった。いったい何だろ？　何気なく開けてみて、息をのんだ。納まっていたのは、勾玉の形をした乳白色の耳飾りが一つ。かすかにアナベル・リーというサインが読める。これは！……。彼は軽く頷きながら、耳飾りを取り出し、空いている右の耳に付けようとした。私はただ黙ってするがままに任せた。

「これを見つけたのは、メゾン・ブランシュの中だ」

「メゾン・ブランシュ？　アメリカの？」

彼は首を振ると、手帖に何か書いて、私にちぎってよこした。『白公館』と書いてあった。

彼の説明によると、『白公館』というのは、ホワイトハウスではなく、重慶郊外、歌楽山の山中に共産軍が造った収容所の名前だそうだ。共産主義に反対する人物を秘密に収容していたらしい。国府軍らが発見したときは、内部に多数の遺体が散らばっていたから、多分撤退するときに処刑したのではないかとのこと。彼が遺体の片付けを手伝っていた時、ガラクタの山の中から偶然この耳飾りを見つけた。ひょっとして、私の失われた片方ではないかとびっくりした。すぐ知らせたかったが、手紙は厳しく検閲されていたから、手段がなかった。共産軍との内戦になってから、ＯＳＳの将校に誘われ、アメリカに渡った。これからの戦争で一番役に立つのは諜報活動だと感じ、内部で腕を磨いた。

「戦後ウイロビー直轄のキャノン機関ができたとき、真っ先に参加を希望した。そうすれば、あなたに直接これを渡せる、そう思ったのさ」

私は大きく息をつき、それから声を絞り出した。

「つまり、この耳飾りの持ち主は共産軍に処刑された人物というわけね」

「うーん、まあ、そういう可能性があるかな。あなたに渡せば、少しはヒントがあるかと思ったんだけど、何か心当たりある？」

私は肩をすくめて、母が殺される前に隠したのかもしれない、とさりげなく答えた。まさか、と顔色を変えた彼に、これまでのいきさつを話した。ただ、母は延安の共産党本部を手伝っていたらしいから、どうして処刑されたのかが不思議だけど、と付け加えた。彼は頭を抱えていたが、突然、彼女は国民党のスパイだと思われたんだ、許さん、共産党の奴らめ、と叫んだ。なんだか私が慰める側に回ったみたいで、奇妙だった』

闇に蠢くキャノン機関

『昭和二十五年（一九五〇）七月五日

十日前、朝鮮戦争が始まった。街は特需景気とやらで賑わっているが、高級が売りだったクリフは、さすがに客足が減った・・と思ったら、そうじゃなくて、近くに『モカンボ』『ピーナッツ』『ワルツ』『ハーレム』などライブハウスやキャバレーが続々オープンして、競争が激しくなったかららしい。そのせいか、南里文雄はもちろん、與田輝雄、松本英彦などの実力派も、めっきり出番が減った。彼らが出た時の米軍人たちのノリはすごかったんだけど。

我が家に連泊していたシュウピンも、ウイロビーにこき使われているせいか、このところ姿を見せない。気分を変えようと思い、久し振りに母の形見の着物を着てみた。きりっと引き締まる気がする。そのせいか、シュウピンがひょっこり顔を見せ、私の着物姿に目を丸くした。戦争の現状を知りたくて、女の子たちが集まってくる。シュウピンは手慣れたもの。いつ覚えたのか、たどたどしい日本語で皆をけむに巻く。「正直なところ、今は負けてるけどさ、じきひっくり返すから、楽しみにしててね」といった具合だが、私に対してはガラリと違う。少し込み入った説明をしたいから、二人きりでじっくり話し合いたいという切り口上のフランス語で、緊迫感が伝わってくる。

我が家で二人きりになっても、彼の緊張は解けない。これまで見たことないようなまじめな顔だ。

「アロー、よく聴いてくれ。君は上海以来、僕が最も信頼している仲間だから、先ず初めに私がどんなところで働いているかを説明したい。私の属しているのはGHQのG2＝総参謀第二部だ。ヘッドはチャールズ・ウイロビー少将。大変な実力者で、上海警察から手に入れた日本軍関係の膨大な資料をじっくり研究していた。ゾルゲ事件にも詳しく、尾崎秀美が引っ張られたのも、彼が密かに流した情報からだと言われている。

さてその下にある秘密機関が、私の母体、キャノン機関だ。Z機関ともいわれる。親分は陸軍のジャック・キャノン少佐。ガダルカナル、ボルネオなどを転戦してきた、筋金入りの軍人だ。おっと、こういうことはすべて秘密だよ。君だから特別に言っているということを忘れないように。彼は密輸にも手を出していて、今度の戦争は大儲けのチャンスだから、実は大喜びしているのさ」

キャノン少佐

「どうして、戦争だと、密輸が儲かるの？」

「いいの。そういうことになってるの。しかしキャノン機関最大の目的はアジア地区の共産党対策だ。特に中国共産党はアメリカのエネミー・ナンバー・ワン、そしてまた、君の母親を殺した敵でもある。いま米中関係は、朝鮮をはさんで、大変な緊張関係にある。かつての日米関係とよく似ているんだ。この緊迫した関係で、こちらがヘゲモニーを握り、相手に勝つためには、どうしても相手の弱点を押さえる必要がある。チュ・コンプラン？　判る？」

私は頷くしかない。

「そのカギを握る人物を見つけた。その人物は中共の大物と繋がり、信頼もされている。彼をうまく使えば、向こうの貴重な情報を盗ることができる。それは確かだが、問題はその人物をどうやってこちらの陣営に引っ張り込むかだ」

「判った。私にその人物と寝ろっていうのね」

「素晴らしい。そうしてくれるか」

「バカ。冗談よ」

「僕だって冗談だよ。いいかい、これは重大な問題なんだ。もし失敗したら、大変な問題になる。そこで、これから偵察を始める」

「偵察？　何を？」

「その人物をさ。まず自宅の周りに張り込んで、本人の日常をじっくり観察する。その上で、どういう接近が一番適当かを考える。ちなみにキャノン機関では、私は日本の二世ということになっている」

「私のシュウピンが二世！　何ていう名前になってるの？」

「それは教えられない。とにかく、これがキャノン機関の仕事なのさ。で、君に偵察を手伝ってもらいたいんだ」

「まさか。本気じゃないでしょうね」

「いや、本気さ」

「むり、むり。絶対むり。お断り」

「できる範囲でいいんだ。闘う相手は君の母親を殺した憎っくき敵だ。その敵に少しでも打撃を与えられれば、母親への供養にもなろうというものじゃないか。僕たちの共通の敵に一緒に立ち向かおう。それでこそリルだろう」

シュウピンが私を引き寄せ、耳飾りをいじりながら、ささやく。君は支那服も似合うけど、さすが日本の着物も似合うねえ。それでこそリルだろう。それでこそリルだろう。それでこそ……

彼の言葉が麻薬のように体内を駆け巡る。そうだ！　母は無類の芝居好きだった。もし最初で最後の大芝居が母への供養になるなら、ああ、そうなるんだったら……』

リルの日記はここで終っている。

＊　＊　＊

最期に、父が纏めた鹿地事件の全貌を改めて紹介することで、第三部「戦後の闇に潜る」の締めくくりとすることにしましょう。

第四章　地獄の黙示録

鹿地亘は昭和二一年五月の帰国後、新日本文学会に所属、中国事情や中國文学の紹介で、忙しく全国を回っていたが、ほどなくして結核に倒れ、清瀬病院に入院。そこで肋骨七本を切除するという大手術を受けた。術後も、痰から菌が排出され、体を動かすと熱が出るという状態が続いた。少し症状が落ち着いたところで、医者の勧めで、神奈川県藤沢市の鵠沼海岸に近い一室を借りた。無理は絶対いけないと医者から固く禁じられていたので、療養に専念する日々だった。

かくて、後に、占領軍の絡む謀略として戦後日本を大きく揺るがした鹿地事件は、鵠沼の地から始まることになった。発端の情景を、彼の著作（『もう空はなく　もう地はなく』（光書房、一九五九）などの資料から振り返ってみたい。

鵠沼から岩崎邸へ

事件が起きたのは、朝鮮戦争が始まってちょうど一年五か月後に当る昭和二六年（一九五一）一一月二五日。鹿地は療養のため借りていた鵠沼の家から恒例の散歩に出かけた。時刻は午後六時から七時の間、というのは、強い紫外線の直射を避ける必要があったからだが、同時に、昼間は、近くの辻堂海岸で、米軍部隊の上陸演習が連日行われているという事情もあった。彼らの演習は、緊迫する朝鮮戦線への出動を控えているため、付近の家の窓ガラスにひびが入るほどの激しさで行われていたという。

鹿地の居宅は鵠沼の湘南学園に近い閑静な住宅地の一角にあった。一五分以上の散歩は禁じられていたが、気分が良かったので、少し冒険して、江ノ電鵠沼駅の方へ足を延ばすことにした。駅の踏切を渡り、線路沿いに藤沢駅のほうへぶらぶら散歩を続けた。人影はなく、通る車もない。線路を挟んで、両側の林の中に、石垣を積んだ住宅がぽつぽつ垣間見え、いかにも別荘地の風情だった。ちょうど鵠沼と隣の柳小路駅のなかほどにさしかかったころ、向こうから一台の乗用車が来て、狭い道をすれ違った。ヘッドライトが眩しく鹿地の顔を照らす。

と、間もなくその車が引っ返してきて、脇によけた彼のすぐ横に停まった。助手席と後部のドアが開き、二人の米軍人が降りてくる。彼は一瞬、道でも尋ねるのかと思ったが、二人は出しぬけに躍りかかり、両側から腕を掴んだ。左側の男がみぞおちに思いっきりの一撃を加える。うっ！　息が詰まってしゃがみこんだ鹿地の両腕を後ろ手に捻りあげ、二人の大男が彼を後部座席にひきずりこんだ。

両側を挟まれた彼は、手錠、さらに目隠しをされた。右側の男が左腕を彼の首にぎゅっと巻き付けてきた。抵抗すれば、結核の病状は確実に悪化するだろう。咄嗟にそう判断した彼は、おとなしくされるままになっ

鵠沼の江ノ電界隈（猪俣浩三『占領軍の犯罪』図書出版社、1979年）

ていたが、体の右側だけは懸命に守った。初めに襲われたとき、殴られたのが左側のみぞおちだったのは、せめてもの幸いだった。もし骨のない右側を襲われたら、その場で悶絶していたに違いない。

左側に座った長身ののっぺりした男は何とか日本語が喋れた。恐らく二世だろうと見当をつけた鹿地は、彼を通訳として、乱暴の理由をしつこく聞いたが、周りからはせせら笑いが返ってくるだけ。反対に、氏名を聞かれて、答えを拒絶したら、後からキャノンと判明した男に、棒状のもので、膝頭をいやというほど殴られた。これは効いた。体中が痺れた。それからは、彼が答えを拒否するたびに、より強い一発を見舞われるようになり、次第に、殺すなら殺せ、と開き直る心境に追い詰められてきたという。

目隠しのため、周りが見えない二時間余りの旅で、いったん何処かの家に降ろされたが、そこは単なる休憩所だったらしく、すぐまた出発して、今度は小一時間走り続け、別の建物に連れ込まれた。目隠しのまま、両脇を抱えられて二階まで上らされたが、玄関から二階の一室まで、分厚い絨毯の感触が続き、かなり豪華な場所だろうと、まず靴底が感知した。

目隠しをはずされると、天井の高い大きな部屋だった。正面からライトを浴びせて写真、それから指紋。さらに目隠しで別室へ連れていかれ、壁と向かい合わせに座らせられた。どこで手に入れた情報なのか、医者が彼のことを半分死にかけた病人だと言ったという。だから強情を張らないで、ソ連のスパイであることを認め、米軍と友達になりなさい。そう言われて彼が断わると、また別室に連れていかれ、別の人間が尋問を再開する。私たちの友だちになり、協力しなさい。お断りします。こうしたやり取りが午前三時まで続いてから、あきらめた彼らは、鹿地に目隠しして、鉄のベッドのある小部屋に押し込め、足首に錠をかけて、鎖につなぎ、鎖をベッドの柱に巻き付け、大きな南京錠をかけた。

怒りと不安で、まんじりともしないまま朝を迎えた。伸びあがって窓を覗き、彼は目を疑った。目の前に広がっている美しい庭園、金色に輝く銀杏の大樹、遠くの森の中にぬっと顔を出した五重塔。いったい何処なんだ、ここは？

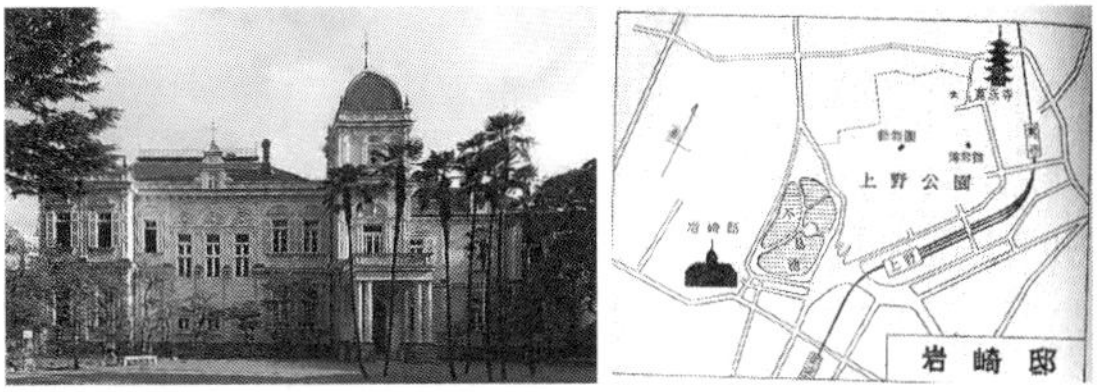

岩崎邸：鹿地亘『もう空はなく　もう地はなく』（光書房、1959年より）

その時点で鹿地はまだ、自分がキャノン機関に接収された、東京・湯島にある三菱の岩崎邸にいることを知らなかった。

その日も、同じような尋問が続いたあと、夜の十時ごろ、また目隠しで横浜の外人病院へ連行され、レントゲンを撮られた。二日後に結果が判明してからは、キャノンを始め部屋に出入りするすべての人物が白衣を着るようになったことから、病状がかなり進行していることが推察された。

信念をまもって死にます

食事を拒否したまま、一週間が過ぎた。衰弱が進み、死が間近に感じられるようになった。ふと思いついて、キャノンに、何を協力するのか、その内容を聞きたいと申し入れた。軟化したというポーズを見せて、足枷を外させ、監視を緩めさせることが狙いだった。キャノンは大喜びし、もっと気持ちの良いところでゆっくり話し合うことを提案した。鹿地は承諾し、その夜はじめてミルクとパイの食事をとることにした。「そうです。そうです。どうか体を大事にしてください、ミスター・カジ」。皮肉なのか大真面目なのか、手下どもはそんなセリフを残して引き揚げた。

翌日の夜、再び目隠しされ、二時間ほど走って、新しい場所に連れ込まれた。軍犬がけたたましく吠えるなかを、いつもの二世に出迎えられ、二階の部屋へ案内された。殺風景だが、元は和室だったのか、床の間や違い棚が残っていた。

建物は深い林の中にあった。遠く正面に交番のような哨所の黄色い箱が突っ立っていて、薄禿の日本人が、所在なげにぶらぶらしながら、見張っていた。キャノンらが気を緩めるのを待つため、決行は三日後と決めた。久し振りに足かせと鎖のとれた自由な体をのびのびとベッドに伸ばし、彼は熟睡した。

それからは、実行するための最適な方法をあれこれ考えた。感電死？　割った窓ガラスのかけらで動脈を切る？　便所の水槽のチューブで首を？　結局天井のシャンデリアにぶら下がるのがベストという結論に達した。決行時刻は午前一時か二時にしよう。

決行予定の当日、気が付いたら、午前二時を過ぎていた。急いで、テーブルに置かれていたメモ用紙に「信念をまもって死にます」と走り書きし、宛名を内山老板と記した。次いでソファの背にのぼり、シャンデリアに巻いた革帯に、タオルの輪を通し、その中に首を入れた。今だ！　ひと思いにソファを蹴り倒した。一気に首が締まり、血がのぼり、意識が薄らいできた……。

と、次の瞬間、めりめりという音と共に、倒れた体にシャンデリアが落ちかかり、床に当って粉々に砕けた。彼の重みで、シャンデリアの吊るしが切れたのだ。

「しまった！」

咄嗟に便所に駆け込み、水槽の鉛管に革帯とタオルを繋いで、ぶら下がったが、今度は革帯が切れ、体が扉をぶち破って、外に転がり出た。もう何も考える余裕はなかった。目の前にあったクレゾールの瓶を一気に飲み干し、隣の便所に入って鍵をかけたところで、気を失った。

T・Cハウスの謎

この自殺場面の締めくくりとして、鹿地亘の「救い神」である山田善二郎が初めて登場することになる。山田青年は当時キャノン機関の雇用人だったが、当人と米軍機関との関係を、そもそもから紹介するため、山田の著書『決断』（光陽出版社、二〇〇〇）に基づいて、記述を進めることにする。

山田善二郎は予科練のシンボル、土浦海軍航空隊から鈴鹿航空隊に転進したが、燃料不足から、ろくに訓練を受ける間もなく、敗戦を迎えた。一七歳だった。しばらく放心状態が続いたが、とにかく生きていかなければならない。そこで考えついたのが、中学時代に覚えた片言の英語を生かして、進駐軍で働くことだった。

米軍施設の多い横浜周辺は、爆撃で一面の焼け野原。辛うじて命を繋いだ被災者の多くは、焼け残った柱の残骸をトタン板で囲った掘っ立て小屋で生活していた。路上は、階級章を剥がしたよれよれの軍服姿やぼろ切れを纏った失業者の群れが溢れ、直撃弾の爆発でできた大きな穴には、ボウフラが沸き、付近は雑草が生い茂っていた。

あちらこちらに廃材を利用した標識が立てられていた。文言は「○○君　家族は無事。△△県△△市にいる」というもの。外地や疎開先から帰ってきた肉親や友人に、当人の安否や移転先を知らせる案内板だった。

爆撃を免れた鉄筋コンクリートのビルは、ほとんど占領軍に占拠されていたが、山田は、その一つ、川崎埠頭の「ヨコハマ　シグナル　デポ（米軍通信資材本部）」で将校クラブのウエイターを務めることになった。そこでジャック・Y・キャノン少佐と知り合い、家族のコックになったのが、彼との繋がりの始まりである。

彼の私生活では、気味の悪い思い出もあると山田は話す。

「キャノンの部屋へ掃除にはいり、私はびっくりしてしまうのです。洋服ダンスを開けたところ、大きな木箱が置いてあり、それには鉄砲の弾丸がビッシリと詰めこまれている。そばにあるのはライフル銃です。机の引き出しには、日本軍将校が使っていたピストルがはいっている。……不気味な気配です。これはおそろしく変わった家だなあということが、しだいにわかってくるんです」（猪俣浩三『占領軍の犯罪』図書出版社、一九七九）

ただ山田はキャノンに対して個人的には悪い感情はないという。これを彼の特異な性格のせいにしてしまうと、かえってことの本質が見えなくなるのではないか、と前掲書で語っている。

「まじめに働けば、いい職場を世話してやる」キャノンの殺し文句を信じて、山田は三年間まじめに働いた。キャノンはしばしば家庭でパーティーを開いたそうだが、そこに国家警察長官の斉藤昇や警視総監田中栄一などがよく呼ばれていたことを山田は覚えている。日本の警察権力とGHQ諜報機関との強い結びつきが窺える話だ。山口淑子（李香蘭）も呼ばれて、「支那の夜」を唄ったことがあるそうだ。彼女はキャノンに車で送られたことがあるが、運転が乱暴で、おまけに突然急ブレーキをかけて、車中から鳥を撃ったりするので、恐ろしかったとどこかで語っている。

昭和二五年六月二五日、朝鮮戦争勃発。キャノンの家族は本国に帰り、山田は武蔵小杉駅前のT・Cハウス（元東京銀行川崎クラブ）に移った。

昭和二六年四月下旬の真夜中、頭からオーバーを被せられた男が連れ込まれた。身元不明のこの男が何か叫んで暴れ出したとき、係の光田がポケットから黒い棒を取り出し、男の下腹を数回殴りつけた。男はたちまち悶絶し、山田はその効果に目を見張った。これが、鉛のような金属を黒いなめし皮で包んだブラック・ジャックという拷問用具であることを後で知った。鹿地のときにも使われた用具との初対面だった。

小林と呼ばれた監禁第一号の容疑は不明だが、ツベコベ言うと朝鮮に送り返すぞ、などと脅かされていたから、朝鮮からの密入獄者かもしれないと山田は推測した。数か月後、同じく真夜中に、少年が連れ込まれ、小林と向かい合わせの部屋に監禁された。手首と足首に手錠をかけられて、ベッドに括り付けられ、取り外されるのは食事と用便のときだけだった。

この板垣幸三と名乗る一六歳の少年が山田に語ったところによると、樺太に居たとき、米軍の艦砲射撃で両親を失い、孤児となった。進駐してきたソ連の将校に可愛がられたが、将校がモスクワに帰るとき、日本への帰国を望む少年の強い希望で、北朝鮮まで連れてきてもらった。日本海に面した海岸で、ぼんやり海を見ていた彼に、男が近寄り、日本へ帰りたいなら、俺たちの船に乗れ、と声をかけた。

彼が乗り込んだ船は、おそらくキャノンが関係していた密輸船だと思われる。船は能登半島に到着したが、彼は無理やり本郷の岩崎邸まで連行された。裏庭の石燈籠の前で、キャノンにピストルを突き付けられ、ソ連のスパイだと白状しろと脅されたという。

板垣がキャノンから、ソ連のスパイだと脅されたり、手首足首に手錠をかけベッドに括り付けられた点などは、鹿地の場合と極めて類似している。監禁第一号、第二号ともに、その後、行方不明になっており、関係者に消されたのではないかと山田は推定している。

昭和二六年一一月上旬、山田は突然キャノンの命令で、渋谷区代官山の丘上にある三階建ての赤レンガ造りの家に行かされた。「US―740」という標識が掲げられていたが、元は東急電鉄社長五島慶太所有の建物だったという。邸内でキャノンの部下の二世軍人から、「ここで起きることは極秘中の極秘だから、もし漏らしたら、どんな運命になるか、よくよく想像せよ」ときつく脅された。

そして深夜、ダブダブの米兵軍服を着た捕虜が二〇名、送り込まれてきた。翌日も二〇名。いずれも怯えきった表情だった。全員が腕に「反共」「Against Red」「死為耶蘇」などと、いかにもアメリカのために戦っているような入れ墨をしていたが、実は朝鮮戦争で捕まった中国兵士であることは、対応した米軍関係者が全員中国語を使っていたことからも明らかだった。後から聞いた話では、南朝鮮で強制的に彫られてしまったとのこと。米軍内部でも極秘だったせいか、彼らの食事も、山田が密かに日本の商店から誂えたものを提供した。

一週間後、再びキャノンの命令で、元のT・Cハウスに戻ったが、あの捕虜たちが米軍当局にどう利用されたのか、謎は深まるばかりだった。

「招かれざる客人」

山田が突然T・Cハウスに呼び戻されたのは、「新たなお客さん」を迎える準備のためであることが判った。受け入れ担当の光田軍曹が彼に、クレゾールや白衣、ガウンなどをすぐ購入するよう頼んだ。理由は「お客さん」が重症の結核患者だったからだ。到着予定は、昭和二六年一一月末の深夜と伝えられた。

今までは、玄関ロビーで「客人」を迎えるのは山田の役目だったが、その夜は、特別に、日本人従業員のマネージャー、ロイ・尾崎がその任に当たった。

翌朝から、新入りの客人に与える三度の食事は、彼が盆に載せて運ぶのを、ガウンとマスク姿の光田が部屋の前で受け取るというやり方だった。部屋の掃除も光田が一人で行い、山田を近づけなかった。いったい「客人」とは誰なのか？　山田の好奇心は募った。

「お客さん」が到着して四日目の一二月二日、日曜日の朝、宿泊室でのんびり朝寝を決め込んでいた山田のところへ、従業員の一人が飛び込んできた。光田が至急来てほしいと言っているという。山田はしぶしぶ寝床から起き、しぶしぶ光田のところへ行った。光田は「お客さん」の部屋の前で、血相を変えて立っていたが、山田を見るなり、ガウンとマスクを差し出し、一緒に来てくれ、と叫んだ。「客人」のベッドは空っぽだったが、傍らに、タオルとネクタイを巻き付けたシャンデリアが天井からもぎ取られて床に落ちていた。

自殺だ！　彼はすぐ便所へ向かった。手前の洗面所にクレゾールの瓶が転がっていた。奥の便所から、ゼイゼイという、ふいごのような音が聞こえる。取っ手を回したが、内側から鍵がかかっていて、扉はびくともしなかった。彼は咄嗟に手前の便所に入り、間仕切りの板によじ登った。覗くと、客人の姿が見えた。クレゾールの臭いがたちこめる中で、客人は便器にうつぶせに崩れ落ちていた。山田は内側に飛び降り、鍵を開けて、客人をひっぱり出した。意識がないため異様に重い体は、血痰と唾とクレゾール液でぬるぬるし、持ち上げようとしても、滑り落ちてしまう。彼の手に付着した液体が刺すように冷たかったことを、山田はよく覚えている。

彼は、何もせず茫然と突っ立っている光田に、両足を持つよう指示し、必死にベッドまで引きずった。べとべとの体は、随所が赤紫色に変色し、ごろごろという音と共に、大量の血痰が流れ出た。粘液まみれの下着を新しいものと取り換え、毛布でくるみ終えるのは、かなり手間のかかる大仕事だった。

作業が一段落したところで、ベッド脇の小机に、懐中時計を重石にした一枚の紙きれが置いてあるのを、光田が気付いた。彼は手に取ってから、「何て書いてあるのか、読んでくれ」と山田に渡した。

「内山さま　信念を守って死にます。時計は一時を　鹿地」

山田は「客人」が鹿地という名前であることを、そのとき初めて知った。どんな人物かは知らないが、「信念を守って死ぬ」という文言が、正義感の強い山田の心に響いた。その日、駆け付けた米軍の軍医による応急処置で、客人は一命をとりとめた。

翌朝山田は、出勤したマネージャーのロイ・尾崎に一部始終を話した。尾崎は目を丸くして話を聴いていたが、最後にポンと手を打った。「判った。あの男は鹿地亘なんだ」。それから、鹿地の経歴を話し、中国での活動で国際的に著名な人物だと説明した。さらに、

「鹿地が連れてこられたとき、私は責任者のヴィクター・松井に説明を求めた。松井は、『これが世間に知れると大問題になるから、詳しくは言えない。ただ、今度連行した人物はかなりの大物だから、簡単に手放すわけにはいかない』と答えた」

光田軍曹は衛生兵あがりだと言われているが、結核に感染することを極度に恐れていた。そこで、この自殺未遂事件をきっかけに、三度の食事運びから部屋の掃除に至るまで、すべての作業を山田に一任するようになった。こうして鹿地と山田の接触が始まった。

第五章　謎の白公館

鹿地と山田の新しい関係を話す前に、時代を表す一つの挿話を入れたい。昭和二六年一一月、山田が手伝いに行かされた代官山のUS―740号館に朝鮮戦争の中国人捕虜が連行されてきた話は紹介したが、その彼らが、山田の後を追うように、T・Cハウスに移送されてきた。彼らは中国朝鮮の大きな地図を渡されての講義を受けたり、庭に高い台を置き、パラシュートの降下訓練などをやらされていた。後者については、山田自身、海軍の予科練時代に実施訓練していたから、すぐわかった。彼らは当初、全員「反共」などの刺青をしていたが、今度はそれらをすべて消し、花や魚の模様に替えることになったらしく、専門の刺青師が来て、作業に当たった。終わると血だらけの腕をトイレットペイパーでぐるぐる巻きにするが、紙から血がしたたり落ちる光景は凄惨だった。おそらく、朝鮮戦線にスパイとして送り込むために、以前の刺青は都合が悪くなったのだろう、と山田は推測している。

二六年一二月、鹿地はキャノンに、家族を安心させるために、手紙を書けと言われ、向こうが用意した文面を口述させられた。

「散歩中、車にはねられ、車の主のところで手当てを受けている。居所を知らせないのは、その人が密貿易に関係していて、事故が明るみに出ては困るからだ。傷は大したことないから、遠からず帰宅する。安心して待ってくれるように」

文面は以上だが、鹿地はこっそり最後に、「白公館にて」と書き添えて、係に渡した。ハラハラしたが、幸いキャノンは気づかなかった。手紙は、留守宅の転居先が不明だったため、鵠沼の療養先の郵便受けに入れられたと報告された。ということは、時を経ずして、東京の自宅に回されるはずだから、夫人は間違いなく手紙に込められたメッセージに気づき、救援について、頭を絞るに違いないと彼は期待した。

昭和二七年（一九五二）二月、キャノン少佐が別れの挨拶に鹿地を訪れた。本国に引き上げるという。つまり数々の蛮勇で名をはせたキャノン機関が解散することになったわけだ。山田が受けた説明では、本国のＣＩＡと占領軍であるＧＨＱとの軋轢のあおりを受けたのが、解散の理由だという。鹿地はそのことについて何も言っていないが、私はそのほかに、鹿地誘拐に見られるようなキャノンの強引な手法が、かえってアメリカの国益に反すると中央に判断され、更迭されたのではないかと、勝手に推測している。

キャノンは引き継ぎのため、二人の米軍人、ガルシェ大佐とワットソン大尉を連れてきた。今度はすべてＣＩＡのこの二人が鹿地の面倒を見るという。「私は全く関係がなくなりました。もう二度とお目にかかることもないでしょう。さようなら、お元気で」茫然としている鹿地をしり目に、キャノンはまるで何事もなかったかのように、あっさりと去っていったとのこと。

という訳で、鹿地の身柄はG2（GHQ）からCIAに引き継がれたが、この機会に、別の場所への移送が検討されているようだった。光田が山田に説明したところによると、お客さんが健康体なら、国外に連れ出すが、病状が重いから、静かな山の中に移すことになったとのこと。光田に同行を請われた山田は、普通の民間企業で働きたいから、ここを辞めるつもりだと告げた。鹿地にもその意向を話し、それまで悩みぬいたある決意、即ち、もし鹿地が家族に手紙を書くなら、それを届けるという決意を伝えた。鹿地はすがるように頭を下げた。

その決意を伝えたあと、山田は自分が意外に平静であることに驚いた。彼の行為は、紛れもなくアメリカの国家機密をバラすことに当たる。これまで上官から、機密漏えいが本人にどんな破滅的な運命を招くか想像しておけ、とさんざん脅されていた身としては、よくそこまで踏み切れたというほかはない。

次の休日、山田は鹿地から上落合の家族宛ての手紙を託された。山田は手紙をコヨリのように細く巻いて、財布の奥深くにしまいこみ、T・Cハウスを出た。何よりも怖いのは尾行されることだった。彼が客人と妙に親しくしているという噂が流れたことがあるから、なおさらだった。

そのとき彼がお手本にしたのは、雑誌「リーダース・ダイジェスト」に出ていた『私はソ連のスパイだった』という手記。たとえばその中に、尾行をまく手口が紹介されていたが、基本は、電車に乗ったら、ドアの近くに立ち、発車寸前に飛び降りて、尾行をまく、というようなやり方だった。そこで彼はさっそくその作戦を実行。何回も発車寸前の飛び降りを繰り返しつつ、山手線の高田馬場駅に到着。さらにバスで小滝橋まで行き、鹿地の自宅を三時間も探したが、見つからなかった。

やむなく紙を細かくちぎって捨てた。

次の日、不成功に終わったことを鹿地に告げ、他に連絡先があるなら、もう一度挑戦すると付け加えた。鹿地はしばらく考え込んでいたが、今度は内山完造宛に手紙を書いた。

上海時代、鹿地の世話係だった内山は、戦後もそのまま上海に骨を埋めるつもりだったが、国民党から強制帰国命令が下り、鹿地より一年以上遅れて、昭和二二年（一九四七）一二月、着のみ着のままで帰国。弟の経営する神田神保町の内山書店に落ち着くことになった。昭和二五年日中友好協会理事長に就任。鹿地とは、誘拐前まで連絡が続いていた。

山田は再び尾行に注意しながら、救世軍会館に近い、すずらん通りの内山書店に行き、裏口から案内を乞うた。内山本人は留守だったが、対応してくれた弟の嘉吉に手紙を渡すことが出来、ひとまずホッとした。

一応の目的が果たせて、鹿地は喜んだが、山田には新たな不安が生じた。もしこのことが米軍にばれたらどうしよう。しかし、ここまで来たら、もう後へは引けない。内山本人に直接詳細を話すため、再度書店を訪ねてみる、と鹿地に申し出た。鹿地が内山宛に新たに書いた手紙には、家族宛ての文言が付け加えられていたが、そこに「私を忘れてくれ。子どもを頼む」とあったので、鹿地はすでに死を覚悟していると山田は感じた。

内山書店を訪ねると、今回はすぐ二階に案内された。待つことしばし。よもや警察に連絡をされてはいないだろうか。ドキドキの時間を経て、白髪頭を丸刈りにした老人が優しい笑顔で入ってきた。「内山です。ご苦労さまです。ちょうどいま警視庁の公安が来ていたんですよ」とのことに、不安的中と蒼くなったが、説明を聞いて納得した。国交回復まえの新中国関連書籍を扱っているため、公安がときどき様子伺いに来るのだそうだ。

内山は「白公館」が何であるかをよく知っていた。したがって鹿地の最初の葉書きにあった「白公館にて」の文言を見て、どっきりしたという。というのも、「白公館」とは、国民政府と米軍が協力して重慶郊外に作った秘密の監禁施設の名称で、「生きた棺桶」と呼ばれたほどの場所だった。一九四九年に共産軍が占領したときには、監禁されていた政治犯の射殺死体が散乱していたという。

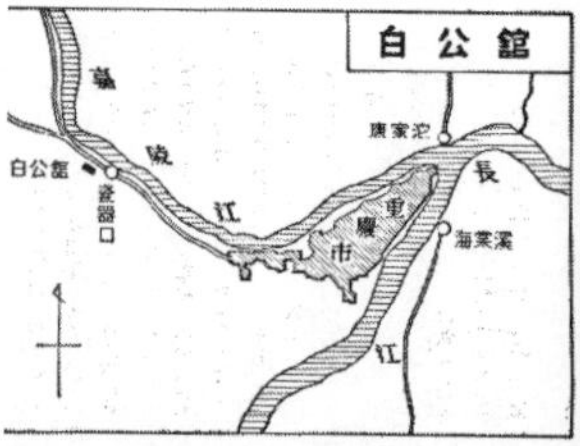

写真右：重慶郊外・旧政治犯収容所『白公館』
左図：前掲『もう空はなく　もう地はなく』より

ただ内山は、鹿地がまさか本当に監禁されているとまでは考えていなかったようなので、今回の山田の詳細な話は、かなり彼を驚かせたらしい。もっとも山田は、武蔵小杉T・Cハウスの所在地は伏せた。所在地を知らせることで、山田自身の身分を含め、厄介な問題が付随することへの配慮からだった。聞き終わった内山は、鹿地の家族への連絡を確約し、子どもたちは元気だと彼に伝えてほしいと伝言を頼んだ。翌朝、鹿地の部屋に食事を運ぶとき、その旨を伝えると、鹿地は涙を流して喜び、山田に手を合わせて感謝したという。

茅ヶ崎にて

いったん米軍勤務を辞める決心をした山田だったが、光田の熱心な誘いと鹿地の強い頼みで、勤務を続けることにした。季節外れの大雪が降った三月上旬、鹿地はまた目隠しと猿ぐつわをされ、光田の運転で一時間あまり走った。やがて松籟のざわめきに、海辺近くに出た気配を感じた。停車してから、手を引かれ、鹿地は二階に連れていかれた。目隠しを取られると、平服のガルシェがにこにこと話しかけた。「お疲れだったでしょう。あなたの新しい住まいをごらんください」ハーバード出の彼の対応が紳士的なだけに、現状とのギャップが鹿地を苛立たせた。新しい監禁部屋は、天窓のある十畳ぐらいの洋室だった。隣の部屋の境は襖だったが、太い釘を打ち付け、閉め切ってある。ガルシェたちが部屋を引き揚げたあと、山田がコーヒーを運んできて、そっと紙きれを差し出した。「茅ヶ崎」と書いてあった。

山田の記述によると、C―31号館と名付けられたこの場所は、かつて中島飛行機社長の実弟が所有していた広大な別荘だった。鹿地の部屋は唯一の戸口に鍵が二つつけられ、一つは光田が、もう一つは山田に便利なキチンに置かれていた。三か所にある窓の一つは釘づけされ、残りは開閉できるが、階下に屋根もなく、病人が腰高窓を跨いで庭に飛び降りることなど、まず不可能だった。

鹿地の担当がキャノンからガルシェに替ったことなどを知らせるべく、山田は三回目の連絡を決行した。内山は旅行中で会えなかったので、弟の嘉吉に現状を詳細に知らせた。嘉吉からは、お嬢さんが無事中学に入ったことを鹿地に伝えてほしいと頼まれた。

順調な推移に思われたが、またここから新たな隠れ家に移るという話が俄かに浮上した。四月二八日に発効した講和条約や死者を出した五月一日の血のメーデー事件と関係があるのかないのか。山田は再度の不安に襲われた。従業員をウソ発見器にかけるプロジェクトが始まったことも、不安に拍車をかけた。これ以上愚図愚図していると、手遅れになるかもしれない。運よく従業員の一人と言い合いになったため、こんな処にはとても居られない、という理由で、辞職表明をした。彼の収入だけに頼っている家族には申し訳なかったが、背に腹はかえられないという心境だった。

辞める前日、鹿地に会って、そのことを告げた。いかにも淋しそうな表情を浮かべた彼に、何か持ち出すものはないかと水を向けると、一通の手紙と一冊の大學ノートを出してきた。ノートには「娘への遺書」が綴られていたのだが、そのときは知る由もなかった。ポケットに入らないので、一旦お盆の下に隠して下へ降り、従業員による送別会のザワザワが静まったあと、密かにボストンバッグの底に押し込んだ。

翌朝、すなわち昭和二七年六月一〇日、従業員の一人に車で辻堂駅まで送られ、彼は米軍の秘密機関および鹿地との生活に別れを告げた。監禁館の周辺の畑一面、イチゴがたわわに実っていたが、陽光を浴びて光り輝くイチゴの赤が、いつまでも彼の脳裏に焼き付いた。

黒衣を脱いで

もっとも感傷に浸っている暇はなかった。早速生活の問題が目の前に来た。ここで山田は賢明にも、横須賀にある米軍第七艦隊の基地で募集している会計事務員の採用試験を受けた。かえって米軍関係で働くほうが、灯台下暗しで、疑われにくいと考えたからだ。最後の面接で、共産党員ではないこと、及び共産党に入党したときは直ちに報告することの二点を宣誓させられ、彼は七月一日から働くことになった。

新たな仕事は始まったが、収入は激減し、今までの仕事がいかにおいしかったかを痛感させられた。不安と落ち着かなさはさらに加速していた。八月に入って、茅ヶ崎のC—31号館を密かに偵察に行ったが、森閑として、人の気配はなかった。実は七月二〇日に鹿地たちは代官山のUS—660号館に移っていたのだが、手掛かりの得られない山田にとっては、自分の動きがアメリカ側に察知され、鹿地の身に何か起きたのではないかと気が気ではなかった。

九月に入って、書店を訪ねたとき、内山から、鹿地がアメリカの諜報機関に監禁されているという英文の怪文書が一部のマスコミに流されている、と聞かされた。そうなれば、遅かれ早かれ私の所在は突き止められるだろう。そんな恐ろしい推測が頭を駆け巡ったが、どうしたらいいか、見当もつかず、悶々としたまま、時だけが徒に過ぎていった。

十一月二十日過ぎの確か土曜日の午後、下宿の二階でぼんやり寝ころんでいた彼は、突然、階下の奥さんから声をかけられた。

「山田さーん、お父さんがいらっしゃいましたよ」

どうしたんだろう？　首をかしげながら降りてみると、父親の後ろに精悍な目つきの男が立っていた。「刑事だ！」すぐそう感じた。これが、その後一緒に行動することになる社会タイムス記者・明昌保との出会いだった。

明が示した『週刊朝日』一一月三〇日号の表題は「姿を消した鹿地亘氏―失踪事件を推理する」。驚いて読み進めるうち、ガーンと頭を殴られたような衝撃を受けた。「事実を伝えてくれたのは、その米軍機関に勤務している日本人通訳で、……山田とかいって伊豆に住んでいる……」

名前が特定された！　そう感じただけで、山田の全身がワナワナと震えだした。つられて記者まで思わず震えるほど、それは強い発作だった。

いったん発作が鎮まってから、どうしようかと頭を抱えた。ここに居ては危険だから、直ちに逃げ出す必要があることは確かだ。だが、いったい何処へ？　内山書店がすぐ頭に浮かんだが、明記者が危険だと反対した。見張られている可能性があるというのだ。着の身着のままで飛び出し、父と大船で別れ、明記者と電車の中で相談した。結果、自由人権協会理事長そのほかの人に接触してみたが、あまり前向きな反応がなかった。それならいっそ国会で取り上げてもらおうということになり、左派社会党猪俣浩三代議士の名前が浮上した。一般に人権擁護に前向きとはいえない政治風土の中で、人権擁護議員連盟の理事長を務める彼は、歯に衣を着せない鋭い追及で定評があるから、というのが理由だった。

一一月二四日、山田は内山完造や鹿地夫人らと共に、衆議院第一議員会館の猪俣代議士を訪ねた。あまりに突拍子もない話で、当初猪俣は半信半疑だったと自らの『占領軍の犯罪』（図書出版、一九七九）で書いている。また仮にこの話が真実だとしても、未だ半独立国のような状態で、アメリカを敵に回して、どこまで真相に迫れるか。しかし明記者の懸命な調査活動の後押しで、彼は取り上げる決断を下した。

波もて結へる

一方、鹿地のほうも動きがあった。一一月二九日、従業員の一人がスーツケースを買ってきて、急に移動が決まったから、身の回りの品をこれに詰めろと言った。『週刊朝日』に載ったことはまったく知らなかったが、何かあったなと彼は感じた。ガルシェが来て、釈放されるかどうかの決定が間もなく下されるが、それを待つ間の数か月、国外へ移ってもらう、と言った。鹿地はいよいよ最後の時が来たなと覚悟した。

夜八時、鹿地は目隠しされ、ガルシェの車で羽田へ向かった。飛行場には川田が待ち受けていた。彼は目隠しを取った鹿地に握手を求め、「あなたのため幸福な決定があるよう祈ります」と言って涙ぐんだ。それからまた目隠しだ。最期は腕を抱えられ、飛行機に乗せられた。機内で目隠しを外された。見納めになるかもしれない東京の夜景がみるみる遠ざかっていった。

「オキナワですよ」

そう言って起こされたのは午前一時だった。外国とは沖縄のことだったのか。なるほど。それからジープでデコボコ道を二時間あまり、坂道を延々と登って目的地に到着した。目隠しを外せば、岩山のくぼ地だった。そのままベッドに倒れこむように寝入った。

目覚めたときは、太陽は真上に近かった。南国の空の明るさ。真っ赤に燃える花々。食堂での同行職員の話が聞こえてくる。ここの地形を話題にしているらしい。

「すぐこの山の後ろだってさ。岸が海までまっすぐに立ってるんだ。指揮官が真っ先に身投げして、あとから兵がみな、一人残らず飛び降りたんだってよ。まだ骸骨が海辺に積み重なったままだそうだ」

沖縄戦の話だった。何を言ってやがる、と鹿地は腹をたてたが、どうすることもできない自分が惨めだった。

一二月五日、猪俣は斉藤昇国警長官に会い、鹿地救出への協力を依頼したが、前向きの返事は一切得られなかった。ただひたすら新聞発表を押さえてほしいと要望し、そのためには買収費を出す可能性まで仄めかしたので、斉藤への依頼は無意味だと猪俣は判断した。

翌六日早朝、内山を始め関係者が高輪の猪俣宅に集まり、対応を協議したが、もはや新聞発表で世論に訴える以外に手段はない、との猪俣発言に、全員が賛同した。

午前九時半、緊急の呼びかけで、全紙の記者が猪俣宅に詰めかけた。そこで行われた山田の爆弾発言が記者たちを驚愕させた。最後に猪俣が、鹿地救出に一刻の猶予も許されないと訴え、こう締めくくった。「そのためには諸君のペンの力に頼る以外にない」

予想通り、各紙の夕刊はこの問題をトップニュースで扱った。(因みに翌年、猪俣がシカゴ・トリビューン紙の政治部長と話したとき、この事件はアメリカでは掲載禁止扱いになったから、誰も知らないはずだと言われたそうだ)。だが、それ以前に、本件が斉藤国警長官からガルシェに逐一報告されていたことは間違いない。猪俣が記者会見をした直後、近くの沖縄基地司令部から、監禁所に緊急連絡が入った。呼び出された係が出かけてから、ほどなく戻り、同僚に何か囁いた。本当か？　驚きの声が鹿地の耳にも届いた。やがて彼らが部屋に入ってきて、鹿地を東京に呼び戻すことが急遽決定したと伝え、彼をびっくりさせた。それも釈放されるらしいという。ただ旅客機が間に合わないので、Ｂ２９爆撃機で送り返すとの話。彼一人のためにそんな贅沢ができるのは、管轄が占領機関のＧＨＱから、国家機関のＣＩＡに移ったためだろうと彼は推察した。

突然の釈放

それしても、突然の釈放とは？　鹿地は狐につつまれたような感じで、その夜一二時に、基地を出発した。実際に乗り込んだのは、Ｂ２９ではなく、現役を退いた中型爆撃機Ｂ１７で、午前二時に飛び立ったという。立川の飛行場に着いたのは一二月七日午前六時。誘拐されてから一年以上が経っていた。ガルシェがにこにこと出迎えた。それからはあっという間だ。代官山に戻り、ガルシェとの協議に入った。ガルシェは鹿地が秘密を守るための保証として、次の二か条への署名を求めた。

一、　鹿地がソ連のスパイであったことを認める。
二、　鹿地は米国政府に補償を求めない。

鹿地にとっては、何よりも自由が大事だったから、すぐさま署名に応じた。その後、日本の新聞を見せられ、すべて山田がやってくれたことを覚った。咄嗟に、山田に絶対危害を加えないことを要求した。相手は了承し、分厚い札束を彼に渡そうとした。監禁したことへの謝罪金かもしれなかったが、彼は断り、タクシー代として千二百円受け取った。ガルシェとスコッチ・ウイスキーで乾杯し、握手で別れた。目隠しをされ、光田の付き添いでジープに乗せられた。運転者は川田だった。しばらく走ってから、目隠しをとってもいいと言われた。真っ先に見えたのが、神宮外苑の絵画館だった。「保安将校の車が後ろに付いてますから、降りたら、後ろを振り向かないで、すぐ歩きだしてください。お元気で」と言われ、二人と素早く握手を交わして、歩道に降り立った。車は全速で急カーブを描き、たちまち視界から消えた。

鹿地はひとまずベンチに座った。一二月七日の夜。初冬の空はまだ暗く、そよとも風はなかった。外苑の森の向こうが微かに赤味を帯びているのは、新宿だろうか？　いや、ともかく自宅へ帰ろう。彼はタクシーを停め、「小滝橋へ」と告げた。

舞台は国会へ

前述の如く、鹿地が連行先の沖縄から戻る前日の昭和二七年（一九五二）一二月六日、猪俣宅でマスコミ向けの爆弾発表が行われ、大騒動を巻き起こす発端となった。そこから国会、裁判所にいたるまでの推移を簡単に綴ることにしよう。

＊一二月八日午前、斉藤国警長官から猪俣自宅に電話があり、昨夕鹿地が釈放されたとの連絡。
＊同日午後、衆議院法務委員会開催。斉藤国警長官および岡崎勝男外務大臣はアメリカの関与を否定する答弁。
＊同日夜、米軍当局は、「講和条約発効以降、いかなる日本人をも拘禁したことはない。鹿地氏自身は一九五一年末拘禁したが、短期間留置ののち、拘禁を解かれている」との声明を発表。
＊一二月九日・朝、猪俣宅に多数の記者が詰めかけたが、国会へ向かう猪俣を追いかけ、一斉に居なくなる。その隙に、鹿地がこっそり来訪。国会を中座した猪俣と自宅で明日の打ち合わせをし、またこっそりと去る。
＊同日、突如、三橋正雄なる人物が「私は鹿地と一緒にソ連のスパイとして活動していた」と国警本部に出頭。マスコミの関心は不法監禁問題から、一気に二重スパイ問題へと切り替わる。
＊一二月一〇日、鹿地、内山、山田の三名がいったん猪俣宅に集まり、簡単な記者会見をしてから、法務委員会で証言。以後鹿地と山田は身辺保護と打ち合わせのため、猪俣宅に一月ほど滞在することになったため、記者が常時四、五〇人自宅の周りに張り付くことに。鹿地と猪俣は常に奥の部屋で打合せをしていたが、ある日お手伝いの悲鳴で家の者が駆け付けると、縁の下からY新聞の記者が蜘蛛の巣だらけで這い出てきた。また買い物に出ると、鹿地の日常を聞き出そうとする記者の質問攻めに会うなど、お手伝いも受難の日々だった。
＊一二月一〇日、極東米軍司令部、不法監禁否定の声明を発表。
＊同日、キャノンが勤務先のジョージア州キャンプ・ゴードンで、次のように語っている。「鹿

地などという名前は聞いたこともない。ばかげた話だ。鹿地氏のいうキャノン中佐と私は同一人物ではない。鹿地のいうことは典型的なソ連の宣伝だ」。(「毎日新聞」昭和二七年一二月一二日朝刊)

＊昭和二八年(一九五三)一月二五日、アメリカ大使館は、鹿地が日本の法律および本人の意志に反して拘禁された事実はないと発表。

＊同年二月七日、三橋正雄に対する「電波管理法違反」の第一回公判が開かれた。日本にはスパイ罪が存在しないため、無免許の無線局を開設し、ソ連に発信したのは電波管理法違反に当たるという理由での起訴だった。

＊同年三月二〇日、三橋に懲役四か月の判決。

＊同年八月四日、衆議院法務委員会で、鹿地と三橋が直接対決。互いに主張を繰り返すのみで、進展なし。

＊昭和二九年八月七日、衆議院法務委員会は、アメリカ諜報機関による鹿地亘不法監禁を断定。

＊昭和三六年一一月五日、東京地裁は電波法違反の罪で、鹿地に懲役二か月執行猶予一年の判決。鹿地即日抗告。

＊昭和四四年九月二六日、東京高裁、一審判決を覆し、鹿地に無罪判決。

謎のキモノ女

おそらく、この事件の関係者は、山田善二郎以外は、ほとんど他界しているか連絡がつかないものと思われる。わけてもキャノンは一九八一年三月、自宅で、血の海の中で怪死したと伝えられており、自殺の可能性も取りざたされている。

以上でこの事件も一件落着かに見えるが、不可解な点が幾つか残る。

第一点：鹿地はなぜ拉致されたのか？

米側は拉致を公式に認めていないため、公的理由は判らない。鹿地によれば、キャノン側は協力してほしいと繰り返すのみで、拉致の理由も協力の具体的内容も明らかにせず、いずれそのうち、と逃げたという。公判での三橋の説明だと、拉致されるまでの鹿地の役目は、ソ連情報部からのルポを三橋に渡し、三橋からのアメリカ情報をソ連に流すことだったとのことだが、ロシア語も知らず、通信設備も持っていない鹿地がなぜそんな役割をこなせたかはいっさい不明のままである。鹿地側は、中国・ソ連に顔の広い彼の人脈を利用するため、彼を無理やり二重スパイに仕立てようとしたのではないかと推測している。

第二点：拉致はどのように行われたか？

拉致の状況を証言できるのは、鹿地以外は、拉致に加わったキャノン機関の面々、及びその現場に立ち会ったと称する三橋だけである。キャノン側は公式には証言に応じていないから、結局鹿地と三橋二人だけということになる。この両者の証言で決定的に違うのは、拉致現場での女性の存在である。

『占領軍の犯罪』が、二月二一日三橋裁判第五回公判及び二月二三日の第六回公判における三橋の証言を紹介しているが、それによると、鹿地と三橋はこれまでしばしばルポのため会っていたが、拉致現場は、ちょうど二人の八回目の連絡場所だったという。二人が話し合っているところへ車が通りかかり、すぐ戻って二人の横に停まった。後部座席から和服姿のきれいな女性が、「タイヤを直すところはありませんか」と尋ねた。鹿地が「藤沢まで行かないとありません」と答えているとき、助手席から男が降り立ち、鹿地の右腕をとらえた。三橋はその男も車も知っていたので、事態を察して、すぐ次の路地を曲がった。車は藤沢方面に走り去ったが、鹿地の声は聞こえなかったという。

三橋が路地を曲がるまでの間も、どんどん事態は進展していたはずだが、三橋は、見ていないから一切判らないと答えている。さらに不思議なのは、鹿地が襲われるきっかけを作った和服の女性がその後、全く姿を現さないことだ。鹿地は拉致された状況をかなり詳細に語っているが、三橋の存在はもちろん、そんな女性の居たことも、真っ向から否定している。ところが、キャノンは肯定しているらしい。というのも、『占領軍の犯罪』によると、昭和五二年（一九七七）四月七日にＮＨＫで放映された『キャノンの証言』というドキュメンタリーの中で、キャノンは鹿地について次のように語っているという。

「彼は美しい女性をみるときまって足を止め、話しかけるのです。そこで彼の注意をそらすために、私はある日本人女性——ここでは名前を明らかにできませんが——を連れ出しました。案の定、彼はその女性に関心を示し、彼女に話しかけました。ちょうど話しかけたとき、私は彼の背後に近づき、彼を殴りつけて、車の後部座席に押しこんだのです」

鹿地の性格に関するキャノンの観察がいつどこで行われたのかは不明。証言の違いも気になるところだが、以後姿を消した謎のキモノ女性の登場自体が、この事件全体を象徴するようなミステリーだというほかはない。

＊　＊　＊

リルの日記は前回が最後だと思っていましたので、第三部「戦後の闇に潜る」はこれで終わりにするつもりでしたが、後で、リルのノートの途中に便箋が挟み込まれていたことに気付きました。日記の続きでした。という訳で、蛇足として、リルの母の運命に関する情報を付け加えることにしましょう。

第六章　贈たしアナベル・リル

「昭和二十七年（一九五二）一月X日
シュウピンが突然日本を離れた。諜報活動に従事している身として、新たな危険を抱え込んだのかもしれないけど、夢中になって愛を囁いていたことなど、まるで忘れたかのような慌ただしい出立。秘密の命令だから、と行先も教えてくれなかった。あっけない別れ。再び独りだ。心の晴れない日々が続く。クリフサイドも休みがちだったけど、今日出たら、八木ミツコ宛に外国郵便が届いていた。差出人を見てびっくり。アンドレ・ジャスパーと記されている。ただし住所はない。それにしても、どうしてここで働いていることが判ったのだろう？　久し振りに長文のフランス語に取り組んだ。
アンドレが私の勤め先を知った理由は判った。私は一度、上海のアンナ・バラールに手紙を出したことがある。驚いたことに、この秘密クラブは共産党政権下でも続いているらしい。で、彼はアンナから私の情報を得たという。
それにしても、フランス外務省の役人で上海仏租界の文化担当だった彼が、なぜ私に手紙を出そうとしたのか。かつて、延安に行っていた彼から、私の母らしき人に会ったというメッセージを貰ったことがあるけど、そのことと関係があるのか。どきどきしながら読み進めた。果たして、彼は延安で、フランス語の堪能な母と親しく話をする機会があったという。

そこではっきりしたのは、パリのチャリティー会場で会った人はやはり母だったということだ。その後、支那からの研修生と親しくなった彼女は、誘われるままに、ル・アーブルから船で厦門へ向かった。ひと月以上かかる長い旅だった。その間、彼から支那の政治状況を聞かされたけど、尊敬する孫文亡きあと、蒋介石にもなじめない彼は悩んでいた。結局、帰国後、共産党に接近。彼女も瑞金から延安へと行動を共にし、いつの間にかベテランの活動家になっていたという。支那入りのとき、とっくに三十を過ぎていたと思うから、彼女のナンチャナイ精神がそのタフさの根源かもしれない。ただ、そんな活動家の母がなぜ共産党から処刑されたのか？　という疑問は、その先を読んだら解けた。

『どうして耳飾りが片方しかないのか、あなた気になるでしょ？』　そう言って彼女に、ニコリとされたので、アンドレはその色気にドキッとしたという。まさしくリルの母親だと思った、などと彼は余計なセリフを付け加えていたけど。そこから、耳飾りの片方を私に届けたまでの出来事は、私から聞いた話とほぼ同じだったが、母が私の動静を誰から聞き、また誰に頼んで届けさせたかは、言わなかったそうだ。

問題はその先に待っていた。昭和二三年（一九四八）に彼が前線で得た情報では、安康のアジトが国府軍に急襲され、かなりの犠牲者が出た。このことを私に知らせるべきかどうか、彼が迷ったのは、生き残った逮捕者の多くは、その後、米軍と国府軍！　が秘密裡に造営した、悪名高い白公館に監禁されたが、その中にマッキー即ち私の母も混じっているらしいと聞いたからだという。

アンドレによると、白公館に閉じ込められた共産主義者は、国府軍が撤退する際、全員殺害されたそうだから、後は、彼女がそこに監禁されていたという噂が嘘であることを祈るしかない、と書かれていた。ここが判らない。

シュウピンとアンドレが決定的に違うのは、前者は、白公館は共産軍が造り、国府軍を監禁した秘密の監獄だと強調したのとは正反対に、後者は、共産党員をぶち込むため米軍と国府軍が造った施設だと断言している点だ。どちらが正しいのか、周りに教えてくれそうな人物は見当たらない。ただ、アンドレの記述をシュウピンの情報に重ね合わせると、母が白公館で殺された確率はかなり高いように思える。

いずれにせよ母は還らないのだから、私にできることは、いつか家族の墓所をどこかに造り、この耳飾りと妹の紅玉を一緒に埋葬して、冥福を祈ることぐらいだ。

アンドレはしばらく支那と、いや新生中国と行動を共にするそうだ。いつまた会えるかは不明だが、謎めいた君の瞳のもとに必ず戻る。それまでは「アナベル・リー」の次の一節を、英文のまま君に捧げる、と手紙を締めくくっている。

"The moon never beams, without bringing me dreams
Of the beautiful Annabel Lil;
And the stars never rise, but I feel the bright eyes
Of the beautiful Annabel Lil"

ポーの詩を訳すなんて私には絶対無理だから、知り合いの自称英文学者に頼んだ。彼は、ありゃと言ってから、ニヤリとして、そのまま日本語に直した。それを読んで、私もありゃと思ったけど、仕方がないから、そのまま書き写すことにする。
『月が徒に光を投げかけることは決してない
麗しいアナベル・リルの面影を私に夢見させることなしには。
星もまた徒にきらめくことは決してない
麗しいアナベル・リルの輝く瞳を私に感じさせることなしには』

流鶯な日々

リルの日記は、いかにもかっこよく締めくくられています。ポーの流麗な詩文をいただいたのですから、当然といえば当然かな。アンドレもまた「アナベル・リー」の中にはまり込んで、リルのことを月の光、星の輝きになぞらえていますが、リル自身はどう感じていたのか、彼女は一切触れていません。白公館については、共産党にそんな施設を造る余裕なんてあるわけないだろ、と父に一蹴されて終わりました。謎のキモノ女の件は、もし本当なら、すぐ見当は付きましたが。

この日記に取り組み始めたときは二歳になったばかりの娘も、ついに小学生になりました。今日が初めての運動会。好天に恵まれ、みんな楽しそう。菫子は徒競走で一位になり、大はしゃぎでした。

そのあと大急ぎで劇場に駆け付けました。ＡＰＯＣをホームシアターにしてくれている劇団「丸福ボンバーズ」の公演が幕を開ける日だったのです。「おはようございます」「おはようございます」演出家の福島さんをはじめ、次々に役者やスタッフたちが入ってきました。若い人も若くない人も、みんなそれぞれにカッコいい。お金にはならないけど、燃えています。燃えているけど、楽しそうです。

書家の母から教わった言葉ですが、鶯が鳴きながら絶えず動き回る姿を「流鶯」というそうです。いい言葉ですね。舞台に打ち込んでいる人たちを見ると、この言葉が浮かんできます。私は、カウンターを手伝ってくれている歌手のナナミンと、ドリンクや軽食の準備におおわらわ。舞台裏でもドタバタしているうちに、もう観客が集まる時間になりました。という訳で、芝居は超満員。拍手喝さいで大成功でした。

夜中、劇場を閉め、自転車にまたがります。上り坂ですから、くたくたになってのご帰還です。「ご苦労さま」娘の世話のため一足先に帰っていた夫が暖かく声をかけてくれました。昼間の疲れで熟睡している娘の安らかな寝顔を見て一安心します。

今は真夜中。眠い目をこすりながらパソコンに向かい、上海リルの最後の行を打ちおわったところです。ホッとしましたが、リルの凛としたまなざしを思い浮かべると、のんびりはしていられません。この日記をどう料理して芝居に仕立てるのか、という最大の難関が残っています。とても流鶯気分というわけには行きませんが、それなりに、人生のペダルをこぎ続けている実感はあります。もう眠くて、瞼を開けてはいられません。後のことは後のこと。ここは、「昭和テンペスト」が舞台化された夢でも見ながら、祖父が寝る前に必ず唱えていたという呪文を、復唱することにいたしましょう。

「世の中に寝るより楽はなかりけり。
浮世のバカは起きて働く」
それでは、おやすみなさい。

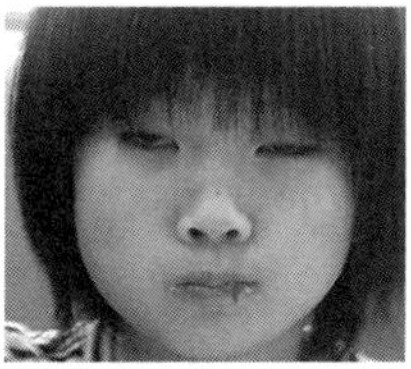

あとがき――鼬の最後っ屁

本書は、私がエンディング・ノートのつもりで取り組み始めたものですが、幸い娘を始めとする家族や友人の協力で、何とか一冊の本にまとめ上げることができました。ノンフィクションである作家鹿地亘氏の動静と、幻のダンサー上海リルの軌跡を、矛盾なく一編に結び合わせる作業は、思いのほか手古摺りました。うまくいったかどうかは未だに判りません。

取り扱った時代は、太平洋戦争を挟んだ一九三〇年代（昭和五年〜）から一九五〇年代（昭和二五年〜）ですが、驚くほど現代の状況に似ています。とかく体勢に流されがちな日本人が、再びあの歴史を繰り返さないためには、よほど踏ん張る必要がありそうです。

本書の仕上げに全面的に協力してくださった現代企画室の太田昌国氏に心から感謝いたします。

二〇一七年九月一日

猪俣良樹

【著者紹介】
猪俣良樹（いのまた　よしき）
作家、ジャーナリスト、脚本家。元 NHK 国際局チーフ・ディレクター。
主著：『日本占領下　インドネシア旅芸人の記録』（めこん　1996）
『パリ・ヴェトナム　漂流のエロス』（めこん　2000）
『黒いヴィーナス　ジョセフィン・ベイカー』（青土社　2006）
『植民地を謳う　シャンソンが煽った「魔性の楽園」幻想』（現代企画室　2011）

昭和テンペスト 上海リル正伝——吹き荒れた戦争と陰謀の嵐

発　行　2017年10月30日初版第1刷1200部
定　価　2700円＋税
著　者　猪俣良樹
発行者　北川フラム
発行所　現代企画室
東京都渋谷区桜丘町 15-8-204
Tel. 03-3416-5082 Fax.03-3461-5083
e-mail: gendai @jca.apc.org
http://www.jca.apc.org/gendai/
印刷所　中央精版印刷株式会社

ISBN978-4-7738-1724-9 C0021 Y2700E